国外食品药品法律法规编译丛书

21 世纪
治愈法案

编译 杨 悦

中国医药科技出版社

图书在版编目（CIP）数据

21世纪治愈法案 / 杨悦编译. — 北京：中国医药科技出版社, 2018.1
（国外食品药品法律法规编译丛书）
ISBN 978-7-5067-9359-9

Ⅰ．①2… Ⅱ．①杨… Ⅲ．①药品管理 – 质量管理 – 法案 – 美国
Ⅳ．①D971.221

中国版本图书馆CIP数据核字(2017)第128917号

注
扫描书中二维码，
可阅读英文原版

美术编辑　陈君杞
版式设计　大隐设计

出版　中国医药科技出版社
地址　北京市海淀区文慧园北路甲 22 号
邮编　100082
电话　发行：010-62227427　邮购：010-62236938
网址　www.cmstp.com
规格　710 × 1000mm $^{1}/_{16}$
印张　38 $^{1}/_{4}$
字数　447 千字
版次　2018 年 1 月第 1 版
印次　2018 年 1 月第 1 次印刷
印刷　三河市国英印务有限公司
经销　全国各地新华书店
书号　ISBN 978-7-5067-9359-9
定价　89.00 元

序

食品药品安全问题，既是重大的政治问题，也是重大的民生问题；既是重大的经济问题，也是重大的社会问题。十八大以来，我国坚持以人民为中心的发展思想和"创新、协调、绿色、开放、共享"的五大发展理念，全力推进食品药品监管制度的改革与创新，其力度之大、范围之广、影响之深，前所未有。

党的十九大再次强调，全面依法治国是国家治理的一场深刻革命，是中国特色社会主义的本质要求和重要保障。法律是治国之重器，良法是善治之前提。全面加强食品药品安全监管工作，必须坚持立法先行，按照科学立法、民主立法的要求，加快构建理念现代、价值和谐、制度完备、机制健全的现代食品药品安全监管制度。当前，《药品管理法》的修订正在有序有力推进。完善我国食品药品安全管理制度，必须坚持问题导向、坚持改革创新、坚持立足国情、坚持国际视野，以更大的勇气和智慧，充分借鉴国际食品药品安全监管法制建设的有益经验。

坚持食品药品安全治理理念创新。理念是人们经过长期的理论思考和实践探索所形成的揭示事物运动规律、启示事物发展方向的哲学基础、根本原则、核心价值等的抽象概括。理念所回答的是"为何治理、为谁治理、怎样治理、靠谁治理"等基本命题，具有基础性、根本性、全局性、方向性。理念决定着事物的发展方向、发展道路、发展动力和发展局面。从国际上看，食品药品安全治理理念主要包括人本治理、风险治理、全程治理、社会治理、责任治理、效能治理、能动治理、专业治理、分类治理、平衡治理、持续治理、递进治理、灵活治理、国际治理、依法治理等基本要素。这些要素的独立与包容在一定程度上反映出不同国家、不同时代、不同阶段食品药品安全治理的普遍规律和特殊需求。完善我国食品药品安全管理法制制度，要坚持科学治理理念，体现时代性、把握规律性、富于创造性。

坚持食品药品安全治理体系创新。为保障和促进公众健康，国际社会普遍建立了科学、统一、权威、高效的食品药品安全监管体制。体制决定体系，体系支撑体制。新世纪以来，为全面提升药品安全治理能力，国际社会更加重视食品药品标准、审评、检验、检查、监测、评价等体系建设，着力强化其科学化、标准化、规范化建设。药品安全治理体系的协同推进和持续改进，强化了食品药品安全风险的全面防控和质量的全面提升。

坚持食品药品安全治理法制创新。新时代，法律不仅具有规范和保障的功能，而且还具有引领和助推的作用。随着全球化、信息化和社会化的发展，新原料、新技术、新工艺、新设备等不断涌现，食品药品开发模式、产业形态、产业链条、生命周期、运营方式等发生许多重大变化，与此相适应，一些新的食品药品安全治理制度应运而生，强化了食品药品安全风险全生命周期控制，提升了食品药品安全治理的能力和水平。

坚持食品药品安全治理机制创新。机制是推动事物有效运行的平台载体或者内在动力。通过激励与约束、褒奖和惩戒、动力和压力、自律和他律的利益杠杆，机制使"纸面上的法律"转化为"行动中的法律"，调动起了各利益相关者的积极性、主动性和创造性。机制的设计往往都有着特定的目标导引，在社会转型期具有较大的运行空间。各利益相关者的条件和期待不同，所依赖的具体机制也有所不同。当前，国际社会普遍建立的食品药品分类治理机制、全程追溯机制、绩效评价机制、信用奖惩机制、社会共治机制、责任追究机制等，推动了食品药品安全治理不断向纵深发展。

坚持食品药品安全治理方式创新。治理方式事关治理的质量、效率、形象、能力和水平。全球化、信息化、社会化已从根本上改变经济和安全格局，传统的国际食品药品安全治理方式正在进行重大调整。互联网、大数据、云计算等正在以前所未有的方式改变着传统的生产、生活方式，而更多的改变正在蓄势待发。信息之于现代治理，犹如货币之于经济，犹如血液之于生命。新时期，以互联网、大数据、云计算等代表的信息化手段正在强力推动食品药品安全治理从传统治理向现代治理方式快速转轨，并迸发出无限的生机与活力。

坚持食品药品安全治理战略创新。战略是有关食品药品安全治理的全局性、长期性、前瞻性和方向性的目标和策略。国家治理战略是以国家的力量组织和落实食品药品安全治理的目标、方针、重点、力量、步骤和措施。食品药品安全治理战略主要包括产业提升战略、科技创新战略、行业自律战略、社会共治战略、标准提高战略、方式创新战略、能力提升战略、国际合作战略等。食品药品管理法律制度应当通过一系列制度安排，强化这些治理战略的落地实施。

坚持食品药品安全治理文化创新。文化是治理的"灵魂"。文化具有传承性、渗透性、持久性等。从全球看，治理文化创新属于治理创新体系中是最为艰难、最具创造、最富智慧的创新。

食品药品安全治理文化创新体系庞大，其核心内容为治理使命、治理愿景、治理价值、治理战略等。使命是组织的核心价值、根本宗旨和行动指针，是组织生命意义的根本定位。使命应当具有独特性、专业性和价值性。今天，国际社会普遍将食品药品安全治理的是使命定位于保障和促进公众健康。从保障公众健康到保障和促进公众健康，这是一个重大的历史进步，进一步彰显着食品药品监管部门的积极、开放、负责、自信精神和情怀。

中国的问题，需要世界的眼光。在我国药品安全监管改革创新的重要历史时期，法制司会同中国健康传媒集团组织来自监管机构、高等院校、企业界的专家、学者、研究人员陆续翻译出版主要国家和地区的食品药品法律法规，该丛书具有系统性、专业性和实用性、及时性的特点，在丛书中，读者可从法条看到国际食品药品治理理念、体系、机制、方式、战略、文化等层面的国际经验，期望能为我国食品药品监管改革和立法提供有益的参考和借鉴。

焦 红

2017 年 12 月

前言

　　《21 世纪治愈法案》是食品药品法律法规译丛的第一部。2016 年 12 月 9 日美国国会高票通过《21 世纪治愈法案》。继推出"精准医疗计划"、"奥巴马医保计划"后，这部法案将是奥巴马离任前的最后一部与国民健康及医疗相关的重大法案。大多数美国人支持该法案，该法案的出台将会促进美国医疗研究和产品的创新。该法案在国际社会引起强烈反响。

一、发布背景

　　该法案以加速新疗法的发现（discovery）、研发（development）和提供（delivery）为主线，保持美国在生物医疗创新的全球领先地位为目标。健康科学研究正在飞速发展，但相关立法严重落后于创新的步伐。为了寻求解决方法，国会召开 8 次听证会，24 次圆桌讨论会议，听取了来自 FDA、NIH、制药行业、医疗器械行业、学术界、私人研究机构、医疗中心、医务人员、患者和疾病宣传组织如美国癌症协会等诸多方面的声音，最终促成了《21 世纪治愈法案》的起草与出台。

　　2015 年 5 月 13 日，180 多所科研机构、学术团体和医务人员组织联名向美国国会致信，认为美国国立卫生研究院（NIH）多年来的资金支持链非常脆弱，还停留在使用 20 世纪的资源，然而面对的是 21 世纪的机遇和挑战。这导致美国在罕见病领域、阿尔茨海默病、自闭症、埃博拉病毒等疾病流行性疾病的研发动力极其不足，这是人类的悲剧和政策的失误；"必须立法阻止对美国人民的健康威胁，而不是容忍这些疾病的肆虐。"美国国会认为在这些疾病研究领域投入研发基金，促进基础研究成果向可及的治疗方法转化，是健康法律政策的真正源头。通过加强基础研究投资，来撬动未来美国整个医疗技术水平创新的发展，影响深远。

21世纪治愈法案将推动和引领美国未来十年、二十年，甚至更长时间内在生命科学领域的创新研发、疾病治疗，以及大健康领域发展的重大国策和投资导向。是所有美国人都关注的切身利益大事。同时，该法案也是全球各国政府在制定生命科学领域相关政策和投资创新研发的"风向标"和重要参考。

二、法案目标

美国必须保持在生物医药领域的全球领先地位，拯救更多生命，减少严重威胁人类健康疾病对美国人民的健康威胁，同时创造出更多就业岗位；通过努力，使监管机构和科学界、制药行业进入治疗目前主要严重疾病的新轨道。奥巴马在任8年，力推了两个关于医疗的法案，分别是《患者保护和平价医疗法案》和《21世纪治愈法案》。前者基于当下，通过政府主导，增加美国人民的医疗保险覆盖率及降低美国的医疗费用，后者面向未来，是一次拯救生命的机会。

该法案旨在通过加大政府投入，抗击海洛因和处方药成瘾；加大了NIH的医学基础研究投入，用于实施"癌症登月计划"、"脑研究计划"和"精准医疗计划"；加快美国FDA未来十年新药审评上市速度；提出精神卫生服务体系改革方案；优化面向65岁以上老年人的MEDICARE医保计划和面向未成年人、低收入孕妇、低收入老人和残疾人等困难群体的MEDICAID计划覆盖和支付范围等等。

三、法案主要内容

"发现－研发－提供"是该法案的主线,即通过加强基础医学学科研究,加速医药产品研发上市,并最终保证向患者提供和保证可及性。

发现,即科学发现。向NIH提供48亿美元用于基础科学研究。其中,14.5亿美元用于此前奥巴马总统提议的精准医疗计划的实施,促进对于现在基因、生活方式和环境改变引发的疾病变化的理解;18亿美元用于副总统拜登提出的"癌症登月计划",加速癌症研究,争取在5年内完成在癌症预防、诊断、治疗和护理方面需要10年才能完成的进展。15.1亿美元投资"脑研究计划",以促进对阿尔茨海默病等精神疾病的科学研究;300万美元投资自体干细胞再生性医学研究。医学基础研究的发展将有助于疾病致病机理和因素的深入理解,促进创新医药产品研发工具的发现。NIH是美国主要的医学与行为学研究机构,也是世界最大的国立医学研究机构之一,其任务是研究生命本质和行为学方面的基础知识,并充分运用这些知识延长人类寿命,以及预防、诊断和治疗各种疾病和残障。

此外,两年内投入10亿美元,用来实施奥巴马提议的反对海洛因和处方阿片类药物流行病等药物滥用。在美国,每年死于药物滥用的人比死于机动车事故的人还要多。

研发,即新疗法研发。过去20多年,科技发展步伐加快,人类基因组图谱绘制取得重大成果,但新研究发现应用到FDA批准新疗法却非常困难。该法案将会通过下述方式,促进基础研究成果向新疗法的转化:促进临床试验的现代化,促进安全性有效性资料积累和分析方式的现代化;将患者放在审评程序的核心位置，以患者为中心（patient-focused）；支持范围更广泛合作的生物标记物开发、资格认定和使用项目，生物标记物能有助于在研发早期理解新治疗手段的治疗机制、适用对象；简化开发健康软件和移动医疗app、组合产品、疫苗、再生医学疗法的法规，并提供明确一致的法规要求；激励儿科药物的研发，授权FDA使用更为灵活的方式审评具有突破性技术的医疗器械；向FDA提供5亿美元，用于促进监管现代化，招募和保留最优秀的科学家、博士和工程师。

提供，即新疗法提供患者使用。新药和医疗器械的研发，如果不能及时提供给需要的患者使用，研发就没有任何价值。该法案通过多种方式提高新疗法的可及性：保证不同医疗机构电子健康记录系统互通使用，从而实现患者治疗的无缝衔接；帮助促进医务人员的教育，促进资深医务人员对最新医疗技术的掌握。

此外，该法案针对影响美国人口1/5的精神卫生问题提出强化针对整体精神卫生服务体系的改革措施。对MEDICARE和MEDICAID项目提供方进行支付审核，优化支付范围和支付标准，保障65岁以上老年人和困难群体的基本医疗保障和大病医疗保障。

四、主要措施

1. FDA致力于监管科学的突破与审评标准的创新

《21世纪治愈法案》是FDA多年来药物创新理念与战略的延续，从关键路径计划，到监管科学战略，再到治愈法案，其理念和战略不断明晰和强化。FDA一方面致力于满足患者尚未满足的治疗需求，另一方面致力于减轻新医药产品研发的成本和监管负担，以便使创新产品更快、更好的上市使用，保护和促进公众健康。

监管科学是评价产品安全性、有效性、质量和功能的新工具、新标准和新方法的科学。早在 2004 年 3 月，FDA 发布《创新 / 停滞：新医药产品关键路径的挑战与机遇》的白皮书，正式提出"关键路径计划"（The Critical Path Initiative，CPI）。"关键路径计划"主要是优先解决影响医药产品开发的最紧迫问题，使当代生物医学基础研究所取得的重大成果迅速转化为提高公众健康的新产品。关键路径计划的最主要目的在于通过创造新的、能更准确地判断和预测新医药产品的安全性及有效性的工具，确保最新的生物医学基础研究成果能更快、更确定、更低成本地转化为新的，更有效的治疗手段。FDA 的关键路径计划在三个重要方向取得成就，包括生物标记物和其他科学工具、简化临床试验确保产品安全性等方面。

在关键路径计划等取得重大成就的基础上，2010 年，FDA 启动了监管科学计划，将监管科学融入到 FDA 监管活动的方方面面。监管科学是"发展评价监管产品安全性、有效性、质量和功能的新工具、标准和方法的科学"。2011 年 8 月 17 日，FDA 发布《促进 FDA 监管科学：战略计划》，确定了缩小监管决策制定与科学知识之间关键差距的策略，包括新的医药产品研究工具、模型；提高临床试验的质量和效率；识别和评估缺乏临床终点和相关生物标记物等手段，解决监管科学和创新的需求，促进产品开发和审评过程。

在重视监管科学的同时，FDA 还提出"智慧监管（smart regulation）"，即通过智慧、合理和以科学为基础的监管，构建最合理的监管制度框架同时减少不必要的负担，在鼓励创新的同时实现保护公众健康的目标。"智慧监管"要求 FDA 保持动态化，与时俱进，发现和利用最优的科学技术，从而引导有价值的创新的实现，促进行业的公平竞争，减少产品的召回，巩固消费者的信心，维持 FDA 在全球的创新领导地位。

《21世纪治愈法案》是监管科学战略的延续。该法案旨在对《食品药品化妆品法案（FD&CA）》进行重点修订，并扩大 FDA 的监管权力。该法案致力于监管科学的突破和审评标准的创新，很大篇幅在于促进新类型证据的在药品研发和审评中的使用，如适应性试验设计、贝叶斯统计学方法、生物标记物、替代终点等获得的数据，考虑特定患者的风险效益平衡。

2. 以患者为中心的审评——建立患者体验数据搜集和提交指南

法案第 3001 节明确规定 FDA 在药品审评时接受患者体验数据。患者体验数据是患者本人以及患者家庭、患者组织等其他任何人搜集的，与患者疾病状态，接受诊疗和服务过程中的体验，以及患者疗法的偏好等各种经验数据。FDA 后续将建立搜集和提交患者体验数据的指南，在数据搜集方法、评价标准等方面给予行业指导，重点关注患者疾病的关键负担，疾病治疗负担，以及如何确保患者风险效益平衡。

3. 药物开发工具资格认定、简化特定类别申请技术审评要求

法案第 3011 节通过修订 FD&CA，新增第 507 节，强化 FDA2015 年建立的药物开发工具资格认定程序（QPDDT）（指南）明确立法，通过对生物标记物、动物模型、临床结局等药物开发工具在特定使用背景下的有效性进行认定，简化申请资料提交要求，从而缩短药物研发时间，减少药物研发的失败率。法案要求 FDA 在法案实施五年内公布认定与使用标准及实施绩效。法案第 3012 节允许基因靶向药物或蛋白质变体靶向药物的临床试验

发起人，使用该自己之前获批的具有相同或相似技术的药物的数据。第3031节提出针对药品某些特定适应证的补充申请，FDA可仅审评临床数据摘要，但是申请人仍需附上所有相关数据。法案第3022节允许已批准上市药物的新适应证，今后可通过提供真实世界证据获得批准，真实世界证据还可用于上市后研究要求（PSR）。

4. 创新的适应性临床试验设计

FDA今后将开展会议讨论，发布相关指南文件，支持发起人在新药申请中加入适应性设计和创新数据分析模型。所谓适应性设计是指一种前瞻性设计，根据研究中受试者数据分析，及时修正和调整一个或多个特定研究设计和假设，促使临床试验和临床开发计划效率更高。

5. 有限数量患者抗菌药（LPAD）审批通道

每年，至少200万美国人因耐抗生素感染致病，导致23000人死亡。对于许多感染，由于患者数量少，且缺乏参照疗法，传统的临床试验往往无法进行。有限数量患者抗菌药（LPAD）审批通道就是在这种背景下提出的。法案第3042节规定，对于治疗威胁生命的感染性疾病的抗菌药，FDA在批准抗菌药上市时有一定灵活性，可基于有限数量患者数据批准上市。同时，该抗菌药标签、广告上应带有"有限患者数据"标识等要求。在这种情况下，药品审评批准的风险效益平衡与普通药品不同，要考虑到患者未满足的临床需求，确保患者效益风险平衡。

6. 医疗器械特殊审批通道

基于现有的医疗器械优先审评途径，在FD&CA中新增了如医疗器械突破性疗法途径，该途径类似于药品的突破性疗法途径，对于特定类别高风险医疗器械，允许使用文献中数据作为审评依据，旨在加快具有早期临床获益的医疗器械的研发和审评。

7. 罕见病研发激励

罕见病用药一直是 FDA 重点创新激励的领域，该法案使罕见病药物优先审评券（PRV）计划获得再授权，执行有效期延至 2020 年。2012 年实施鼓励治疗罕见儿科疾病优先审评的 PRV 制度。PRV 制度指的是对于已获得批准的治疗被忽略的热带疾病、罕见儿科疾病的新药或疫苗的申请人，符合优先审评标准时，FDA 将奖励其一张"优先审评券"，该药品申请人的其他药物可以凭借该券获得优先审评资格，该券可以转让或出售。该法案更新罕见病用药资助计划，资助范围由临床试验扩大到观察性研究领域，以促进研究罕见病的自然发展进程和治疗过程。

8. 知情同意与人类受试者保护

要求 HHS 部长协调人类受试者基本法规（45 CFR 46）和 FD&CA 下的受试者保护法规（21 CFR 46），进一步优化多中心临床试验的伦理委员会审评程序。取消医疗器械临床试验发起人只能使用本地 IRB 的规定，允许其使用中心伦理委员会对医疗器械临床试验开展伦理审评。FDA 今后有更大的灵活性，可豁免或修改最小风险临床试验的知情同意要求，HHS 和 NIH 根据基本法规也可采取这种灵活性。

9. 扩大使用／同情使用

要求研究性药物的生产企业在公共网站公开其同情使用（Compassionate use）药物的实施计划，促进病危或亟需治疗患者参加临床试验。但公布实施计划并不代表保证申请参加计划的患者一定获得药物治疗，只有符合标准的患者允许加入计划。

10. 精神健康服务领域改革措施

在 HHS 的部长办公室下设立精神健康及物质使用部长助理、首席医学官、建立跨部门严重精神疾病协调委员会、制定战略计划，促进基于证据的精神健康项目的开展与实施，促进精神疾病更加科学的诊断和治疗，同时加强与其他联邦政府机构的合作，增强各部门的沟通，从而为精神健康服务提供保障。这一系列改革旨在进一步提高精神健康服务的质量和范围，并为公众健康提供保障。

11. MEDICARE 和 MEDICAID 项目优化

针对 65 岁老年人的 MEDICARE 计划提供各州的支付目录覆盖范围决策权限，但需要向社会公开决策证据，目录内项目价格公开透明；开发 MEDICARE-A 部分即住院报销部分的单病种付费编码系统，优化 B 部分门诊费用支付范围。提高面向贫困人口的 MEDICAID 项目提供方信息的可获得性，加强支付审核等等。

五、编译启示

1. "从拯救生命的高度"设定政府优先资助领域

法案关注影响美国民众健康最为重要的领域和疾病，立法阻止对美国人民的健康威胁，包括癌症、阿尔茨海默病、罕见病、精神物质滥用、精神疾病。这些疾病影响美国人民未来的健康，是长期战略性问题，是政府必须承担的责任，是政府的长期战略目标上升为法律。

政府投入明确指向癌症、脑科学、再生科学基础研究领域，向 NIH 提供基础研究经费，强化政府责任。法案也强化了药物滥用、精神健康服务，65 岁老年人和贫困人口的基本医疗卫生服务提供领域的立法。

2. 加速新医药产品的研发和上市

以患者为中心，从关注危重患者疾病治疗需求出发，采取一系列措施，加速新医药产品（药品和医疗器械）的研发和上市，在审评人才储备、审评标准建立、审评程序改进方面做出突破性改变。

该法案给予我们的启示在于，鼓励创新必须承担相应的风险，政府在鼓励创新中扮演重要角色，担当重要职责，出于保护和促进公众健康的目的，从满足患者尚未满足的治疗需求出发，让患者尽快获得所需要的新的治疗产品，并采取适当的风险控制措施，加快创新医药产品研发和上市，从而减轻监管机构的负担是该法案的主体框架，该法案获得参众两院支持，获得美国民众支持也是基于公众健康的需求和利益出发的必然结果。

3. 关于特殊群体的健康需求

精神疾病患者、罕见病患者、儿科患者是容易忽视的领域，65 岁以上老年人和贫困人群是弱势群体，法案集中体现了对特殊人群和弱势群体的健康关注，在美国罕见病用药和儿童用药早已单独立法，体现了政府对特殊人群和弱势人群的照顾。

《21 世纪治愈法案》由国家食品药品管理局法制司和沈阳药科大学国际食品药品政策与法律研究中心（中心简称：IPDPL，微信公众号：国际药政通）组织翻译编写，在编译过程中力求语言简洁，并对关键术语进行脚注，以便于读者对法案的理解，法案初稿翻译参加人员有孙宇昕、魏芬芳、鲍程程、吕旭峰、郑永侠、田怡、张钟艺、鞠梦琪、于金冉、刘欢、孙莉、陈嘉音、王宏伟、冯霄婵、王艺芳、张丹丹等，经过三改三校，最后提交编辑。译文疏漏在所难免，恳请读者批评指正，待日后持续改进！

目录

A 部分
——21 世纪的治疗

第 1000 条短标题

本部分可以称为"21 世纪治愈法案"。

第一章 | 创新项目及各州阿片类药物滥用响应

第1001条 拜登癌症登月计划及国立卫生研究院创新项目

（a）**一般规定**——美国国立卫生研究院（National Institutes of Health, NIH）院长（在本条中称为"NIH院长"）应使用根据第（b）款第（3）段中的拨款授权的拨款资金，用于实施第（b）款第（4）段所述的NIH创新项目（在本条中称为"NIH创新项目"）。

（b）NIH创新账户——

（1）**设立NIH创新账户**——在财政部设立账户，称为"NIH创新账户"（在本款中称为"账户"），用于实施第（4）段所述的NIH创新项目。

（2）**直接支出储蓄（DIRECT SPENDING SAVINGS）转入**——

（A）**一般规定**——以下金额应从财政部通用基金转入以下NIH创新账户：

（i）2017 财年，352 000 000 美元。

（ii）2018 财年，496 000 000 美元。

（iii）2019 财年，711 000 000 美元。

（iv）2020 财年，492 000 000 美元。

（v）2021 财年，404 000 000 美元。

（vi）2022 年财年，496 000 000 美元。

（vii）2023 财年，1 085 000 000 美元。

（viii）2024 财年，407 000 000 美元。

（ix）2025 财年，127 000 000 美元。

（x）2026 年财年，226 000 000 美元。

（B）**储蓄存款**——在根据第（3）段拨款之前，（A）段所述账户转入金额不可挪用。

（3）拨款——

（A）*拨款授权*——自 2017 年至 2026 年的每一财年，授权从账户中拨款给 NIH 院长，用于实施 NIH 创新项目，拨款金额不超过第（2）段（A）段中转入账户总额，该授权在支出前保持可用。

（B）**冲销未来拨款**——2017 年至 2026 年任一财年，根据（A）段的拨款授权，向 NIH 院长提供"NIH 创新账户"下的弹性拨款，用于实施 NIH 创新项目，在相应财年这类拨款总额（不超过账户余额总额）应扣除弹性预算授权估计数额，以及根据 1974 年《国会预算和扣款控制法案》或 1985 年《平衡预算和紧急赤字控制法案》估计产生的支出，转入 NIH 创新账户的金额应减少相应的金额。

（4）**NIH 创新项目**——NIH 创新项目拨款授权应包含依据第（3）段所述的以下项目内容，在 2017 年至 2026 财年期间，每一项目的授权拨款总额不超过以下金额——：

（A）对于精准医疗计划，包括促进人群参与支持精准医疗计划，总额不超过 1 455 000 000 美元，（各财年拨款金额）如下所述：

（i）2017 财年，40 000 000 万美元。

（ii）2018 财年，100 000 000 美元。

（iii）2019 财年，186 000 000 美元。

（iv）2020 财年，149 000 000 美元。

（v）2021 财年，109 000 000 美元。

（vi）2022 财年，150 000 000 美元。

（vii）2023 财年，419 000 000 美元。

（viii）2024 财年，235 000 000 美元。

（ix）2025 财年，36 000 000 美元。

（x）2026 财年，31 000 000 美元。

（B）为促进创新神经技术的脑研究计划（称为"脑研究计划"），拨款总额应不超过 1 511 000 000 美元,（各财年拨款金额）如下所述：

（i）2017 财年，10 000 000 美元。

（ii）2018 财年，86 000 000 美元。

（iii）2019 财年，115 000 000 美元。

（iv）2020 财年，140 000 000 美元。

（v）2021 财年，100 000 000 美元。

（vi）2022 财年，152 000 000 美元。

（vii）2023 财年，450 000 000 美元。

（viii）2024 财年，172 000 000 美元。

（ix）2025 财年，91 000 000 美元。

（x）2026 财年，195 000 000 美元。

（C）为支持癌症研究，如研发癌症疫苗，研发更敏感的癌症诊断检测方法，研发免疫疗法及组合疗法，以及固有高风险有潜力的转化科学领域研究，并寻求解决癌症主要相关挑战的研究，拨款总额不超过 1 800 000 000 美元,（各财年拨款金额）如下所述：

（i）2017 财年，300 000 000 美元。

（ii）2018 财年，300 000 000 美元。

（iii）2019 财年，400 000 000 美元。

（iv）2020 财年，195 000 000 美元。

（v）2021 财年，195 000 000 美元。

（vi）2022 财年，194 000 000 美元。

（vii）2023 财年，216 000 000 美元。

（D）NIH 与食品药品管理局（Food and Drug Administration，FDA）合作，进一步授予拨款及签署研究合同，以促进使用成人干细胞再生医学领域临床研究，包括自体干细胞，其拨款及合同将取决于受资助人是否能够获得同等数额及以上的非联邦资助，即受资助人每 1 美元联邦拨款能有相应不少于 1 美元的非联邦资助，但总额不得超过 30 000 000 美元。如下所述：

（i）2017 财年，2 000 000 美元。

（ii）2018、2019 财年，每年 10 000 000 美元。

（iii）2020 财年，8 000 000 美元。

（iv）2021 年至 2026 年每一财年，0 美元。

（c）**审计与监督**——

（1）**工作计划**——

（A）*一般规定*——在本法案颁布之日起 180 日内，NIH 院长应向美国参议院卫生教育劳工和养老金委员会及众议院能源和商业委员会提交一份工作计划，该工作计划包括根据第（b）款第（3）段授权批准的 NIH 创新项目以及（B）段所述的拨款资金，在 2017 年至 2026 年每一财年拟议的资金分配。

（B）*内容*——根据（A）段提交的工作计划应包括——

（i）（C）段所述的咨询委员会的建议；

（ii）每项 NIH 创新项目在每一财年的支出金额；

（iii）每个 NIH 创新项目的描述及声明；以及

（iv）描述正在如何支持 NIH 创新项目中的战略性研究优先领域，这些战略性研究优先领域是根据《公共卫生服务法案》第 402 条第（m）款（42 U.S.C. 282）（经 2031 条增加）确定的。

（C）*建议*——在根据本段提交工作计划之前，NIH 院长应征求咨询委员会根据《公共卫生服务法案》第 222 条（42 U.S.C. 217a）委任的 NIH 院长有关如下事项的意见。

（i）根据第（b）（3）款拨款授权，对于 2017 年至 2026 年财年拨款的分配；以及

（ii）拟议工作计划的内容。

（2）*报告*——

（A）*年度报告*——在 2018 年至 2027 年每财年的 10 月 1 日之前，NIH 院长应向美国参议院卫生教育劳工和养老金委员会及众议院能源和商业委员会提交一份报告，该报告包括——

（i）每项 NIH 创新项目在上一财年中已经支付或支出的金额；

（ii）对这些项目使用根据（b）款第（3）段拨款授权提供资金的描述；以及

（iii）NIH 创新项目是否正在促进战略研究优先领域，这些战略研究优先领域是根据《公共卫生服务法案》第 402 条第（m）款（42 U.S.C.282）（经 2031 条增加）确定的。

（B）*附加报告*——基于美国参议院卫生教育劳工和养老金委员会，或众议院能源和商业委员会的要求，NIH 院长应向每个国会

委员会以声明形式分别提供本条所述的资金分配或使用资金的项目描述的最新报告以及附加报告。

（d）**限制**——尽管本法案或拨款法案授权资金转让权利，但根据第（b）款第（3）段拨款授权提供的任何资金不得用于 NIH 创新项目以外的任何目的。

（e）**废止**——本条将于 2026 年 9 月 30 日废止。

第 1002 条　FDA 创新项目

（a）**一般规定**——FDA（在本条中称为"局长"）应使用根据第（b）款第（3）段拨款授权的拨款资金，用于实施在第（b）款第（4）段中描述的活动。

（b）**FDA 创新账户**——

（1）**建立 FDA 创新账户**——在财政部设立一个账户，该账户称为"FDA 创新账户"（在本款中称为"账户"），以实施第（4）段所述活动。

（2）**直接支出储蓄的转入**——

（A）*一般规定*——2017 年至 2025 年每一财年，应从财政部一般基金转入以下金额至账户：

（i）2017 财年，20 000 000 美元。

（ii）2018 财年，60 000 000 美元。

（iii）2019 财年，70 000 000 美元。

（iv）2020 财年，75 000 000 美元。

（v）2021 财年，70 000 000 美元。

（vi）2022 财年，50 000 000 美元。

（vii）2023 财年，50 000 000 美元。

（viii）2024 财年，50 000 000 美元。

（ix）2025 财年，55 000 000 美元。

（B）*储蓄金额*——在符合第（3）段拨款数额之前,（A）段所述的账户中的转入金额不可用。

（3）*拨款*——

（A）*拨款授权*——自 2017 年至 2025 年的每一财年，授权从账户中拨款给局长，以实施第（5）段所述的活动，拨款金额不超过第（2）段（A）段所述转入的拨款总额，账户资金在支出前保持可用。

（B）*冲销未来拨款*——2017 年至 2025 年任一财年，根据（A）段的拨款授权，向局长提供"FDA 创新账户"下的弹性拨款，用于实施第（4）段所述的项目活动，在适用的财年这类拨款的总额（不超过账户余额总额），应扣除弹性预算授权估计数额，以及根据 1974 年《国会预算和扣款控制法》或 1985 年《平衡预算和紧急赤字控制法》估计产生的支出，转入 FDA 创新账户的金额应减少相应的金额。

（4）**FDA 行动**——根据本款授权资助的 FDA 活动，是指经本法案第 3073 条增加的，本法案第三章第 A 至 F 分章（包括这些分章的修订）以及 FD&CA 第 1014 条中所述的活动〔建立 FDA 联合审评部门（INTERCENTER INSTITUTES）〕。

（c）**审计与监督**——

（1）**工作计划**——

（A）*一般规定*——在本法案颁布之日起 180 日内，FDA 局长应提交一份工作计划至美国参议院卫生教育劳工和养老金委员会及众议院能源和商业委员会，该工作计划包括根据第（b）款第（3）段授权批准以及（B）段所述的拨款资金，在 2017 年至 2025 年每一财年拟议的资金分配方案。

（B）*内容*——根据（A）段提交的工作计划应包括——

（i）（C）段所述咨询委员会的建议；

（ii）在第（b）款第 4 段中每项活动在每一财年的应该拨付或支出的金额；

（iii）每个这些项目活动的描述及声明。

（C）*建议*——在根据本段提交工作计划之前，局长应向科学委员会征询关于第（b）款第（3）段授权拨款在 2017 年至 2025 年每一财年的资金分配以及拟议工作计划的内容建议。

（2）**报告**——

（A）*年度报告*——在 2018 年至 2026 年每一财年的 10 月 1 日之前，局长应向美国参议院卫生教育劳工和养老金委员会及众议院能源和商业委员会提交一份报告，该报告包括——

（i）在上一财年中，第（b）款第（4）段所述的每项活动应该拨付或支出的金额；

（ii）对这些活动使用根据（b）款第（3）段拨款授权提供资金的描述；以及

（iii）这些活动如何促进公共健康。

（B）*附加报告*——基于美国参议院卫生教育劳工和养老金委员会或众议院能源和商业委员会的要求，FDA 局长应分别以声明形式提供本条所述资金分配或资金使用的最新报告以及附加报告至每个国会委员会。

（d）**限制**——尽管本法案或拨款法案授权资金转让权利，但根据第（b）款第（3）段拨款授权提供的任何资金不得用于第（b）款第（4）段所述活动以外的任何目的。

（e）**废止**——本条将于 2025 年 9 月 30 日废止。

第 1003 条　为各州应对阿片类药物滥用危机提供资金

（a）**一般规定**——美国卫生及公众服务部（Health and Human Services, HHS）部长（本条称为"部长"）应使用根据第（b）款拨款授权的拨款资金，用于实施第（c）款所述资助项目，从而应对各州的阿片类药物滥用危机。

（b）**各州应对阿片类药物滥用危机账户**——

（1）**建立**——在财政部设立一个账户，称为"各州应对阿片类药物滥用危机账户"（本款中称为"账户"），以实施第（c）款所述的阿片类药物资助项目。

（2）**直接支出储蓄转移**——

（A）**一般规定**——从财政部一般基金以下金额转入至账户：

（i）2017 财年，500 000 000 美元。

（ii）2018 财年，500 000 000 美元。

（B）**储蓄金额**——在根据第（3）段拨款之前，（A）段所述的账户中拟拨付金额不可用。

（3）**拨款**——

（C）**拨款授权**——2017 年至 2018 年的每一财年，授权从账户中拨款给部长，以实施第（c）款所述资助项目，拨款金额不超过第（2）段（A）段所述转入账户总额，在支出前保持可用。

（D）**冲销未来拨款**——2017 年至 2018 年每一财年，"各州应对阿片类药物滥用危机账户"下的弹性拨款，用于实施第（c）款所述的资助项目，在适用的财年这类拨款的总额（不超过账户余额总额），应扣除弹性预算授权估计数额，并扣除根据 1974 年《国会预算和扣款控制法》或 1985 年《平衡预算和紧急赤字控制法》估计产生的支出，转入各州应对阿片类药物滥用危机账户的金额应减少相应的金额。

（c）**阿片类药物资助项目**——

（1）**各州应对阿片类药物滥用危机**——根据拨款可用性，部长应按照（B）段，向各州授予拨款基金，以应对各州内的阿片类滥用危机。在授予拨款基金时，部长应优先考虑阿片类药物滥用的发病率或患病率相对显著较高的州。

（2）**阿片类药物基金**——根据本款各州的拨款基金应用于开展阿片类药物相关补充活动，这些补充活动由管理药物滥用预防与治疗药物滥用的州机构根据《公共卫生服务法案》第十九章第 B II 节 (42 U.S.C.300x‑21 et seq.) 实施，其中可能包括与公共卫生相关的活动，如：

（A）完善各州处方药物监测项目。

（B）实施预防活动，并评估这些活动，以确定有效的策略，从而防止阿片类药物滥用。

（C）培训医护人员，如处方阿片类药物的最佳使用方法、疼痛管理、潜在（阿片类）物质滥用案例的识别、病人的治疗计划的推介，以及过量用药的预防。

（D）支持医疗保健服务的获得，包括由联邦认证的阿片类药物治疗计划或其他适当的医护人员提供的服务，以治疗（阿片类）物质使用障碍（substance use disorders）。

（E）各州认为与解决国内阿片类滥用危机相关的其他适当公共卫生活动。

（d）**审计与监督**——根据第（c）款接受基金的州，应在根据《公共卫生服务法案》（42 U.S.C.300x-52）第 1942 条向部长提交一份与（阿片类）物质滥用相关的报告，该报告应说明：

（1）州根据本款收到基金在上一财年中子项目资金的用途，以及各州受资助项目开展活动的说明；

（2）在拨款日提供给州的资助金的最终受益人。

（e）**限制**——根据第（b）款拨款授权提供的任何资金——

（1）尽管在拨款法案中授予基金转让权利，但不得用于第（c）款所述资助项目以外任何目的；并且

（2）应符合《公共卫生服务法案》（42 U.S.C.290aa et seq.；300w et seq.）第五章至第十九章中药物滥用预防及治疗项目的相同要求。

（f）废止——本条将于 2026 年 9 月 30 日废止。

第 1004 条　预算处理

（a）**法定 PAYGO 计分卡**——本法案 A 部分的预算影响不应计入根据 2010 年《法定现收现付法》第 4（d）条规定的 PAYGO 记分卡上。[注：PAYGO（Pay As You GO），现收现付制，是指美国财政支出使用的是现存资金而不是借入资金]。

（b）**参议院 PAYGO 计分卡**——根据 S. Con. Res. 21（110th Congress）第 201 条规定，本法案 A 部分的预算影响不得计入 PAYGO 计分卡。

（c）**预留存款**——除非在拨款法预定的范围内，NIH 创新账户，FDA 创新账户或本章规定的各州应对阿片类药物滥用危机账户中的资金均不可用，法律法规撤销或减少这类账户总额不应被视为 1974 年《国会预算和扣款控制法》或 1985 年《平衡预算和紧急赤字控制法》直接支出的减少。

第二章 | 发现

A 节——美国国立卫生研究院（NIH）重新授权

第 2001 条　NIH 重授权

《公共卫生服务法案》第 402A 条第（a）款第（1）段［42 U.S.C.282a（a）（1）］作如下修订——

（1）在（B）段中，删去结尾处的"并且"；

（2）在（C）段中，将结尾处的句号改成分号；以及

（3）在结尾处增加以下新的三项财政拨款：

"（D）2018 财年 34 851 000 000 美元；

"（E）2019 财年 35 585 871 000 美元；以及

"（F）2020 财年 36 472 442 775 美元。"

第 2002 条　尤里卡大奖赛

（a）**一般规定**——根据 1980 年《史蒂文森－威德勒技术创新法案》第 24 条（15 U.S.C.3719）规定的授权及程序，NIH 院长将基于以下一项或全部目标资助大奖赛：

（1）通过大奖赛确定并资助可实现重大进步的生物医学科学领域。

（2）改善健康结果，尤其是在如下人类疾病与病症方面——

（A）与联邦政府在疾病与病症预防及治疗方面的支出相比，公共及私人对于这些疾病与病症研究投资相对较少，对于这些疾病与病症研究健康项目的联邦投资将缩减；

（B）严重疾病，在美国该疾病负担沉重；或

（C）对于美国来说，该疾病研究投资具有获得显著回报的潜力；

（b）**跟踪；报告**——NIH 院长应——

（3）收集以下信息——

（A）通过本条设立的大奖赛资助的创新可以促进生物医学科学或者改善第（a）款有关的健康结果；以及

（B）创新对联邦支出的影响；以及

（4）根据《公共卫生服务法案》第 403 条（42 U.S.C.283）（经第 2032 条修订），每三年一次的报告中包括根据第（1）段收集到的信息。

B 节——促进精准医疗 [1]

第 2011 条　精准医疗

修订《公共卫生服务法案》第四章第 H 部分（42 U.S.C.289 等条）在结尾处增加以下内容：

"第 498E 条精准医疗计划

"（a）**一般规定**——鼓励 NIH 院长建立并实施"精准医疗计划"（在本条中称为"计划"），以促进疾病的预防、诊断及治疗。

"（b）**组成**——根据第（a）款所述的计划可包括——

"（1）建立科学家网络，以协助实施该计划；

"（2）开发解决科学、医疗、公共卫生及监管科学问题的新方法；

"（3）应用基因组技术，如全基因组测序，提供疾病分子基础的数据；

---

[1]　精确医疗是一种新兴疾病治疗及预防的方法，考虑到每个人在生活环境，生活方式以及基因方面的差异。
National Institutes of Health. About the Precision Medicine Initiative[EB/OL].[2017-01-12]. https://www.nih.gov/allofus-research-program.

"（4）收集由多种群体自愿提供的信息，以便更好地了解健康及疾病；以及

"（5）部长决定的其他活动，这些活动旨在促进实现该计划的目标。

"（c）**部长的授权**——在实施本条时，部长可——

"（1）与能源部部长、私营企业及其他部门协调，确定并解决该计划需要的超级计算技术及其他先进技术；

"（2）发展并利用公私合作关系；以及

"（3）平衡现有的数据资源。

"（d）**要求**——在根据第（a）款实施该计划时，部长应——

"（1）确保 NIH、美国 FDA、国家卫生信息技术协调员办公室[2]以及 HHS 民权办公室间的相互合作；

"（2）遵守参与研究的受试者保护相关法律法规，包括受试者隐私保护；

---

[2] 国家卫生信息技术协调员办公室（ONC）是行政管理部门健康信息技术工作的核心，是整个卫生系统的资源，以支持采用健康信息技术并促进全国卫生信息交流，从而促进健康护理。 ONC 设立在 HHS 部长办公室内。
　　ONC 是负责协调全国工作的主要联邦实体，以实施和使用最先进的卫生信息技术及健康信息电子交换。国家协调员于 2004 年通过行政命令设立，并在 2009 年的 HITECH 法案中立法授权。
　　Health IT. About ONC[EB/OL].[2017-01-12].https://www.healthit.gov/newsroom/about-onc.

"（3）实施相关政策及机制以保障跨系统数据共享的安全性，包括隐私保护及数据安全；

"（4）考虑群组的多样性以确保纳入广泛的受试者，包括考虑生物、社会及其他构成健康差异的决定因素；

"（5）确保只有获授权的个人才能获得精准医疗计划下收集或存储的有关对照或敏感的、可识别的生物材料和相关信息；以及

"（6）在 HHS 的网站上，明确说明可访问此类信息的实体（entities），以及实体获得此类信息的意图，以及授予访问权限的研究项目摘要，以及该实体已经获得的生物材料及相关信息的描述。

"（e）**报告**——在 21 世纪治愈法案实施之日起 1 年内，部长应就数据访问政策及程序向美国参议院卫生教育劳工和养老金委员会及美国众议院能源和商业委员会提交一份报告。该报告应包括部长与联邦政府其他部门或机构的专家或其他负责人进行磋商后制定政策的步骤说明。"

第 2012 条　人类研究受试者的隐私保护

（a）**一般规定**——《公共卫生服务法案》第 301 条第（d）款（42 U.S.C.241）作如下修订：

"（d）（1）（A）如果某人参与了生物医学、行为学、临床或其他研究，其可识别、敏感的信息（包括精神健康研究以及酒精与精神类药物的使用和功效研究）被收集，部长应该与其他机构协作，

适当时——

"（i）如果这些研究部分或全部由联邦政府资助，则应向参与研究人员签发保密证书，以保护受试者的隐私权；并且

"（ii）若这类研究由非联邦政府资助，经研究参与人员申请后，可向该人员签发保密证书，以保护受试者的隐私。

"（B）除（C）段另有规定外，任何根据（A）段获得保密证书以保护该段所述个人隐私的人员，不得向与研究无关人员披露或提供该类研究受试者名单、信息、文件以及包含受试者的可识别的、敏感信息的生物样本，这些信息、文件及生物样本是基于研究目的而创建或编制的。

"（C）在（B）段中禁止披露的规定在下列情况中不适用——

"（i）联邦、州或当地法律要求，不包括（D）段中所述的情况；

"（ii）个人的信息、文件或生物样本对治疗是必要的，并且该受试者做出知情同意；

"（iii）在获得个人知情同意的情况下取得其信息、文件或生物样本；

或（iv）基于其他科学研究目而披露信息，并且符合联邦为保护研究受试者而制定的法规；

（D）任何根据（A）段获得保护个人隐私证书的人员，不得在联

邦、州或当地民事、刑事、行政、立法或其他程序中披露或提供
受试者个人姓名、信息、文件及包含个人可识别、敏感信息的生
物样本，这些信息、文件及生物样本是基于研究目的而创建或编
制，（C）段（iii）中描述的情况除外。

"（E）在法律程序中，应豁免根据（A）段保护的可识别的、敏
感的信息及其所有复印件，并且不得在未取得个人知情同意情况
下，将受试者个人信息作为证据使用或用于任何目的诉讼，或其
他司法，立法或行政程序。

"（F）根据（A）段获发证书的个人，其收集的可识别的、敏感的
信息及其所有复件，应永久享有本条提供的保护。

"（G）部长应遵照本款采取措施，简化程序，缩短所需的时间，
以尽量减轻研究人员负担。

"（2）部长应与其他相关联邦机构负责人协调，以确保这些部门
根据第（1）段及本款规定而制定保密证书政策。

"（3）本款不得解释为限制受试者本人获取研究期间收集的个人
信息。

"（4）就本款而言，术语"可识别的、敏感的信息"指关于个人
的信息，该信息是在第（1）（A）段中所述的研究过程中收集或
使用，以及——

"（A）通过该信息可识别受试者个人；或

"（B）根据当前的科学实践或统计方法，即利用信息的某种组合，请求获得信息及其他可用的数据源，至少存在可推断受试者个人身份极小风险。"

（b）**适用性**——本法案颁布之日起 180 日后，所有从事研究并经 HHS 授权的人员，在根据《公共卫生服务法案》第 301（d）条规定保护信息时，应优先遵守本条（经本法案修订）规定。

第 2013 条　可识别及敏感信息的保护

修订《公共卫生服务法案》第 301 条（42 U.S.C.241），在结尾处增加以下内容：

"（f）（1）根据《美国法典》第 5 编第 552 条第（b）款第（3）段，HHS 部长可豁免个人生物医学数据或在生物医学研究中收集的生物医学数据的披露要求，如果——

"（A）个体是可识别的；或

"（B）根据当前的科学实践或统计方法，确定至少存在极小风险，即可用信息的某种组合、信息请求及其他可用的数据源推断出个人的身份。

"（2）（A）部长根据第（1）段做出每项豁免披露信息的决定，须以书面形式披露并陈述做出该决定的依据。

"（B）应按照 HHS《信息自由法案》首席官员办公室的要求，向公众公开每项决定及其依据的书面资料。

"（3）本款中的任何内容不得解释为限制研究参与者获得其在参与研究期间收集的该研究者信息。"

第 2014 条　数据共享

（a）**一般规定**——《公共卫生服务法案》第 402 条第（b）款 [42 U.S.C.282（b）] 作如下修订：

（1）在第（23）段末尾，删去"并且"；

（2）在第（24）段中，删去句号并插入"；并"；以及

（3）在第（24）段后插入以下内容：

"（25）可能要求 NIH 奖金（awards）获得者在可接受的范围内，以符合联邦法律及法规的方式，分享由 NIH 奖励而产生的科学数据，包括以下事项的法律及法规，为保护——

"（A）人类研究参与者，包括关于隐私、安全、知情同意，以及受保护的健康信息；以及

"（B）专有权益、机密商业信息以及资金接受者的知识产权。"

（b）**保密性**——第（a）款所做的修订中没有任何内容授权 HHS 披露作为商业机密的信息，或者《美国法典》第 5 编第 552 条第（b）款第（4）段或《美国法典》第 18 编第 1905 条所述的其他特殊或机密的信息，或者被解释为要求 NIH 的奖金接受者或合作协议签订者分享这些信息。

C 节——支持年轻新兴科学家

第 2021 条　资助新一代研究人员

（a）**一般规定**——《公共卫生服务法案》第四章第 A 部分（42 U.S.C.281 et seq.）作如下修订：

"**第 404M 条　新一代研究人员**

"（a）**新一代研究者计划**——应在 NIH 院长办公室内建立新一代研究者计划（在本条中称为"计划"），通过这一计划，院长应协调 NIH 内的所有政策及项目，这些政策及项目旨在为增加新研究人员以及独立开展早期研究提供机会。

"（b）**活动**——通过该计划，NIH 院长应——

"（1）促进 NIH 内部的政策及项目，包括现行的政策及项目，这些政策及项目旨在为增加新研究人员以及独立开展早期研究提供机会；

"（2）需要时，在制定、修订或确定 NIH 内部政策的优先领域，以增加新研究人员以及独立开展早期研究提供机会，例如增加新研究人员获得资金的机会、优化研究人员的培训及指导项目，以及提高研究人员多样性；

"（3）与相关机构、专业及学术协会、学术机构及其他机构适当地进行协调，以改善及更新关于生物医学研究人员的现有信息，以便为与生物医学研究人员的培训、招聘及保留的相关项目提供

信息；以及

"（4）适当地开展其他活动，包括对现行项目进行评估与监督，以促进新一代研究人员的发展及独立开展早期研究。

（b）**建议的考虑**——在根据《公共卫生服务法案》第 404M（b）条开展活动时，NIH 院长应考虑将国家科学院、国家工程学院及国家医学院的建议，作为对新一代研究人员的政策影响综合研究的一部分，并且根据 2016 年《HHS 拨款法案》（公法 114–113）规定，向美国众议院能源和商业委员会及参议院卫生教育劳工和养老金委员会提交一份报告，该报告应根据 2016 年《HHS 拨款法案》规定，在综合研究结束后 2 年内对 NIH 以这些建议为基础而采取的所有行动做出。

第 2022 条　改善贷款还款项目

（a）**内部贷款还款项目**——《公共卫生服务法案》第 487A 条（42 U.S.C.288 - 1）作如下修订——

（1）将该条标题修订为：

"内部贷款还款项目"

（2）在第（a）款中——

（A）将"部长应实施一项项目"改为"NIH 院长应酌情根据劳动力及科学优先领域，根据第（b）（1）款列出的子类别（或如第（b）（2）款修订的子类别）实施一项项目"；

（B）将"实施"改为"实施研究"；

（C）删去"关于获得性免疫缺陷综合征的研究"；以及

（D）将"35，000美元"改为"50，000美元"；

（3）将第（b）款重新指定为第（d）款；

（4）在第（a）款后插入以下内容：

"（b）**研究子类别**——

"（1）**一般规定**——在实施第（a）款中的项目时，NIH院长——

"（A）应继续关注于—

"（i）一般性研究；

"（ii）关于获得性免疫缺陷综合征的研究；以及

"（iii）由弱势背景但资质合格的医护人员实施的临床研究；以及

"（B）可能关注于新兴科学或劳动力需求的领域。

"（2）**删除或创建子类别**——由于与生物医学研究相关的劳动力或科学需求的变化，NIH院长可能删除第（1）段中所述的一个或多个子类别。如果子类别的总数量不超过第（1）段所规定的数量，NIH院长可根据劳动力及科学的优先领域创建其他的子类别领域。

"（c）限制——根据第（a）款规定，NIH 院长不得与医护人员签订合同，除非该医护人员具有相对于收入而言数量较大的教育贷款（根据由院长颁发的指南确定）。"以及

（5）在结尾处增加以下内容：

"（e）拨款的可用性——从提供这些拨款金额的财年起至第二个财年届满时止，用于执行本条的金额应保持可用性。"

"（b）外部贷款还款项目——《公共卫生服务法案》第 487B 条（42 U.S.C.288‐2）作如下修订——

（1）将该条标题修订为

"外部贷款还款项目"

（2）在第（a）款中——

（A）删去"部长应与美国尤尼斯·肯尼迪·施莱佛儿童健康和人类发育研究院院长磋商，制定一项项目"，并插入"NIH 院长应根据劳动力及科学优先领域，根据第（b）（1）款列出的子类别（或如第（b）（2）款修订的子类别）实施一项计划"；

（B）删除"（包括毕业生）"；

（C）删除"关于避孕，或关于不孕"；以及

（D）将"服务，不超过 35 000 美元"改为"研究，不超过 50 000 美元"；

（3）将第（b）款及第（c）款分别重新指定为第（d）款及第（e）款；

（4）在第（a）款后插入以下内容：

"（b）**研究子类别**——

"（1）**一般规定**——根据第（a）款实施项目时，NIH 院长——

"（A）应继续关注于——

"（i）避孕或不孕研究；

"（ii）儿科研究，包括儿科药理研究；

"（iii）少数族裔健康水平差异研究；

"（iv）临床研究；以及

"（v）由弱势背景但资质合格的医护人员实施的临床研究；以及

"（B）可能关注于新兴科学或劳动力需求的领域。

"（2）**删除或创建子类别**——由于与生物医学研究相关的劳动力或科学需求的变化，NIH 院长可以删除第（1）段中所述的一个或多个子类别。如果子类别的总数量不超过第（1）段所列的子类别数量，院长可根据劳动力及科学的优先领域创建其他子类别领域。

"（c）限制——根据第（a）款规定，NIH 院长不得与医护人员签订合同，除非该医护人员具有相对于收入而言数量较大的教育贷款（根据由院长颁发的指南确定）。";

（5）在第（d）款（重新指定后的）中，将"条款"改为"**一些关于义务服务条款的适用性——条款**"; 以及

（6）在第（e）款（重新指定后的）中，将"总额"改为"**拨款的可用性——总额**"

（c）**技术及规则修正**——《公共卫生服务法案》第四章作如下修订——

（1）删去第 464z-5 条（42 U.S.C.285t‐2）;

（2）删去第 487C 条（42 U.S.C.288‐3）;

（3）删去第 487E 条（42 U.S.C.288‐5）;

（4）删去经《公法 106-505》第 205 条增加的第 487F 条（42 U.S.C.288‐5a），该条是关于临床研究人员贷款还款的; 以及

（5）删去经《公法 106-310》第 1002（b）条增加的第 487F 条（42 U.S.C.288‐6），该条是关于儿科研究人员的贷款还款。

（d）**美国政府审计办公室（Government Accountability Office，GAO）报告**——在本法案颁布之日起 18 个月内，美国总审计长应向国会提交一份报告，说明 NIH 为吸引、保留及发展新一代科学家做出的努力，包括科学研究中代表性不足的个人，例如女性、有色人种及少数族裔，以及其他群体。该报告应包括对根据本法案提供给 HHS 部长的额外授权的优先研究领域中解决劳动力短缺和差距的效果，包括哪些中心及研究领域为贷款还款计划参与者提供了额外奖金资助。

D 节——NIH 的规划及管理

第 2031 条　NIH 战略计划

（a）**战略计划**——《公共卫生服务法案》第 402 条（42 U.S.C.282）作如下修订：

（1）在第（b）款第（5）段中，在分号之前插入以下语句："，并通过根据第（m）款制定的发展、实施及更新的战略计划"；以及

（2）在结尾处增加以下内容：

"（m）**NIH 战略计划**——

"（1）**一般规定**——在《21 世纪治愈法案》颁布之日起 2 年内，以及之后的每 6 年，NIH 院长应制定一项协调战略并提交至适当的国会委员会，并在 NIH 的网站上公布（称为"NIH 战略计划"），以便为 NIH 提供的生物医学研究投资提供指导，促进各研究所及中心之间的合作，利用科学机会，并促进生物医学。

"（2）**要求**——第（1）段中的战略应该——

"（A）确定生物医学研究的战略研究优先领域及目标，包括——

"（i）评估生物医学与行为研究的状态，包括与基础，临床及转化医学研究相关领域的机会；

"（ii）关于促进健康疾病的治疗、治愈及预防的优先领域及目标；

"（iii）新兴的科学机会，新出现的公众健康挑战以及科学知识的差距；以及

"（iv）识别近期、中期及长期的科学需求；

（B）在实施第（a）款时应考虑——

"（i）美国的疾病负担与投资获得回报的可能性；

"（ii）罕见疾病及病症；

"（iii）导致健康差异的生物、社会及其他决定因素；以及

"（iv）NIH 院长决定的其他因素。

"（C）多个研究所的优先领域，包括研究所及中心的研究的协调

"（D）根据第 402 条第 A 节第（c）款第（1）段（C）段规定的战略优先领域是共同基金（the Common Fund）资助的研究。

"（E）明确 NIH 拟定及进行中的活动，这些活动与培训及生物医学劳动力相关；以及

"（F）适当描述与其他研究所及部门协作的机会。

"（3）**计划的使用**——NIH 的国立研究所及国家中心应定期制定并更新战略计划，并告知根据本款而编制及更新的战略计划。由国立研究所及国家中心制定及更新的这些计划应遵循统一模式。

（4）**咨询**——NIH 院长应与国立研究所及国家中心的主任、研究人员、患者支持组织及行业领导者协商，共同制定第（1）段所述的战略计划。

（b）**一致性修订**——《公共卫生服务法案》第 402 条第 A 节第（c）款第（1）段（C）段［42 U.S.C.282a（c）（1）（C）］作如下修订：

删去"在 2007 年 6 月 1 日之前，以及之后的每两年"，并插入"作为 NIH 根据第 402（m）条要求的战略计划中一部分"。

（c）**战略计划**——修订《公共卫生服务法案》第 492 条第 B 节第（a）款［42 U.S.C.289a - 2（a）］，在结尾处增加以下内容：

"（3）**战略计划**——

"（A）**一般规定**——国立研究所及国家中心的主任应至少每年与国立少数族裔健康与健康水平差别研究中心主任，以及女性健康研究院主任，就国立研究所及研究中心的目标进行一次磋商，以确保这些研究所及中心未来的活动将女性与少数族裔纳入考虑范

围，并注重减少健康水平差距。

"（B）**战略计划**——国立研究所及国家中心发布的任何战略计划
应包括（A）段中目标的详细事项。

第 2032 条　三年报告

《公共卫生服务法案》第 403 条（42 U.S.C.283）作如下修订——

（1）在本条标题中，将"**两年一次**"改为"**三年一次**"；并且

（2）在第（a）款中——

（A）在第（1）段的事项中，将"**两年一次**"改为"**三年一次**"；

（B）将第（3）段修订为以下内容：

"（3）对 NIH 外部活动的描述，包括——

"（A）确定每个国立研究所及国家中心用于实施或支持研究的资
金年度百分比，其中包括研究所及中心与一个或多个其他国立研
究所及国家中心间的协作研究；以及

"（B）对促进卓越中心（the centers of excellence）间信息协调的
建议。"

（C）在第（4）段中——

（ⅰ）在（B）段中，删去"人口统计变量及其他变量"并插入"人口统计变量，包括生物与社会变量，相关年龄类别（如儿科亚组）以及健康决定因素"；以及

（ⅱ）在（C）（ⅴ）段中——

（Ⅰ）删去"人口统计变量以及"并插入"人口统计变量，包括相关年龄类别（如儿科亚组）、根据第492B（f）条每个国立研究所及国家中心提交给NIH院长的信息，以及"；以及

（Ⅱ）删去"（关于在临床研究中纳入女性及少数族裔）"并插入"及关于纳入人口统计群体的其他适用要求"；以及

（D）在第（6）段中——

（ⅰ）在（A）段的事项中，将"以下："改为"以下——"；

（ⅱ）在（A）段——

（Ⅰ）将"An evaluation"改为"an evaluation"；以及

（Ⅱ）将句号改为"；以及"；

（ⅲ）删去（B）段及（D）段；

（ⅳ）将（C）段重新指定为（B）段；并且

（ⅴ）在（ⅳ）中重新指定的（B）段中，将"Recommendations"

改为"recommendations"。

第 2033 条　强化 NIH 的责任

（a）国立研究所及国家中心主任的任命及任期——《公共卫生服务法案》第 405 条第（a）款（42 U.S.C.284）作如下修订：

"（a）任命——

"（1）**一般规定**——国立癌症研究所所长由总统任命，其他国立研究所及国家中心的主任由 HHS 部长任命。国立研究所及国家中心的每位主任应直接向 NIH 院长报告。

"（2）任命——

"（A）*任期*——国立研究所及国家中心的主任由 NIH 部长任命，任期为 5 年。

"（B）*再任命*——国立研究所及国家中心任期期满时，可以按照相关任用机制的标准重新任命主任，且不限制任职期限。

"（C）*空缺*——如果国立研究所及国家中心主任的职位在其任期期满出现空缺，则填补该空缺的主任 5 年任期从其接受任命时开始。

"（D）*现任主任*——在颁布《21 世纪治愈法案》之日起，根据本款规定，每一位国立研究所及国家中心的主任，其任期视为 5 年。

"（E）**实施规则**——本款不得解释为禁止部长或 NIH 院长在（A）段中规定的任期期满前，终止某一主任的任命。

"（F）**任命的性质**——根据本款规定的任命及再任命，应以与 NIH 及其下属机构的任务相关的能力及经验为基础，包括遵守 NIH 部长或主任确定的相关法律要求。

"（3）**某些条款的不适用性**——1993 年《劳动卫生健康及人类服务、教育及相关机构拨款法案》第 202 条，该条关于在有限时间内任命顾问及个人科学家的限制条件（公法 102-394；42 USC 238f 注释），不适用于本款所述的由主任任命"。

（b）**主任资助奖励项目的评审**——修订《公共卫生服务法案》第 405 条第（b）款 [42 U.S.C.284（b）]，在结尾处增加以下内容：

"（3）除由资助的非竞争性奖励续展或非竞争性行政补充的奖励外，在国立研究所及国家中心确定资助研究计划或项目 [通常称为 "R 系列资助" [3]，R 系列包括最常见的研究资助项目，如 NIH 的主要独立研究项目拨款（R01），小额资助（R03），学术研究促进奖励（AREA，R15），探索性和发展性研究项目（R21）、临床试验规划资助（R34）等] 之前，国立研究所及国家中心的主任应实施同行评审程序——

"（A）评审并做出是否给予奖励的最终决定；以及

---

[3] National Institutes of Health. Research Projects (R)[EB/OL]. [2017-01-12]. https://www.niaid.nih.gov/grants-contracts/research-projects.

"（B）适当时应考虑——

"（i）国立研究所或国家中心的任务，以及第 402（m）条中战略计划确定的科学优先领域；

"（ii）基于相似研究主题，由其他机构资助的计划或项目；以及

"（iii）工作人员，以及国立研究所或国家中心的咨询委员会或理事会的建议"。

（c）**关于重复的联邦生物医学研究的报告**——在本法案颁布之日起 2 年内，HHS 部长（在本款中称为"部长"）应提交一份报告至国会，以说明为预防并消除重复的生物医学研究而进行的工作，这类重复研究对于科学目的来说是不必要的。该报告应——

（1）描述确定此类重复研究的程序，包括监测研究应用程序及资助研究奖励以避免不必要的重复；

（2）说明为响应美国总审计长提出的相关建议，为改善第（1）段所述程序而采取步骤；

（3）说明部长如何在操作上区分必要及适当的科学再现性与不必要重复；以及

（4）举例说明部长确定不必要的重复研究以及为消除不必要重复所采取的措施。

第 2034 条 减轻研究人员的行政负担

（a）减轻行政负担的计划准备与实施措施——

（1）**一般规定**——在本法案颁布之日起 2 年内，HHS 部长（在本条中称为"部长"）应——

（A）牵头研究资助机构对财务利益冲突披露相关的法规及政策进行回顾评审，包括财务利益冲突报告的最低标准；

（B）做出适当修订，以协调现有政策并减轻研究人员的行政负担，同时保持研究结果的完整性与可信性以及保护研究参与者；并且

（C）与总检察长办公室（Office of the Inspector General，OIG）就涉及研究资助机构的财务利益冲突的活动展开协商。

（2）**考虑**——在更新根据第（1）段第 B 段的政策时，部长应考虑——

（A）应当考虑修改利益冲突报告的时间表，以便受 NIH 资助的或有协作协议的机构及时提供信息；

（B）确保财务利益披露报告要求适合于直接为研究提供资金的奖励，并且与其相关，可能基于第（1）段（A）（B）段所述的法规与政策的目的，包括修改"调查员"一词的定义；

（C）更新 NIH 涉及联邦财务利益披露的培训模块。

（b）**监管 NIH 资助的次级受资助人**——NIH 院长（在本条中称为 "NIH 院长"）应采取措施，以减轻 NIH 资助主要受资助人监管次级受资助人的负担，包括现行及进行中活动的结果与建议。这些措施可适当包括——

（1）基于主要受资助人的要求，豁免对次级受资助人监管的要求，但必须——

（A）次级受资助人的联邦审计要求须遵守管理和预算办公室的统一指南；

（B）依据 NIH 的指南，主要受资助人对每个次级受资助人进行资助前评估，评估包括不符合联邦法律法规的风险、资助的条件以及经常性审计结果；以及

（C）该豁免并不免除主要受资助人对次级受资助人监管不当的法律责任；并且

（2）实施简化次级受资助人监管的替代性拨款组织架构，可允许包括多个主要受资助人的合作性拨款模式。

（C）*财务支出报告*——部长与 NIH 院长协商，评估受 NIH 资助的受资助人其财政支出报告的程序与要求，并采取行动，适当时，避免部门与机构间程序及要求的重复，并尽量减轻受资助人的负担。

（d）**试验动物护理与使用**——在本法案颁布之日起 2 年内，NIH 院长、农业部部长及 FDA 局长协作，对关于试验动物护理与使用

的政策与法规的适用性进行全面审评，并进行修改，适当减轻研究人员的行政负担，同时保持研究结果的完整性与可信性并保护试验动物。在实施这项工作时，NIH 院长应适当征求专家们的意见。NIH 院长应——

（1）确保这些法规及政策相一致，不出现重叠或不必要的重复，包括联邦机构与认证协会对相关检查及审评的要求；

（2）采取措施消除或减少在这些法规及政策中发现的不一致、重叠或重复等问题；并且

（3）适当采取其他行动，以促进动物试验研究相关法规与政策的协调。

（e）**人员支出记录**——部长应明确根据管理和预算办公室的统一指南对受助实体采用的管理与认证系统要求的适用性，在通过接受联邦资助的实体根据统一指南要求进行人员支出记录，包括说明这些要求的灵活性。

（f）**政策研究委员会**——

（1）**建立**——在本法案颁布之日起 1 年内，管理和预算办公室主任应该建立一个咨询委员会，称为"政策研究委员会"（在本款中称为"委员会"），以便为联邦政府官员提供信息，信息关于联邦研究要求相关法规的作用信息。

（2）**成员**——

（A）**一般规定**——委员会应该至多包括 10 名联邦成员，包括以下每位联邦成员或其指定成员：

（i）管理和预算部法规事务与信息部负责人。

（ii）科学与技术政策办公室主任。

（iii）HHS 部长。

（iv）美国科学基金会主任。

（v）由管理和预算办公室主任确定的，支持或规范科学研究的其他部门与机构的部长及主任。

（B）**非联邦成员**——委员会包括至少 9 名至多 12 名学术研究机构、其他私人、非营利研究机构或其他具有相关专业知识的非营利组织的代表。这些成员应由管理和预算办公室主任与联邦成员共同协商，通过正式程序任命，并且包括——

（i）由非营利科学研究团体的成员任命，包括学术研究机构；并且

（ii）填补成员任期结束空缺职位的程序。

（3）**目标与责任**——政策研究委员会应就关于跨研究资助机构间具有相似目标的法规与政策的修订与统一提出建议，以尽量减轻此类资助研究政策和法规的行政负担，并与联邦资助研究责任监督保持一致。

（A）提供对法规及政策彻底与知情的分析；

（B）识别现有政策的不利后果，并提出改进政策的可行性建议；

（C）就联邦政府内部为促进与研究相关的法规与政策的协调工作提出建议；

（D）开展研讨会，探讨政策研究、监管差距、面临的挑战、说明、政策或法规的协调，以及最佳实践；以及

（E）对监管负担进行持续的评估与评价，包括指标制定、定期测量、确定流程改进及政策变化。

（4）**专家小组**——要求政策研究委员会成立一个临时专家小组，以便及时分析紧要问题，并协助政策研究委员会预测后续的监管挑战，包括因新的科学进步带来的挑战。

（5）**报告要求**——本法案颁布后 2 年内，委员会应提交一份报告至管理和预算办公室主任、管理和预算办公室的信息和法规事务办公室主任、科学与技术政策办公室主任、联邦部门与机构负责人、美国参议院卫生教育劳工和养老金委员会以及美国众议院能源和商业委员会，该报告内容关于科学研究政策的概念说明、发展、协调，同时包括对监管效益和负担的说明。

（6）**终止**——委员会于 2021 年 9 月 30 日终止。

（7）**美国政府审计办公室（GAO）报告**——在本法案颁布后 4 年内，美国总审计长应对委员会根据本款实施的活动进行独立评

估，并将独立评估的结果报告至国会相关委员会。 这种报告应依据第（3）段规定的责任来评估并审评委员会的活动。

第 2035 条　NIH 豁免文书减少法案要求

《公共卫生服务法案》第 301 条（42 U.S.C.241），经第 2031 条修订，现作进一步修订，增加内容如下：

"（g）《美国法典》第 44 编第 35 章第 1 节不适用于在 NIH 研究期间自愿收集的信息。

第 2036 条　高风险—高回报研究

（a）**一般规定**——《公共卫生服务法案》第 301 条（42 U.S.C.282），经第 2031 条修订，现作进一步修订，在结尾处增加内容如下：

"（n）**独特的研究计划**——

"（1）**一般规定**——NIH 院长在审议了根据第（2）段（A）段提出的建议后，可批准国立研究机构及中心或院长办公室项目官员提出的要求，以合同、拨款（grant）或协作合同以外的交易形式开展如下项目——

"（A）第 498E 条所述的精准医疗计划；或者

"（B）第 402 条第（b）款第（7）段，这部分可用基金至多占 NIH 每一财年共同基金（the Common Fund）的 50%，其余基金可用于其他事务。

"（2）**要求**——在本款中提到的拨款，可用于实施或支持第（1）段所述的高影响力前沿研究，该段所述的其他交易机构可使用这项授权，如果机构、中心或办公室——

"（A）在实施或支持研究之前，向 NIH 院长提交使用此类授权的建议，包括解释使用这些拨款对促进该项目实施的重要性；

"（B）使用该拨款前已获得 NIH 院长的批准；以及

"（C）依据本条使用这些拨款的研究机构、中心或办公室应向 NIH 提交年度报告，该报告关于研究机构，中心或办公室与研究相关的活动。"

（b）**国会报告**——在 2020 年 9 月 30 日之前，HHS 部长通过 NIH 院长采取行动，评估 NIH 在《公共卫生服务法案》第 402 条（42 U.S.C.282）［增加条款（a）］所述的研究活动，并提交报告至美国参议院卫生教育劳工和养老金委员会、美国众议院能源和商业委员会相关评估结果。

（c）**研究所主任的职责**——《公共卫生服务法案》第 404 条第（b）款第（1）段［42 U.S.C.284（b）（1）］作如下修订——

（1）分别将（C）至（L）段分别重新指定为（D）至（M）段；并且

（2）在（B）段之后插入以下内容：

"（C）应适当实施并支持可能改变科学领域，具有固有高风险并寻求解决当前重大挑战的研究；"。

第 2037 条　国家创新转化科学中心

（a）**一般规定**——《公共卫生服务法案》第 479 条第（b）款［42 U.S.C.287（b）］作如下修订：

（1）在第（1）段中，将"ⅡA 期"改为"ⅡB 期"；以及

（2）在第（2）段中——

（A）在（A）段的事项中，将"ⅡB 期"改为"Ⅲ期"；

（B）在（A）段中，将"ⅡB 期"改为"Ⅲ期"；

（C）在（B）段中，将"ⅡA 期"改为"ⅡB 期"；并且

（D）在（C）段中，将"ⅡB 期"改为"Ⅲ期"。

（b）**增加透明度**——《公共卫生服务法案》第 479 条（42 U.S.C. 287）——在第（c）款中作如下修订——

（A）在第（4）（D）段中，删去结尾处的"并且"；

（B）在第（5）段中，将句号改成分号；并且

（C）在结尾处增加以下内容：

"（6）上一次两年报告编制后，研发的方法与工具（如有）；以及

"（7）已经开发并正在被 FDA 用于支持医疗产品审评的方法和工具（如果有）；以及

（2）在结尾处增加以下内容：

"（d）**列入清单**——《21世纪治愈法案》颁布后依据本条提交的第一份两年报告应包括所有由研究中心支持的研究开发的方法和工具的完整清单。

"（e）**法条解释**——本条不得解释为允许部长披露任何依据《美国法典》第5编第552条第（b）款第（4）段或《美国法典》第18编第552条第（b）段第（4）段规定的商业秘密、特殊或机密信息。

第 2038 条　合作与协调以促进研究

（a）**研究优先领域；合作研究项目**——《公共卫生服务法案》第402条第（b）款［42 U.S.C.282（b）］作如下修订——

（1）将第（4）段修订为以下内容：

"（4）应收集用于评估研究优先领域的准确数据，包括——

"（A）用于更好评估科学机遇、公众健康负担及减少健康水平差异进展的信息。

"（B）国立研究所及国家中心资助并开展的临床研究的研究人群

数据。

"（ⅰ）明确包括——

"（Ⅰ）女性；

"（Ⅱ）少数群体成员；

"（Ⅲ）相关年龄类别，包括儿科亚组；以及

"（Ⅳ）NIH 院长认为其他必要人口变量；

"（ⅱ）按研究区域，疾病及病症分类；以及

"（ⅲ）应在 NIH 的网站上公布；"；以及

（2）在第（8）段中——

（A）在（A）段中，删去结尾处的"and"；以及

（B）在结尾处增加以下内容：

"（C）促进由国立研究所及国家中心资助的临床研究项目之间的
合作——

"（ⅰ）实施包括人类受试者的研究；以及

"（ⅱ）收集相似数据；以及

"（D）鼓励（C）段所述的合作以——

"（i）允许增加研究受试者的数量；以及

"（ii）利用多种研究人群，尤其应考虑导致健康差异的生物、社会和其他健康决定因素。

（b）**报告**——《公共卫生服务法案》第 492B 条第（f）款［42 U.S.C. 289a‑2（f）］作如下修订：

（1）将报告时间从"两年一次"改成"三年一次"；

（2）删去"咨询委员会"，并插入以下内容：

"（1）**一般规定**——咨询委员会"；以及

（3）在结尾处增加以下内容：

"（2）**内容**——第（1）段中每个国立研究所的咨询委员会编写的每一份三年报告应包括以下内容：

"（A）在报告期内进行的临床研究项目，作为受试者的女性人数及女性受试者的比例，按照研究领域、疾病或病症分列，并计算单一性别研究的数量。

"（B）在报告期内进行的临床研究项目，作为受试者的少数群体成员数量及少数群体成员受试者的比例，按照研究领域、疾病或病症分列，并计算单一种族研究的数量。

"（C）在报告期内，包括女性及少数群体成员的临床研究项目数量以及——

"（i）在报告期内已完成；以及

"（ii）在该报告期内正在进行，且尚未完成。

"（D）根据第（c）款第（2）段（A）段提交报告的报告期内完成的研究数量。"

（c）**协调**——《公共卫生服务法案》第 486 条第（c）款第（2）段［42 U.S.C.287d（c）（2）］将"指定人"改为"高层工作人员指定"。

（d）**一般规定**——《公共卫生服务法案》第四章 A 节（42 U.S.C.281 et seq.），经第 2021 条修订，现再次作如下修订：

"第 404N 条　关注人群研究

"NIH 院长应适当促进改善少数性和性别人群（包括同性恋、双性恋和变性人）健康相关的研究，包括——

"（1）促进少数性和性别人群更多地参与由 NIH 支持的临床研究，并适当报告这类参与情况；

"（2）促进研发与少数性和性别群体相关的有效及可靠的研究方法；以及

"（3）解决方法学方面的挑战"。

（e）报告——

（1）**一般规定**——部长应与 NIH 院长合作，适当时——

（A）继续支持研究，这类研究是关于开发少数性和性别群体健康信息报告相关的适当措施；以及

（B）在本法案颁布之日起 2 年内，传播及公布这些措施。

（C）（2）**美国国家医学院的建议**——在制定第（1）段（A）段描述的措施时，部长应考虑国家医学院提出的建议。

（f）**促进少数族裔健康和健康差异相关的协调**——《公共卫生服务法案》第 464z-3 条（42 U.S.C.285t）作如下修订——

（1）将关于机构间协调的第（h）款重新指定为第（k）款；以及

（2）在第（k）款［重新指定后的］中——

（A）在该款标题中，将"**机构内部**"改为"**美国国立研究院内部**"；

（B）将"as the primary Federal officials"改为"as the primary Federal official"；

（C）在"审评"之后插入逗号；

（D）将"国立卫生研究院的研究所及中心"改为"国立研究所及国家中心"；以及

（E）在结尾处增加以下内容："研究所主任可促进国立研究所与国家中心间的合作关系，并鼓励资助合作研究项目，以实现 NIH 关于少数种族健康及健康差异的目标。"

（g）**基础研究**——

（1）**制定政策**——在本法案颁布之日起 2 年内，NIH 院长（在本条中称为"NIH 院长"），应参考根据第 2039 条制定的建议，对于由 NIH 资助的基础研究项目制定政策，以评估——

（A）相关的生物变量，包括性别；以及

（B）检查并分析雄性及雌性细胞、组织或动物之间存在的差异。

（2）**修订政策**——NIH 院长可酌情更新或修订根据第（1）段制定的政策。

（3）**咨询与实施**——在制定、更新或修订的本条所述的政策时，NIH 院长应——

（A）同以下人员咨询—

（i）女性健康研究办公室（the Office of Research on Women's Health, ORWH）；

（ii）试验动物福利办公室（the Office of Laboratory Animal Welfare, IACUC）；以及

（ⅲ）科学及学术界中合适的成员；以及

（B）广泛对外收集科学界及学术界关于基础研究中将性别作为变量所产生影响的反馈，包括在涉及细胞、组织或动物的基础研究项目中何时应将雄性及雌性细胞、组织或动物都纳入在研究范围内。

（4）**附加要求**——NIH 的院长应——

（A）适当时，确保由 NIH 资助的基础研究项目按照本条制定、更新或修订的政策实施；以及

（B）鼓励按照性别差异分析进行分类，公布或者报告这类研究结果。

（h）**临床研究**——

（1）**一般规定**——在本法案颁布之日起 1 年内，NIH 院长，同女性健康研究办公室主任及国立少数族裔与健康水平差别研究中心主任协商，应根据第（2）段更新《公共卫生服务法案》第 492B 条第（d）款［42 USC 289a-2（d）］制定的指南。

（2）**要求**——第（1）段中更新的指南应——

（A）反映出关于性别差异的科学；

（B）促进遵守《公共卫生服务法案》第 492B 条（42 U.S.C.289a-2）的要求，包括该条第（f）款的报告要求；以及

（C）说明如下需要研究设计的情况，支持识别《公共卫生服务法案》第492B条中人口统计因素所造成的干预效果重要差异的分析活动开展，包括由于人口统计因素为基础的研究结果差异的前期研究的缺乏，以及缺乏这类分析对于人口统计学差异相关数据可及性的影响。

（i）**临床研究中的适当年龄组——**

（1）**专家意见——**在本法案颁布之日起180日内，NIH院长应就儿科及老年人群问题召开专家研讨会，在研讨会上交流如下意见——

（A）涉及人类受试者研究的适当的年龄分组；以及

（B）在研究中排除一系列年龄组试验参与者的可接受的判断理由。

（2）**政策更新——**在根据第（1）段中研讨会结束后的180天内，NIH院长应确定NIH关于将相关年龄小组纳入临床研究的政策是否需要更新，并应酌情更新此类政策。在做出决定时，NIH应考虑这些政策是否——

（A）在涉及人类受试者的研究中考虑将年龄作为包含变量；以及

（B）确定研究中，排除年龄相关受试者的标准。

（3）**调查结果及结论的公众可及性——**

NIH院长应——

（A）根据第（1）段开办的研讨会做出调查结果及结论，同时根据第（2）段更新政策，适当时，在 NIH 网站上公布；以及

（B）根据《公共卫生服务法案》第 403 条（42 U.S.C.283）（经第 2032 条修订）规定，确保在每三年一次的报告中与年龄相关的数据报告可在 NIH 网站上公开。

第 2039 条　提高科学研究的精确性及再现性

（a）建立——在本法案颁布之日起 1 年内，在 NIH 院长的支持下，HHS 部长将根据《公共卫生服务法案》第 222 条（42 U.S.C.217a），在 NIH 健康咨询委员会下成立一个工作组（在本节中称为"咨询委员会"），咨询委员会通过对已开展以及正在开展的活动制定正式政策提出建议，以加强 NIH 资助科学研究的精确性及再现性。

（b）考虑——根据第（a）款通过咨询委员会执行及制定建议时，工作组须酌情考虑以下情况——

（1）临床前试验设计，包括将性别作为生物变量进行分析；

（2）临床试验设计，包括——

（A）临床研究中的人群多样性研究，即对导致健康差异的生物、社会及其他因素研究；

（B）报告有关生物、社会及其他因素的信息摘要情况；

（C）临床研究（包括临床试验）应收集研究期间导致健康差异的生物、社会因素数据，并进行相关数据分析；

（3）统计方法、方法学及分析的精确性的适用水平；

（4）根据适用的隐私法律及法规进行数据与信息共享；

（5）以及工作组确定的任何其他相关事项。

（c）**政策**——在本法案颁布之日起 18 个月内，NIH 院长应对由工作组制定并由咨询委员会根据（a）款提出的建议进行审议，并酌情制定或更新政策。

（d）**报告**——在本法案颁布之日起 2 年内，NIH 院长须将根据第（a）款提出的建议及其后续政策变更，向 HHS、参议院卫生教育劳动及养老委员会，以及众议院能源及商务委员会出具报告，以加强由 NIH 资助的科学研究的精确性及再现性。

（e）**保密**——本条不授权 HHS 部长披露任何在《美国法典》第五编第 552 条第（b）款第（4）段，或第十八编第 1905 条中所述商业秘密或其他特权或机密资料。

第 2040 条　NIH 康复医学研究促进

（a）**一般规定**——《公共卫生服务法案》第 452 条（42 U.S.C.285g-4）作如下修改——

（1）在第（b）款中，将"实施与支持"改为"实施、支持以及协调"；

（2）在第（c）款第（1）段第（C）段中，将"of the Center"改为"within the Center"；

（3）在第（d）款中——

（A）删去"（d）（1）In consultation"及第1段结尾处内容，并插入以下内容——

"（d）（1）中心主任应与研究所主任、根据第（e）款设立的协调委员会以及根据第（f）款设立的咨询委员会协商，制定一项全面计划（在本节中称为'研究计划'），用于医疗康复研究的实施、支持以及协调。"

（B）在第二（2）段——

（i）在（A）段中，将"；and"改为"；"；

（ii）将（B）段内容改为"；and"；

（iii）在结尾处增加以下内容：

"（C）段包括旨在实施、支持及协调医疗康复研究的方向与目标，应与第（b）款所述目标相一致 ."；

（C）将第（4）段改为以下内容：

"（4）中心主任与研究所主任、根据第（e）款设立的协调委员会及根据第（f）款设立的咨询委员会协商后，须定期修订并更新研究计划，至少每 5 年一次。

在研究计划修订并更新后 30 天内，中心主任应将修订并更新的研究计划转交至院长、HHS、参议院卫生教育劳动及养老委员会（HELP），以及众议院能源及商务委员会"；

并且在（D）段结尾处增加以下内容：

"（5）中心主任与研究所主任协商后，在修订并更新研究计划之前，须为根据第（1）款设立的协调委员会以及根据第（f）款设立的咨询委员会拟备一份报告，报告中应描述并分析上一财年期间实现的第（2）段（C）段所述方向及目标进展，其中包括 NIH 康复研究支出。

该报告应包括修订及更新研究计划的建议，以及该中心主任与研究所主任确定的适当措施。在编制报告时，中心主任与研究所主任应向 NIH 院长咨询；"

（4）在第（e）款中——

（A）在第（2）段中，在"协调委员会"后插入"定期举办关于医疗康复研究的科学会议或研讨会"；以及

（B）在第（3）段中，在"应该由……组成"后插入"NIH 院长办公室内的项目协调、规划及战略计划部部长"；

（5）在第（f）款第（3）段（B）段中——

（A）将（ix）至（xi）分别重新指定为（x）至（xii）；

（B）在（viii）之后插入以下内容：

"（ix）项目协调、规划及战略计划部部长"；

并且在第（6）段结尾处增加以下内容：

"（g）（1）部长及其他联邦机构的负责人应共同审评每个官员在康复医学研究方面所实施的（或拟进行的）项目，并酌情订立协议以避免此类方案之间的重复。

（2）部长应酌情签署关于协调 NIH 与联邦政府其他机构实施康复医学研究的机构间协议。

（h）就本条而言，术语"康复医学研究"是指预防、改善、恢复或替代机体功能丧失、不发达或恶化情况的科学机制与干预手段。

（b）**一致性修订**——1990 年《国立卫生研究院修正案》第 3 条（42 U.S.C.285g‑4 note）作如下修改——

（1）在第（a）款中，删除"一般规定——"；以及

（2）删除第（b）款。

第 2041 条　孕妇与哺乳期妇女特别研究工作组

（a）孕妇与哺乳期妇女特别研究工作组——

（1）**建立**——在本法案颁布之日起90天内，HHS部长（在本节中称为"部长"）应根据联邦咨询委员会法案（5 U.S.C.App.）成立"孕妇与哺乳期妇女研究特别工作组"（在本条中称为"工作组"）。

（2）**职责**——工作组应向部长提供与联邦活动有关的咨询及指导，这些活动是关于确定及解决孕妇与哺乳期妇女安全有效治疗知识与研究的差距，包括疗法的研发以及活动的协作与协调。

（3）**成员**——

（A）*联邦成员*——工作组应由下列联邦成员或指定人员组成：

（i）疾病控制与预防中心主任；

（ii）NIH院长、尤尼斯·肯尼迪·施莱佛国立儿童保健及人类发展研究所所长，以及其他适当的国立研究所主任；

（iii）FDA局长；

（iv）女性健康办公室主任；

（v）国家疫苗计划办公室主任；

（vi）部长认为第（i）至（v）条中未描述的其他相关研究机构或部门负责人，其中可能包括退伍军人事务部和国防部；

（B）*非联邦成员*——工作组由以下非联邦成员组成，包括：

（ⅰ）有与孕妇、哺乳期妇女或儿童相关医学专业知识的学会代表；

（ⅱ）有与妇女及儿童健康相关专业知识的非营利组织；

（ⅲ）相关行业代表；

（ⅳ）其他代表。

（C）*限制*——（B）段所述的非联邦成员应——

（ⅳ）人数在特别工作组中占比不少于三分之一且不多于二分之一；

（ⅴ）由部长任命。

（4）*终止*——

（A）*一般规定*——在遵守（B）段的情况下，根据第（1）段设立的工作组应在成立后2年终止。

（B）*延长运作*——如果部长做出延长工作组时限的决定与本条目标相符，部长可在（A）段所述2年任期期满后再延长该工作组2年运作时间。

（5）**会议**——工作组每年举行2次以上会议，并酌情召开公开会议，以履行第（2）段规定的职责。

（6）**工作组向国会提交的报告**——在根据第（1）段设立工作组之

日起 18 个月内，工作组应准备并提交报告至 HHS、参议院卫生教育劳工及养老金委员会，以及众议院能源及商务委员会，以加强由 NIH 资助的科学研究的精确性与再现性，报告应包括以下内容：

（A）一项计划，该计划旨在确定并解决关于孕妇与哺乳期妇女安全有效科学治疗知识与研究的差距，包括治疗方法的开发。

（B）围绕是否将孕妇与哺乳期妇女纳入临床研究的伦理问题。

（C）医护人员与公众就孕妇与哺乳期妇女相关信息进行有效沟通的策略。

（D）确定联邦活动，包括——

（i）怀孕与哺乳期研究现状；

（ii）关于孕妇与哺乳期妇女相关研究协调及合作的建议；

（iii）向医护人员及公众传播关于孕妇与哺乳期妇女的研究结果及信息；

（iv）目前的联邦工作及项目旨在提高对孕妇、哺乳期妇女以及新生儿、儿童（包括药代动力学，药效学和药物毒性方面）健康影响的科学认识。

（E）关于促进开发孕妇及哺乳期妇女安全有效治疗方法的建议。

（b）**保密**——本条不授权 HHS 部长披露任何在《美国法典》第 5

编第 552 条（b）款第（4）段，或第 18 编第 1905 条中所述商业秘密或其他特权或机密资料。

（c）孕妇及哺乳期妇女保护研究的更新——

（1）**一般规定**——在本法案颁布之日起 2 年内，部长应考虑工作组与 HHS 相关机构负责人协商后提出的建议，酌情更新关于将孕妇与哺乳期妇女纳入临床研究的法规及指南。

（2）**排除怀孕与哺乳期妇女的标准**——

在更新第（1）段所述的法规或指南时，部长应考虑机构审评委员会及个人资助审评建议中使用的任何适当标准，以将需要来自参与人类研究项目额外保护的孕妇与哺乳期妇女排除在研究人群范围之外。

第 2042 条 简化 NIH 报告要求

（a）跨 NIH 研究报告——

《公共卫生服务法案》第 402 条 A 节（c）款第（2）段 [42 U.S.C.282a（c）（2）] 作如下修改——

（1）B 段修订为以下内容：

"（B）*报告*——《21 世纪治愈法案》颁布之日起 2 年内，每个国立研究所或国家中心主任提交一份报告至 NIH 院长，且报告包括在根据第 403 条规定的三年报告中，该报告说明

每个国立研究所及国家中心实施或支持研究的数量，其中包括一个或多个其他国立研究所及国家中心间开展的协作研究。以及

（2）在（D）及（E）段中，将每个"（B）（i）"改为"（B）"。

（b）**虚假与滥用报告**——《公共卫生服务法案》第 403 条 B 节（42 U.S.C.283a－1）作如下修改——

（1）删除第（b）款；

（2）将第（c）款重新指定为第（b）款；

（3）在第（b）款（重新指定后的）中，将"第（a）款及"改为"第（a）款"。

（c）**博士学位报告**——在《公共卫生服务法案》第 403 条第（c）款第（2）段［42 U.S.C.283a-2（a）（2）］学生的平均时间（不包括缺席时间）包括研究生学习阶段开始至获得博士学位——

（d）**疫苗报告**——《公共卫生服务法案》第 404 条 B 节（42 U.S.C.283d）作如下修改——

（1）删除第（b）款；以及

（2）将"新疫苗开发部长"改为"部长"。

（e）促进转化科学国家中心——《公共卫生服务法案》第 479 条（c）款［42 U.S.C.287（c）］作如下修改——

（1）在每款标题中，将"**年度**"改为"**每两年一次**"；以及

（2）在第（1）段前的内容中，将"年度报告"改为"每两年一次的报告"。

（f）**卓越中心的审评**——

（1）**废除**——废除《公共卫生服务法案》第 404 条第 H 节(42 U.S.C. 283j)。

（2）**一致性修订**——在《公共卫生服务法案》第 399EE（c）条［42 U.S.C.280‐4（c）］中，将"399CC, 404H"改为"399CC"。

（g）**快速艾滋病毒检验报告**——《2000 年 Ryan White CARE 法案修正案》(42 U.S.C.300cc note) 第 502 条第（a）款作如下修改——

（1）删除第（2）段；以及

（2）将第（3）段重新指定为第（2）段。

（h）**国立护理医学研究所** ——

（1）**废除**——废除《公共卫生服务法案》第 464 条第 Y 节（ 42 U.S.C.285q–3 ）。

（2）**一致性修订**——在《公共卫生服务法案》第 464 条第 X 节（g）款［42 U.S.C.285q-2（g）］中，将"根据第 464 条第 Y 节做出两年一次报告"改为"根据第 403 条做出三年一次报告"。

第2043条 研究用物质与生物有机物的费用补偿

《公共卫生服务法案》（42 U.S.C.241）第301条，经第2035条修订后，现作进一步修订——

（1）在第（a）款结尾处的同一事项中——

（A）重新指定第（h）款第（1）段内容；

（B）将该内容移动到该条的末尾；以及

（2）在第（h）款（重新制定后的）结尾处加入以下内容：

"（2）凡根据第（1）段通过合同方（contractors）提供研究物质与生物有机物的，部长可指定该合同方按其指明的时间和方式代表部长为提供该物质与有机物代为收取费用。"

"（3）根据第（2）段收取的款项应记入拨款账户，其中包括提供所涉及研究物质与生物有机物的费用，在该账户下的活动用尽所有费用之前，该账户持续有效。"

第2044条 在临床试验中增加代表性不足人群的国会意见

国会认为，国立研究所少数族裔健康与健康差异研究中心应根据《公共卫生服务法案》[42 U.S.C.282（m）]第402条第（m）款制定战略计划，以增加临床试验中代表性不足群体代表。

E 节——促进 NIH 研究及数据访问

第 2051 条　临床试验数据库的技术更新

《公共卫生服务法案》第 402 条第（ j ）款第（ 2 ）段（ D ）段 [42 U.S.C. 282（ j ）（ 2 ）（ D ）] 作如下修改——

（ 1 ）在（ ii ）（ I ）中，在分号之前插入"除非责任主体坚决要求 NIH 院长在批准或截止之前，对于医疗器械批准日期之前公布医疗器械临床试验信息"；以及

（ 2 ）在结尾处添加以下内容：

"（ iii ）**可选择尽早公开临床试验信息**——根据（ ii ）（ I ），NIH 院长应告知责任主体，NIH 有权要求责任主体在医疗器械批准日期之前公布医疗器械临床试验信息。

"（ iv ）**组合产品**——对于药品、医疗器械或生物制品组合的产品，其适用的临床试验应被视为——

"（ I ）适用的药物临床试验，如果部长根据《联邦食品药品和化妆品法案》第 503 条（ g ）款认定这种产品的主要作用机制是药物或生物制品。

"（ II ）适用的医疗器械临床试验，如果部长根据本条规定确定这种产品的主要作用机制是医疗器械。"

第 2052 条　合规活动报告

（a）**定义**——在本条中——

（1）**适用的临床试验**——

在《公共卫生服务法案》第 402 条第（j）款［42 U.S.C.282（j）］给出术语"适用的临床试验"的定义。

（2）**部长**——"部长"指 HHS 部长。

（b）**鼓励合规活动报告**——

在本法案颁布之日起 2 年内，部长应通过 NIH 院长与 FDA 局长合作，向参议院卫生教育劳工及养老金委员会以及众议院能源及商务委员会出具报告，报告内容应包括教育、宣传、指南、执行以及其他相关活动，以鼓励各方遵守《公共卫生服务法案》第402 条（j）款［42 U.S.C.282（j）］的要求。

（c）**临床试验报告**——

（1）**一般规定**——根据《公共卫生服务法案》第402 条（j）款实施的最终规则，在最终合规日期之日起 2 年内，以及之后 4 年中的每 2 年，部长应通过 NIH 院长与 FDA 局长合作，向参议院卫生教育劳工及养老金委员会以及众议院能源和商务委员会出具报告，报告应说明——

（A）在编制报告期间，具有完整数据库注册信息的适用临床试验总数［按报告期（年）分类］；

（B）在编制报告期间，已将结果提交到数据库的适用临床试验总数［按报告期（年）分类］；

（C）部长开展的活动，包括签发指南文件、资讯会议及培训课程，以教育责任人有关数据库注册及结果提交要求；

（D）在提交的报告中，描述根据第（b）款规定的活动。

（2）**合规执法行动**——部长执行第（1）段第（C）段所述的教育活动后，应在根据第（1）段提交的后续报告中列出在编写报告期间强制要求责任主体遵守数据库注册及结果提交要求所采取的执法行动次数。

第 2053 条　提高数据质量的政策更新

《公共卫生服务法案》第 492 条第 B 节（c）款［42 U.S.C.289a‐2（c）］作如下修改——

（1）将"在该情况下"修订为以下内容：

"（1）**一般规定**——在该情况下"；以及

（2）在结尾处添加以下内容：

"（2）**报告要求**——根据第（1）段的有效分析，对于遵守本条要求的新的及具有竞争性的临床研究项目，将在《21 世纪治愈法案》

颁布之日起 1 年后及之后的任何时间，获得奖励。"

"（A）正如第 402 条（j）款中定义的适用临床试验，实施这类适用的临床研究的实体应将临床试验有效分析结果提交至根据第402 条（j）款第（3）段扩大的临床试验注册数据库，并且 NIH院长应酌情考虑该实体是否已遵守本段所述的报告要求，包括第402 条第（j）款第（5）段（A）段（ii）授予该实体奖励的要求；并且

"（B）NIH 院长应鼓励通过由部长确定的附加形式来报告第（1）段所述的有效分析结果。"

第 2054 条　咨询

根据《公共卫生服务法案》第 402 条第（j）款［42 U.S.C.282（j）］，为获得完善临床试验注册数据库的建议，包括对实用性、功能性及搜索能力的建议，在本法案颁布后 90 天内，HHS 应咨询相关联邦机构［包括 FDA、国家卫生信息技术协调办公室、NIH 以及其他利益相关者（包括患者、研究人员、医生、行业代表以及卫生信息技术开发人员）］。

F 节——促进合作研究

第 2061 条　国家神经系统疾病监测系统

《公共卫生服务法案》（42 U.S.C.280g 及以下各节）第三部分 P 节，在第 399S 条后插入以下内容：

"第 399S–1 条——神经系统疾病监测。

"（a）**一般规定**——部长通过疾病控制与预防中心（Centers for Disease Control，CDC）主任以及根据部长的决定与其他机构协调，应酌情考虑以下内容——

"（1）加强并扩大基础设施与活动，以跟踪神经疾病的流行病学；

"（2）将通过这些活动获得的信息纳入一个综合监测系统，该系统可以包括或由一个登记系统组成，即国家神经系统疾病监测系统。

"（b）**研究**——部长应确保国家神经系统疾病监测系统的设计方式有利于进一步研究神经系统疾病。

"（c）**内容**——在执行第（a）款时，部长——

"（1）应提供收集与保存的关于国家神经系统疾病发病率及患病率的信息；

"（2）在切实可行的范围内，应提供收集与保存的其他可用的神经系统疾病信息，包括选择参与研究的神经疾病患者的相关信息，例如——

"（A）人口统计，如年龄，民族，种族，性别，地理位置，家族病史以及其他信息；

"（B）可能与神经系统疾病相关的风险因素，如遗传与环境风险

因素以及其他信息；以及

"（C）诊断及进展标志物。

"（3）可提供收集与储存神经系统疾病分析的相关信息资料，相关信息如——

"（A）疾病的自然史；

"（B）疾病的预防；

"（C）疾病的检测、管理及治疗方法；

"（D）结果测量的发展。

"（4）可以处理在根据第（d）款规定的咨询过程中发现的问题；

"（5）最初可以解决数量有限的神经系统疾病。

"（d）**咨询**——在执行本条时，部长须向有相关专业知识的人士咨询，包括——

"（1）在疾病监测或登记方面有经验的流行病学专家；

"（2）国家志愿卫生协会代表——

"（A）关注神经系统疾病；

"（B）在研究、护理或病人服务方面有经验；

"（3）卫生信息技术专家或其他信息管理专家；

"（4）具有神经系统疾病专业知识的临床医生；

"（5）将科研成果进行转化研究或以科学研究为目的而利用监测系统的研究型科学家。

"（e）**赠款**——部长可以授予公共或私人非营利实体赠款，或与公共或私人非营利实体签订合同或合作协议，以根据本条开展活动。

"（f）**与其他联邦、州及地方机构的协调**——

根据第（h）款规定，部长应——

"（1）适当时，使以下部门或机构可获得关于国家神经系统疾病监测系统的分析及信息——

"（A）联邦部门及机构，如 NIH 和退伍军人事务部；以及

"（B）州及地方机构。

"（2）在可行的情况下，识别、建立、利用及协调现有数据与监测系统，调查、注册其他联邦公共卫生基础设施。

"（g）**公众访问途径**——根据第（h）款的规定，部长应确保酌情

向公众，包括研究人员，提供国家神经系统疾病监测系统的信息及分析结果。

"（h）隐私——部长应确保国家神经系统疾病监测系统中的信息及分析仅在联邦与州法律允许范围内可用，并且以保护个人隐私的方式提供，最低要求是保证适用的联邦与州隐私法律要求。

"（I）报告——

"（1）**信息及分析报告**——在根据本条设立系统之日起1年内，部长应提交一份报告至参议院卫生教育劳工及养老金委员会，以及众议院能源及商务委员会，该报告是关于根据本条收集的总体信息及流行病学分析。该报告应公布在HHS网站上，并且每2年更新一次。

"（2）**实施报告**——在本条颁布之日起4年内，部长应向国会提交关于本条实施情况的报告。该报告应包括以下信息：

"（A）国家神经系统疾病监测系统的开发与维护；

"（B）监测系统中收集及存储的信息类型；

"（C）信息的使用及可用性，包括信息使用指南；以及

"（D）使用并协调用于收集或维护神经系统疾病信息的数据库。

"（j）**定义**——在本条中，"国家志愿卫生协会"指在美国各州拥有分会的国家非营利组织，为具有神经系统疾病的人群提供经

验，并且致力于神经系统疾病研究、护理及患者服务工作。

"（k）**授权拨款**——为执行该条内容，授权在 2018 年至 2022 年每一财年向国家神经系统疾病监测系统拨款 5，000，000 美元。"

第 2062 条　蜱传播疾病

（a）**一般规定**——HHS 部长（本条称为"部长"）应继续执行或支持流行病学及基础、转化与虫媒病相关的临床研究，包括蜱传播疾病。

（b）**报告**——部长应确保根据《公共卫生服务法案》（42 U.S.C.283）第 403 条（经第 2032 条修订）的三年一次报告中包括 NIH 根据第（a）款针对蜱传播疾病而采取的行动。

（c）**蜱传播疾病工作组**——

（1）**建立**——部长应设立一个由合适的联邦机构与其他非联邦实体代表组成的工作组，称为蜱传播疾病工作组（在本条中称为"工作组"），工作组旨在提供专业知识、检查卫生与人类服务部所有与蜱传播疾病有关的工作，以确保跨部门工作协调，减少重复，并检查研究重点。

（2）**责任**——工作组应——

（A）在本法案颁布之日起 2 年内，制定或更新一项关于以下事项的摘要—

（i）正在进行的蜱传播疾病研究，包括与蜱传播疾病有关的原因、预防、治疗、监测、结论、诊断、病程及干预的研究；

（ii）根据该研究做出的进展；

（iii）与蜱传播疾病有关的联邦活动，包括——

（I）与蜱传播疾病相关的流行病学活动；以及

（II）与蜱传播疾病的发病机制、预防、诊断及治疗相关的基础、临床与蜱传播疾病转化研究。

（iv）在（iii）（II）中所述的蜱传播疾病研究空缺；

（v）根据第（4）段规定的工作组会议；以及

（vi）工作组收到的意见；

（B）就活动与研究的适当变化或改进，向部长提出建议；

（C）征求国家、地方与非政府实体，包括代表患者、医护人员、研究人员的组织以及科技发展相关行业，对于研究问题、监测活动，以及在病原生物物种中的新出现的菌株方面的意见。

（3）**成员**——工作组成员应反映科学学科及观点的多样性，并且由以下成员组成：

（A）*联邦成员*——七个联邦成员，由下列一个或多个代表组成：

（i）助理卫生部长办公室；

（ii）FDA；

（iii）疾病预防控制中心；

（iv）NIH；

（v）HHS中部长确定的其他适当机构或办公室。

（B）*非联邦公共成员*——七个非联邦公共成员，由以下类别的代表组成：

（i）具有诊断及治疗蜱传播疾病经验的医生及其他医护人员；

（ii）具有专业知识的科学家或研究人员；

（iii）患者及其家庭成员；

（iv）呼吁患者关注蜱传播疾病的非营利组织；

（v）部长确定其专业知识有助于工作组运作的其他个人。

（4）**会议**——工作组每年不少于两次会议。

（5）**报告**——在本法案颁布之日起2年内，以及此后每2年，直至工作组根据第（7）款规定终止，工作组应——

（A）提交一份报告至 HHS、参议院卫生教育劳工及养老金委员会以及众议院能源及商务委员会，该报告关于工作组根据第（2）段（A）段规定实施的活动及第（2）段（B）段下规定对部长的建议。

（B）在 HHS 网站上公布该报告。

（6）《联邦咨询委员会法》（Federal Advisory Committee Act，FACA）的适用性——根据联邦咨询委员会法（5 U.S.C.App.）规定，工作组应被视为咨询委员会，

（7）终止——本法案颁布之日起 6 年后，根据本条设立的工作组终止。

第 2063 条　访问、共享及使用健康数据的研究目的

（a）远程访问相关指南——在本法案颁布之日起 1 年内，HHS 部长（在本条中称为"部长"）应发布指南，明确法规第 164 部分（禁止研究人员删除保密的健康信息）第 512（i）（1）（ii）条（B）段并不禁止研究人员基于本法规第 164 部分第 512（i）（1）（ii）条所述目的，而远程获取健康信息，只要符合以下条件——

（1）根据规则的要求，涉及的实体及研究人员至少应维护安全及保护隐私；

（2）保密的健康资料不被复制且不被研究人员保留。

（b）精简授权相关指南——

在本法案颁布之日起 1 年内，部长应就以下事项发布指南：

（1）授权使用及披露健康信息——

在授权使用或披露本应保密的健康信息时，应说明是出于个人未来研究目的，包括充分描述使用及披露的目的，如果授权——

（A）充分描述了这样的目的，即个人认为对于未来研究本应保密的健康信息可以使用或披露用于这类的未来研究，则这种披露行为是合理的；

（B）或者——

（i）说明该授权将于某特定日期或某特定事件发生时截止；或者

（ii）说明除非个人取消授权并且直至取消授权之前，该授权将一直有效。

（C）向个人提供如何随时撤销这种授权的指导。

（2）有权撤销授权的提示——在何种情况下，应适当的向个人提供年度通知或提醒，以明确个人有权撤销此类授权。

（3）撤销授权——明确个人出于未来研究目的撤销授权的适当机制，如第（1）段第（C）段所述。

（c）研究健康信息保密工作组——

（1）**建立**——在本法案颁布之日起 1 年内，部长应根据 1996 年
颁布的《健康保险流通与责任法案》（公法 104-191），建立一个
工作组，研究并报告基于研究目的使用或披露保密的健康信息。

（2）**成员**——工作组应包括以下代表——

（A）相关联邦机构，包括 NIH、疾病控制与预防中心、FDA，以
及民权办公室；

（B）研究界；

（C）患者；

（D）民权专家，例如隐私权专家；

（E）健康信息技术开发者；

（F）数据隐私及安全方面专家；

（G）医护人员；

（H）生物伦理学家；以及

（I）部长认为合适的其他专家及实体；

（3）**报告**——在根据第（1）款成立工作组后一年内，工作组应
进行审评，并向部长提交报告，其中载有关于是否基于研究目的
使用及披露保密的健康信息的建议，以便允许保密的健康信息适

当用于研究目的，包括研究获得可普及的知识，同时保护个人隐私权。在进行审评及提出建议时，工作组应——

（A）至少讨论——

（i）授权的适当方式与时间，包括在个人保密的健康信息被使用或公开时，是否须向该个人发出附加通知；

（ii）个人对其保密的健康信息在研究中的使用方式设定偏好的机会；

（iii）患者撤销授权的机会；

（iv）个人隐私权被侵犯的通知；

（v）与保护个人隐私相关的法律、法规及政策方面存在的差距，以及

（vi）与目前对保密的健康信息的使用及公开的限制有关的研究障碍；以及

（B）至少应考虑——

（i）对个人保密的健康信息如何共享及使用的期望与偏好；

（ii）与特定人群相关问题，例如儿童、被监禁个人以及认知或智力残疾而不完全具有知情能力的个人；

（iii）相关联邦和州法律；

（iv）便于数据访问及数据访问水平的模式，包括数据分类；

（v）披露及不披露保密的健康信息对获得医疗保健服务的潜在影响；

（vi）这些数据的潜在用途。

（4）**报告提交**——部长应根据第（3）款规定，提交一份报告至参议院卫生教育劳工及养老金委员会以及众议院能源和商务委员会，报告应公布于 HHS 网站——

（5）**终止**——根据第（1）段成立的工作组应在根据第（3）段将报告提交至国会，并按照第（4）段公布报告后，于次日终止（该工作组相关活动）。

（d）**定义**——在该条中：

（1）**规则**——对"规则"的引用参见联邦法规第四十五编第 160 节至第 164 节（或任何后续规章）。

（2）**第 164 节**——对"第 164 节"指定部分的引用，指联邦法规法典第四十五章第 164 节的指定内容（或任何后续条款）。

G 节——促进儿科研究

第 2071 条　国家儿科研究网络

《公共卫生服务法案》第 409 条 D 节（d）款［42 U.S.C.284h（d）］

作如下修改——

（1）在第（1）段中，将"与尤尼斯·肯尼迪·施莱佛国立儿童保健及人类发展研究院院长，以及其他适当的国立研究所主任协商，开展涉及儿科研究的活动，可以为…的建立提供支持"改为"与开展涉及儿科研究活动的国立研究所及国家中心合作，应予以支持"；

（2）在第（2）段（A）段及第（2）段（E）段的第一句中，将每一处的"可以（may）"均改为"应该（shall）"。

第2072条　全球儿科临床研究网络

国会认为——

（1）NIH应通过提供赠款、合同或合作协议来支持全球儿科临床研究网络中新的以及早期的研究者，促进全球儿科临床研究网络发展；

（2）HHS部长（在本条中称为"部长"）应与临床研究人员及美国以外的有关监管机构建立密切关系，包括在形成全球儿科临床研究网络中的欧盟监管机构，以鼓励此类研究人员及监管机构的参与；

（3）一旦全球儿科临床研究网络成立并开始运作，部长应继续鼓励及促进临床研究人员和美国以外的相关机构（包括欧盟）的参与，以提高网络覆盖全球的目标。

第三章 | 开发

A 节——以患者为中心的药物开发

第 3001 条　患者体验数据

修订 FD&CA 第 569C 条(《美国法典》第 21 编第 360bbb‐8c 条[4])——

(1)在(a)款中——

(A)在款标题中，删除"一般规定"，插入"患者参与药品及医疗器械"；

(B)将第(1)和(2)段分别改为(A)和(B)段，并将上述子段向右移 2 个空格；和

---

[4]　21 USC 360bbb-8c:Patient participation in medical product discussion 患者参与医疗产品讨论

　OLRC.http://uscode.house.gov/view.xhtml?req=(title:21%20 section:360bbb-8c%20edition:prelim),20161213,20170123

（C）删除"部长"，并插入以下内容：

"（1）**一般规定——部长**"；

（2）将（b）至（e）分别重新指定为第（2）至（5）段，并上述段向右移 2 个空格；并且

（3）在末尾增加以下内容：

"（b）**患者体验陈述——**

"（1）**一般规定——**根据本法案第 505（b）节或《公共卫生服务法案》第 351（a）节规定提交的申请获得批准后，至少在《21 世纪治愈法案》生效之日起 180 天内，部长应公布有关患者体验数据和相关信息（如果有的话）的简要陈述，作为上述申请的一部分提交和审查。

"（2）**数据及信息——**第（1）段所提述的数据及信息为——

"（A）患者体验数据；

"（B）关于以患者为中心的药物开发工具的信息；并且

"（C）部长所决定的其他有关信息。

"（c）**患者体验数据——**为本条的目的，术语"患者体验数据"包括以下数据——

"（1）由任何人（包括患者及家庭成员、患者的护理人员、患者支持组织、疾病研究基金会、研究人员和药品生产企业）收集；并且

"（2）旨在提供有关患者对某疾病或病症的体验信息，包括——

"（A）该疾病或病症或相关治疗对患者生活的影响；以及

"（B）与该疾病或病症的治疗有关的患者偏好"。

第 3002 条　以患者为中心的药物开发指南

（a）**发布指南文件**——在本法生效之日后 180 天内，HHS 部长（在本条中简称为"部长"），通过 FDA 局长制定指南文件计划，在 5 年内发布一份或多份收集患者体验数据相关以及在药物开发中使用这些数据和相关信息的草案指南和指南最终版。部长应在本法生效之日起 18 个月内，至少发布一份此类指南文件的草案版本。在指南草案的公众意见征询期结束后 18 个月内，部长应发布修订版指南或最终指南。

（b）**患者体验数据**——就本条而言，术语"患者体验数据"如《联邦食品药品和化妆品法》第 569C 条（由第 3001 条增加）所定义。

（c）**目录**——（a）款所述的指南文件须述及——

（1）寻求收集患者体验数据提交 HHS 部长作为在监管决策中可能使用的方法学工具，这些方法对于特定的目标人群是相关的、客观的和有代表性的，包括在整个药物开发过程中收集、报告、

管理和分析的有意义的患者数据的方法；

（2）用于开发和识别对于患者最重要。在疾病负担、治疗负担以及患者疾病管理中风险效益方面的方法学对策；

（3）识别和开发有助于在临床试验中加速收集患者体验数据以测量患者影响的方法；

（4）以监管决策为目的收集和分析临床结果评价的方法、标准和技术；

（5）相关人员寻求开发和提交有关患者体验数据的建议指南草案，可向部长提交该建议指南草案供部长参考；

（6）根据本条向部长提交文件所需的格式和内容，包括关于第(1)段所述的信息；

（7）部长如何应对第（1）段所述信息的提交，包括回复的时间框架，当这种提交不作为具有相关的回复时间框架的监管申请或其他申请的一部分时；以及

（8）部长如何酌情预期使用相关的患者体验数据和相关信息，包括 FD&CA 第 505（d）款 [《美国法典》第 21 编第 355（d）条] 中描述的结构化风险—效益评估框架，以做出监管决策通知。

第 3003 条 优化患者数据纳入

《美国法典》第 44 编第 35 章不适用于部长根据《食品药品和

化妆品法》（简称 FD&CA）第 569C 条（《美国法典》第 21 编 360bbb-8c 条）（经本法第 3001 节修订）或本法第 3002 节发起的自发性报告信息的收集。

第 3004 条　患者体验的药品开发的报告

不迟于 2021 年，2026 年和 2031 年 6 月 1 日，HHS 部长，应通过 FDA 局长，起草并在 FDA 的网站上公布一份报告，该报告有关评价监管决策中的患者体验数据的使用，特别是关于患者体验数据和信息作为以患者为中心的药物开发工具，并作为 FD&CA 第 505（c）条 [《美国法典》第 21 编第 355（c）条] 或《公共卫生服务法案》第 351（a）条 [《美国法典》第 42 编第 262（a）条] 批准的申请的一部分的审评情况报告。

B 节——新疗法促进

第 3011 条　药物开发工具资格认定

（a）一般规定——FD&CA（第 21 编 351 条等）第五章经修订，在 506F 条之后插入以下新条：

"第 507 条药物开发工具资格认定"

"（a）资格认定程序——

"（1）一般规定——部长应为拟议的使用范围制定药物开发工具资格认定的程序，根据该程序——

"（A）（i）申请人向部长提交意向书而发起该程序；以及

"（ii）部长接受或拒绝接受该意向书；

"（B）（i）如部长接受意向书，申请人向部长提交资格认定计划；和

"（ii）部长接受或拒绝接受资格认定计划；以及

"（C）（i）如部长接受资格认定计划，申请人向部长提交全面的资格认定材料包；

"（ii）部长决定是否接受该资格认定材料包以供审核；以及

"（iii）如部长接受该资格认定材料包并进行审评，部长应按照本条进行审评。

"（2）**接受申请与开展审评——**

"（A）*一般规定*——（B），（C）和（D）段适用于处理根据第（1）段提交的意向书、资格认定计划或全面的资格认定材料包（在本段称为"资格认定提交"）。

"（B）*接受因素；不接受*——部长应根据资格申请的科学价值等因素来决定是否接受资格认定申请。部长若决定不接受根据（1）段提交的材料，不得解释为部长根据本条就其拟议使用范围（COU）的药物开发工具资格做出的最终决定。

"（C）*资格审查的优先重点*——部长可根据所确定的适当因素，

优先审查根据第（1）款提交的关于药物开发工具资格认定的完整材料包，包括——

"（i）如适用，药物开发工具所针对的疾病或病症的严重性、罕见性或流行性，以及该疾病或病症的可用疗法的可及性或缺乏性；以及

"（ii）部长或生物医学研究联盟和其他专家利益相关方确定这种药物开发工具及其拟议的使用范围作为公共卫生优先事项。

"（D）*外部专家的聘用*——部长可通过使用合作协议，拨款或其他适当机制，以审查资格申请为目的，与生物医学研究联盟协商，并可考虑这些联盟有关于根据第（1）款提交的资格计划的审查或根据第（3）段完整资格认定申请材料包的审查的建议。

"（3）**完整资格审查材料包**——部长应——

"（A）对根据第（1）（C）款接受的全面资格认定申请资料包进行全面审查；以及

"（B）确定所讨论的药物开发工具是否符合其提议的使用范围（context of use，COU）。

"（4）**资格认定**——部长应根据第（3）款审查的完整资料包的科学价值，确定药物开发工具在拟议的使用范围是否符合资格认定的要求。

"（b）**资格的效力**——

"（1）**一般规定**——根据第（a）（4）段被确定为符合申请人指定的拟议使用范围的药物开发工具可由任何人根据第（2）款在上述使用背景下使用。

"（2）**药物开发工具的使用**——除第（3）段另有规定外，根据本条合格的药物开发工具可用于——

"（A）根据本法第 505 条或《公共卫生服务法案》第 351 条支持或获得药品或生物制品的批准或许可（如适用）［包括根据第 506（c）条］；或

"（B）支持根据本法第 505（i）条或《公共卫生服务法案》第 351（a）（3）条对药物或生物制品的研究用途。

"（3）**撤销或修改**——

"（A）*一般规定*——如果部长确定药物开发工具不适合申请人指定的拟议使用范围，部长可根据本条撤销或修改根据本条做出的药物开发工具资格认定的决定。这种决定可以基于新资料中出现对这种资格认定的基础有异议的情况。

"（B）*审查会议*——如果部长根据（A）段撤销或修改药物开发工具资格认定的决定，则所涉申请人可请求与部长举行会议，并在撤销或修改生效日期前与部长讨论有关撤销或修改的决定。

"（c）**透明性**——

"（1）**一般规定**——除第（3）段另有规定外，部长应在 FDA 的网站上公开如下信息，并至少每半年更新一次：

"（A）关于根据（a）款的资格审查程序提交的每份资格的资料，包括——

"（i）适用于提交的审查程序的阶段；

"（ii）最近阶段更改的日期；

"（iii）是否利用外部科学专家制定资格认定计划或审查全部资格认定方案；以及

"（iv）申请人根据第（a）款资格认定程序提交的申请，包括该申请中所包含的任何资料及证据，以及该申请的任何更新资料。

"（B）部长根据这些资格申请做出的正式书面决定。

"（C）根据第（b）（3）款对药物开发工具资格认定的任何撤销或修改。

"（D）确定根据（a）款确定药物开发工具的资格的审查文件结论和建议摘要。

"（E）一份完整的列表——

"（i）根据第（a）款认定的所有药物开发工具；以及

"（ii）根据本法第505条或《公共卫生服务法案》第351条，作为药品或生物制品［包括根据第 506（c）条］批准或许可（如适用）基础的所有替代终点（surrogate endpoints）。

"（2）**与商业秘密相关的法案**——部长根据第（1）段公布的信息应被视为以《美国法典》第 18 编第 1905 条为目的依法授权披露。

"（3）**适用范围**——本条中任何内容均不得解释为授权部长披露根据本法第 505 条新药申请或《公共卫生服务法案》第 351 条生物制品申请中的商业机密信息，但应符合《美国法典》第 5 编第 552（b）（4）条或《美国法典》第 18 编第 1905 条的规定。

"（d）**法条解释**——本条不得解释为——

"（1）更改第 505 条（c）款或（d）款所指的证据标准，包括（d）款或《公共卫生服务法案》第 351 条（如适用）中所指的实质性证据标准[5]（substantial evidence）；或

"（2）若可能（在《21 世纪治愈法案》生效之前生效），限制部长根据本法或《公共卫生服务法案》批准或许可的权利，生效

"（e）**定义**——在本条中：

"（1）**生物标记物**——该术语——

"（A）是指客观测量和评价治疗性干预手段的正常生物过程、病

---

[5] 根据 FD&CA505（d）实质性证据标准（substantial evidence）指由完备且良好对照研究产生的证据，包括由符合资质的专业人员开展的药物有效性评价的临床研究。

理过程或生物反应的特征指标（例如生理，病理或解剖学特征或测量结果）；以及

"（B）包括替代终点。

"（2）**生物医学研究联盟**——术语"生物医学研究联盟"一词是指可以采取公私伙伴关系形式的合作团体，可包括政府机构、高等教育机构［如1965年《高等教育法案》第101（a）条］、患者支持组织、行业代表、临床专家和科学专家以及其他相关企业和个人。

"（3）**临床结果评价**——"临床结果评价"一词系指——

"（A）患者的症状、整体精神状态或疾病或病症对患者机体功能的影响的测量；以及

"（B）包括患者报告结局（PRO）。

"（4）**使用范围（CONTEXT OF USE, COU）**——术语"使用范围"是指药物开发工具用于药物开发和监管审查的各种情况。

"（5）**药物开发工具**——术语"药物开发工具"一词包括——

"（A）生物标记物；

"（B）临床结局评价；以及

"（C）部长决定协助药物开发和本条目的监管审查的任何其他方

法、材料或措施。

"(6) **患者报告结局**——术语"患者报告结局"是指基于患者关于自身健康状况的报告的衡量，没有经由临床医生或任何其他人的修正或解释。

"(7) **资格**——术语"资格"和"合格的"是指部长认为药物开发工具及其使用背景可以信赖，根据该法可在药物开发和监管审查中有特定的解释与应用。

"(8) **申请人**——术语"申请人"是指一个或多个实体，包括药物研究发起人或生物医学研究联盟等，根据本条寻求拟提使用范围的药物开发工具的资格认定。

"(9) **替代终点**——术语"替代终点"是指本身不是临床获益的直接测量指标的标记物，例如实验室检测、放射影像、体征或其他形式，以及

"(A) 已知可预测临床获益，可用于支持药品或生物制品的传统批准；或

"(B) 有可能预测临床获益，并可用于支持根据第 506 (c) 条加速批准药品或生物制品。

(b) **指南**——

(1) **一般规定**——HHS 部长（在本节中称为"部长"）应与生物医学研究联盟协商［FD&CA 第 507 条（e）款定义］［由（a）款

新增〕及其他有关各方通过公共合作程序，发布指南文件以实施第 507 条——

（A）提供描述适当的标准和科学方法的基本概念框架，以支持根据第（3）段确定的分类标准所划定的生物标记物的开发；

（B）根据第 507 条做出的资格程序而——

（i）描述了实体根据本条寻求药物开发工具资格认定时应遵守的要求；

（ii）概述部长根据该程序审评提交的函件、资格认定计划或完整的资格材料包的合理时间框架；以及

（iii）建立一个程序，通过该程序，这些实体或部长可以与生物医学研究联盟及其他具备专业知识和见解的个人和实体协商，协助部长根据本条审评资格计划和全部资格提交资料；以及

（C）包括部长认为适当的其他信息。

（2）**时限**——部长应在本法案生效之日后 3 年内，根据第（1）款发布关于实施 FD&CA 第 507 节的草案指南〔根据（a）款加入〕。部长应在指南草案的意见征询期结束之日起 6 个月后，就该部分的执行情况发布最终指南。

（3）**分类学**——

（A）*一般规定*——为了本款通知指南目标，部长应通过公共协作

程序，与生物医学研究联盟和其他相关各方协商，建立用于药物开发的生物标记物分类的方法（以及相关的科学概念）。

（B）**公共可及性**——在本法案生效之日起 2 年后，部长应将此分类以草案指南形式公布，并征询公众意见。部长应在公众意见征询期结束后 1 年内完成分类。

（c）**会议和报告**——

（1）**会议**——在本法生效之日起 2 年内，部长应召开公开会议，描述和征求公众对 FD&CA 第 507 条下的资格认定程序的意见，由（a）款加入。

（2）**报告**——部长应在本法案生效之日起 5 年内，在 FDA 的网站上公布一份报告。该报告应根据第（a）款增补的 FD&CA 第 507 节规定的资格认定程序，并包含如下内容：

（A）药物开发工具［如第 507 条（e）款所定义］以意向书形式提出的资格申请数量；

（B）接受的请求数量，并确定认定资格提交资格计划或完整资格资料包的数量［如第 507 条（e）款界定的术语］；

（C）在制定资格计划或审评完整资格资料包时涉及使用外部科学专家的申请数量；

（D）向部长提交的资格计划和全套资格资料包的数量；以及

（E）通过资格认定程序认定的药物开发工具，按照工具类型划分，如生物标记物或临床结局评价［此类术语在第 507 条（e）款中定义］。

第 3012 条　针对罕见疾病的靶向药物

FD&CA 第五章 B 节（《美国法典》第 360aa 条等），经修订，在第 529 条后插入以下新条：

"第 529A 条　针对罕见疾病的靶点药物

"（a）**目的**——按本条目的，根据（b）款所确定的方法，是为了一

"（1）促进基因靶向药物和变异蛋白靶向药物的开发、审评和审批，以解决一个或多个患者亚群中未满足的医疗需要，包括关于罕见疾病或严重或危及生命疾病的不同基因突变的患者亚群；以及

"（2）为此目的，最大限度地使用包括替代终点和其他生物标记物在内的科学工具或方法。

"（b）**利用先前批准的药物单个申请或多个申请的数据**——部长可以根据本法案适用的标准或《公共卫生服务法案》第 351（a）条，允许根据本法案第 505（b）（1）或《公共卫生服务法案》第 351（a）条基因靶向药物或蛋白变体靶向药物申请的申请人依赖于如下数据和信息——

"（1）由同一申请人（或其他申请人已向该申请人提供引用数据和信息的合同授权）提出申请；以及

"（2）申请人根据上述（1）款提交的以支持本法第505（b）（1）条或《公共卫生服务法案》第351（a）条的一个或多个之前批准的药物申请，该药物结合或采用与已批准申请相同或相似的基因靶向技术，或该变体蛋白靶向药物与结合或采用了相同的变体蛋白的靶向药物，作为第（2）段中描述的一个或多个申请的一个或多个药物。

"（c）**定义**——为本条目的——

"（1）"基因靶向药物"一词系指——

"（A）根据本法案第505（b）（1）条或《公共卫生服务法案》第351（a）条属于严重或威胁生命的罕见疾病或病症的疗法申请的主体（"罕见疾病或病症"定义见第526条）；

"（B）可导致基因或其相关基因产物的功能的调节（包括抑制、上调或激活）；以及

"（C）结合或利用基因靶向技术；

"（2）术语"基因靶向技术"是指整合具有共同或相似化学组成的非复制型核酸或类似化合物的技术，旨在治疗一个或多个患者亚组，包括具有不同基因突变的患者亚组，以及具有相同的疾病或病症的患者亚组，还包括由于同一基因中的其他变异引起的疾病或病症；

"（3）术语"变体蛋白靶向药物是指这样的药物——

"（A）是根据本法案第 505（b）（1）条或《公共卫生服务法案》第 351（a）条严重或威胁生命的罕见疾病或病症疗法申请的主体（该术语定义见第 526 条）；

"（B）对突变基因具有调节功能的产品，且这种突变对于特定疾病或病症有全部或部分影响；以及

"（C）旨在治疗具有相同疾病或病症的一个或多个患者亚群，包括具有不同基因突变的患者亚群。

"（d）**法条解释**——本条并不解释——

"（1）改变部长根据本法或《公共卫生服务法案》第 351 条（在《21 世纪治愈法案》生效之日前获得授权）批准药品的权力，包括证据标准以及适用条件，根据该适用法律批准；或

"（2）根据本法或《公共卫生服务法案》授权的任何新的权利，在本条生效之前，允许申请人引用其他根据本法 505（b）（1）条或《公共卫生服务法案》第 351（a）条提交的申请。"

第 3013 条　鼓励罕见儿科疾病治疗的再授权条款

（a）**一般规定**——FD&CA 第 529（b）条 [《美国法典》第 21 编第 360ff（b）条] 经修订，删除第（5）款，并插入以下内容：

"（5）**授权终止**——根据第（1）款，部长在 2020 年 9 月 30 日后不得发出任何优先审评券，除罕见儿科疾病产品申请满足下列条件外——

"（A）适用于在 2020 年 9 月 30 日前根据（d）款指定为罕见儿科疾病的药物；并且

"（B）不迟于 2022 年 9 月 30 日，根据本法案第 505(b)(1)条或《公共卫生服务法案》第 351（a）条批准。

（b）**报告**——2016 年《推进希望法案》（公法 114–229）经本条修订删除第 3 条。

第 3014 条 优先审评券项目的 GAO 研究

（a）**研究**——美国总审计长（本条称为"总审计长"）应进行一项研究，讨论以下优先审评券项目的实施效果和总体影响，包括本法修订或建立的任何项目：

（1）根据 FD&CA 第 524 条（《美国法典》第 21 编第 360n 条）的被忽视的热带疾病优先审评券项目。

（2）根据 FD&CA 第 524 条（《美国法典》第 21 编第 529 条的罕见的儿科疾病优先审评券项目。

（3）根据第 3086 条增加的 FD&CA 第 565A 条规定的医疗对策（Medical Countermeasure，MCM）[6] 优先审评券项目。

---

[6] 医疗对策是指 FDA 监管产品（生物制品、药品及医疗器械）可用于潜在的公共健康紧急事件，如生化、辐射/核物质控制袭击，或自然发生的紧急疾病或自然灾害。

（FDA.What are Medical Countermeasures? [EB/OL].[2016-10-12][2017-01-22].http://www.fda.gov/emergencypreparedness/counterterrorism/medicalcountermeasures/aboutmcmi/ucm431268.htm） （b）**报告发布**——在 2020 年 1 月 31 日前，总审计长应向参议院卫生教育劳工和养老金委员会以及众议院能源和商业委员会提交一份包括根据（a）款进行的研究结果的报告。

（c）**报告内容**——根据（b）款提交的报告须述及——

（1）对于在开始研究时已经给予优先审评券的每个药物——

（A）根据 FD&CA 第 505（c）条［《美国法典》第 21 编第 355（c）条］批准药物的适应证，按照本法 505（b）（1）条或申请或根据《公共卫生服务法案》第 262（a）条［《美国法典》第 42 编第 351（a）条］申请；

（B）审评券在申请人药物研发决策中的影响作用与影响程度；以及

（C）在适用和适当的情况下，药品许可或生物制品许可是否以及在何种程度上——

（i）解决关于治疗或预防被忽视的热带疾病这一全球未满足需求，包括药品申请人是否与国际开发组织（international development organizations）协调；

（ii）解决与治疗罕见儿科疾病有关的未满足需求；或者

（iii）影响国家化学、生物制品、放射性或核威胁应急，包括自然发生的威胁；

（2）对于已使用优先审评券的每一药品——

（A）根据 FD&CA 第 505（c）条［《美国法典》第 21 编第 355（c）条］批准药物的适应证，按照本法 505（b）（1）条或申请或根据《公共卫生服务法案》第 262（a）条［《美国法典》第 42 编第 351（a）条］生物制品申请；

（B）如被转让，审评券的价值；以及

（C）授予审评券的日期与使用审评券的日期之间的时长；以及

（3）分析（a）款所述的优先审评券计划，包括——

（A）FDA 对于使用优先审评券药品的审评资源，包括 FDA 对于未授予或未使用优先审评券的药物审评产生的影响；

（B）是否需要对这些项目进行任何改进，以目标性地激励那些本来不会研发或不能及时研发的药物开发，并使这些药物以适当和合理的方式开发——

（i）解决全球未满足的需求的被忽视的热带疾病的治疗或预防，包括仅在一些国家发生的地方性的被忽视的热带疾病；或

（ii）解决与罕见儿科疾病治疗相关的未满足的需求；以及

（C）罕见的儿科疾病计划和医疗对策计划的结束是否对项目产生影响，包括任何可能的意外后果。

（d）**保护国家安全**——总审计长应以不损害国家安全的方式，根据本条进行相关研究并发布报告。

第 3015 条　对孤儿药资助条款的修订

《孤儿药法案》第 5 条（《美国法典》第 21 编写第 360ee 条，罕见病用药开发资助与合同条款）现予修订——

（1）在第（a）款中，删除第（1）段，并插入以下内容："（1）支付罕见疾病或病症的研发支出，包括符合条件的试验费用"；以及

（2）在第（b）（1）款中——

（A）在（A）（ii）段中，删除分号后面的"和"；

（B）在（B）段中，删除该段，并插入"；和"；以及

（C）在末尾增加以下内容：

"（C）前瞻性地计划和设计观察性研究和其他分析方法，以帮助理解在疗法开发过程中罕见疾病或病症的自然进程，包括研究和分析为如下目的——

"（i）开发或验证与罕见疾病或病症有关的药物开发工具；或

"（ii）了解疾病谱，包括描述基因型和表型变异性，以及识别和定义受罕见疾病或病症影响的不同亚群。

第 3016 条　药品连续生产 [7] 的研究资助

（a）**一般规定**——HHS 部长可向高等教育机构和非营利组织提供资助，用于资助有助于改进药品和生物制品的连续生产过程以及类似的创新性监测和控制技术的研究。

（b）**定义**——在本条中——

（1）术语"药品"如 FD&CA 第 201 条（《美国法典》第 21 编第 321 条）所定义。

（2）术语"生物制品"如《公共卫生服务法案》第 351（i）条 [《美国法典》第 42 编第 262（i）条] 给所定义；以及

（3）术语"高等教育机构"如 1965 年《高等教育法》第 101（a）[《美国法典》第 20 编第 1001（a）条] 条所定义。

C 节——现代临床试验设计和证据的开发

第 3021 条　创新临床试验设计

（a）**关于药品和生物制品使用创新临床试验设计的建议**——为协助申请人将复杂的适应性和其他创新试验设计纳入拟议的临床试验方案和新药或生物制品申请中，根据 FD&CA 第 505 条（《美

---

[7] 连续生产指药品能在生产线中持续生产，而不是采取批次化的分步生产，能使得药物生产操作变得敏捷、灵活与稳定。
（FDA.Product Quality-Manufacturing science and innovation-continuous manufacturing.[EB/OL].[2016-05-05][2017-0-22].http://www.fda.gov/drugs/scienceresearch/ucm294607.htm）

国法典》第 21 编第 355 条）的新药申请和《公共卫生服务法案》第 351 条（《美国法典》第 42 编第 262 条）第 351 条的生物制品申请，HHS 部长（在本节称为"部长"）应按照（b）款召开公开会议，并发布指南。

（b）创新临床试验设计使用相关指南——

（1）**一般规定**——部长通过 FDA 局长行事，应更新或发布指南，关于讨论在药品和生物制品开发、审评和审批 / 许可中使用复杂的适应性临床试验设计等其他创新临床试验设计。

（2）**目录**——第（1）段所述指南须述及——

（A）使用复杂的自适应性设计和其他创新临床试验设计，包括这些拟议或提交的临床试验如何有助于满足 FD&CA 第 505（d）条的实质性证据标准 [《美国法典》第 21 编第 355（d）条]；

（B）申请人如何获得部长就有关建模与仿真技术问题的反馈，在以下时间之前——

（i）完成此类建模或仿真；或者

（ii）向部长提交结果信息；

（C）应提交审评的定量和定性信息的类型；以及

（D）推荐的分析方法。

（3）**公开会议**——在更新或发布第（1）段所要求的指南之前，部长应在本法生效之日后 18 个月内召开公开会议，与行业代表、学术界、患者支持组织、消费者团体和疾病研究基金会等利益相关者进行磋商。

（4）**时限**——部长应在第（3）段要求的公开会议召开后 18 个月内更新或发布第（1）段所要求的草案指南，并在公众意见征询期结束之日后 1 年内发布指南最终版。

第 3022 条　真实世界证据

FD&CA 第五章经修订，在第 505E 节（《美国法典》第 21 编 21 第 355f 条）后插入以下内容：

"505F 条　使用真实世界证据

"（a）**一般规定**——部长应制定方案以评估真实世界证据的潜在用途——

"（1）用于支持根据第 505（c）条已批准药品的新适应证批准；以及

"（2）用于支持或满足上市后研究要求（post approval study，PSR）。

"（b）**真实世界证据的定义**——在本节中，术语"真实世界证据"是指从随机临床试验以外的其他途径获得的药物使用或其潜在风险效益的数据。

"（c）**项目框架**——

"（1）**一般规定**——部长应在《21世纪治愈法案》生效之日起2年内，根据本条制定实施计划的草案框架。

"（2）**框架的内容**——框架应包括以下内容描述：

"（A）真实世界证据的来源，包括持续的安全监测，观察性研究、登记备案、个人声明和以患者为中心的结果研究活动；

"（B）数据收集活动的障碍；

"（C）收集和分析真实世界证据的标准和方法；和

"（D）根据本节设立的方案将处理的优先领域，本部分需要解决的潜在的挑战和试点机遇。

"（3）**咨询**——

"（A）**一般规定**——在根据本款制定计划框架时，部长应与行业、学术界、医疗专业组织、患者支持组织、消费者组织、疾病研究基金会以及其他相关团体协商。

"（B）**程序**——根据（A）段进行的咨询，可通过以下方法进行——

"（i）部长可能参与的实体以公私合作的形式；

"（ii）部长在适当时与该合作伙伴或独立研究机构签订合约、拨款或其他安排；或

"（iii）与本段所述实体召开公开研讨会。

"（d）**方案执行情况**——部长应在《21世纪治愈法案》生效之日起2年内，按照根据（c）款确立的框架，执行方案以评价真实世界证据的潜在用途。

"（e）**行业指南**——部长应——

"（1）使用根据（a）款确定的方案、活动及任何随后的试点或书面报告，以行业指南形式发布如下内容——

"（A）根据（a）款第（1）及（2）段描述的目的，药品申请人及部长可依赖真实世界证据的适用情形；以及

"（B）收集和分析为此目的提交的真实世界证据的适当标准和方法；

"（2）《21世纪治愈法案》生效之日起5年内，发布第（1）段所述的行业草案指南；并且

"（3）第（2）段所述指南在征询公众意见征询期结束后18个月内，发布草案指南修正版或最终版。

"（f）**法条解释**——

"（1）**一般规定**——除第（2）款另有规定外，本条并不禁止部长在本条目的之外使用真实世界证据，但部长须充分说明这些未述及用途的依据。

"（2）证据标准及部长权利——本条不得解释为更改——

"（A）如下证据标准——

"（i）第 505 条第（c）或（d）款，包括（d）款的实质性证据标准；或

"（ii）《公共卫生服务法案》第 351（a）条；或

"（B）部长有权要求申请人进行上市后研究或上市后临床试验，以及这些研究或临床试验评价的证据标准。

第 3023 条　人类研究受试者保护

（a）**一般规定**——为简化和促进研究人员遵守研究过程中人类受试者保护相关法规，HHS 部长（本条称为"部长"）应：在可行范围内，符合其他法律规定，根据（b）款协调 HHS 人类受试者法规与 FDA 人类受试者法规之间的差异。

（b）**避免监管重复和不必要的延误**——部长应酌情——

（1）对 HHS 人类受试者法规、FDA 人类受试者法规和弱势人群法规中的相应条款进行必要修改——

（A）减少监管重复和不必要的延误；

（B）在多中心合作研究背景下，促进有关条款的现代化；以及

（C）保护弱势群体，纳入地区考虑因素，通过一定机制支持社区参与，如咨询当地研究人员和当地人类研究保护项目，并以符合（B）段的方式；以及

（2）确保受 HHS 人类受试者法规和 FDA 人类受试者法规管辖的人类受试者研究可以——

（A）使用联合审查或共同审查；

（B）依赖于如下审查——

（i）独立的伦理审查委员会；或

（ii）除研究发起人外的其他实体的伦理审查委员会；或

（C）采用类似安排，以避免工作重复。

（c）**咨询**——根据本条协调或修改有关规定或指南时，部长应向利益相关者咨询［包括研究人员、学术组织、医院、机构研究委员会、制药公司、生物技术公司、医疗器械开发商、临床研究组织（CRO）、患者团体等其他利益相关者］。

（d）**时间**——部长应在本法生效之日起 3 年内完成（a）款所述的法规协调。

（e）**进展报告**——部长应在本法生效之日其 2 年内向国会提交一份报告，说明在完成法规协调方面取得的进展。

（f）定义——

（1）人类受试者法规——在本条中：

（A）*FDA 人类受试者法规*——术语"FDA 人类受试者法规"是指《联邦法规》第 21 章第 50、56、312 和 812 节的规定（或任何后续法规）。

（B）*HHS 人类受试者法规*——"HHS 人类受试者法规"一词是指《联邦法规》第 45 编第 46 章的 A 节（或任何后续法规）的规定。

（C）*弱势群体法规*——"弱势群体法规"一词系指——

（i）除（ii）所述的研究情况外，《联邦法规》第 46 章 B-D 节（或任何后续法规）的规定；以及

（ii）在符合 FDA 人类受试者法规的研究中，适用于根据《联邦法规》第 21 编第 56 章（或任何后续法规），以及《联邦法规》第 21 编第 50 章的 D 节（或任何后续规章）中有关弱势群体的条款。

（2）伦理审查委员会的定义——在本条中，术语"机构伦理审查委员会"定义见《HHS 人类受试者法规》。

第 3024 条 临床研究知情同意豁免或修改

（a）医疗器械——FD&CA 第 520（g）（3）条［《美国法典》第 21 编第 360j（g）（3）条］修订如下：

（1）在（D）段中，删除"除部长签发同意的情况下，研究人员"，并插入"除部长签发同意的情况下——

"（i）拟议的临床试验对人类受试者构成的风险不超过最低风险，并包括适当的保障措施，以保护人类受试者的权利、安全和福利；或

"（ii）研究人员"；和

（2）删除"（D）段"，插入"（D）（ii）"段。

（b）**药品**——FD&CA第505（i）（4）条［《美国法典》第21编第355（i）（4）条］经本条修订，删除"除非不可行或违背人类受试者的最高利益"，并插入"除非不可行，或违背人类受试者的最高利益，或拟议的临床试验对人类受试者的风险不超过最小风险，并且包括适当的保障措施以保护人类受试者的权利、安全和福利"。

D 节——患者获得治疗和有关信息

第 3031 条　摘要水平的审评

（a）FD&CA——对FD&CA第505（c）条［21 U.S.C.355（c）］进行修订，在该条的结尾处增加如下内容：

"（5）（A）如果一项药品合格适应证的补充申请经（b）款（B）段途径申请，部长可根据符合条件的数据摘要支持补充申请的批准。

"（B）一项补充申请符合（A）段审评标准，当且仅当——

"（i）部长认为资料内容足以证明该药的安全性；并且

"（ii）符合条件的数据摘要中涉及所有相关数据，一并附在补充申请中。

"（C）部长需要将以下信息在 FDA 官网进行公示，并且每年度更新一次——

"（i）仅根据（A）段或《公共卫生服务法案》第 351（a）（2）（E）条（生物制品上市许可申请）审评途径的申请数量；

"（ii）根据（A）段或《公共卫生服务法案》第 351（a）（2）（E）条途径提交的申请的平均审评时间；

"（iii）补充申请的平均审评时限，前提是根据（A）段或《公共卫生服务法案》第 351（a）（2）（E）条途径申请，部长没有使用审评灵活性；以及

"（iv）根据（A）段或《公共卫生服务法案》第 351（a）（2）（E）条途径申请审评的受理数量，前提是除了合格的数据摘要，还有其他完整的数据供部长审评。

"（D）本段中——

"（i）"'特定适应证（qualified indication）'指，部长认为根据本段开展摘要水平审评的药品适应证；以及

"（ii）'合格的数据摘要（qualified data summary）'指，证明药物合格适应证的安全性和有效性的临床数据摘要。"

（b）《公共卫生服务法案》——对《公共卫生服务法案》第 351（a）（2）条［42 U.S.C.262（a）（2）］进行修订，在其结尾处增加如下内容——

"（E）（i）如果一项补充申请根据（B）段或 FD&CA 第 505（c）（5）条途径申请，则合格的数据摘要可用来支持药物合格适应证的补充申请以获得部长的批准。

"（ii）本段'合格证明'和'符合数据标准的摘要水平'的概念界定见 FD&CA505（c）（5）节。"

第 3032 条　扩大使用政策

修订 FD&CA 第五章，并在第 561 节（21 U.S.C.360bbb，未经许可疗法或药品的扩大使用）后面新增如下内容：

"**第 561A 条　试验用药物的扩大使用要求：**

"（a）**一般规定**——用于诊断、监测或治疗一种或多种严重疾病或病症的一个或多个试验用药物的生产商和经销商，应向患者提供根据第 561（b）条提出扩大使用申请要求的评估和回应内容。

"（b）**扩大使用政策的公众可及性**——根据（a）款，生产商和经销商必须向公众公开可及的扩大使用政策，如在公开网站上公布这些政策，此类政策适用于该生产商或经销商的所有临床试验用药物。

"（c）**政策内容**——（a）款所述政策内容包括——

"（1）（a）款要求的生产商或经销商的联系方式，以便于后期交流；

"（2）提出此类申请的程序；

"（3）生产商或经销商评估和回应患者此类申请的一般标准；

"（4）生产商或经销商确认收到此类请求的预期时限；以及

"（5）《公共卫生服务法案》第 402（j）（2）（A）（ii）（Ⅱ）（gg）条要求，该药扩大使用信息相关临床试验记录的链接或其他参考资料。

"（d）**不保证使用**——生产商和经销商根据（a）款所公布的政策不应作为任何患者获得任何特定试验用药物的保证。

"（e）**修订政策**——本条中的任何内容不得阻止生产商或经销商随时提出修订本条政策的要求。

"（f）**适用范围**——本条适用于试验用药物的生产商或经销商，生效日期如下——

"（1）自《21 世纪治愈法案》生效之日起 60 天后适用；或

"（2）试验用药物Ⅱ期或Ⅲ期临床试验的启动初期［这些术语的

概念在 21CFR 第 312.21（b）和（c）条[8] 中有明确界定（或任何后续条例）]。

第 3033 条　再生性新兴疗法的加速审批程序

（a）**一般规定**——修订 FD&CA 第 506 条（21 U.S.C.356）（严重或危及生命疾病或病症的药物的加速审批条款）——

（1）将（e）款（与解释相关）改为（f）款（与提高认识相关）；并且

（2）在结尾处增加以下内容：

"（g）**再生性新兴疗法**——

"（1）**一般规定**——如果药物符合第（2）段所述的再生性新兴疗法的标准，部长应发起人要求，应对有效的药物开发计划提供便利，并加速审评这种药物。

"（2）**标准**——根据本款，满足以下条件的药物认定资格被认定为再生新兴疗法药物，如果——

---

[8]　21CFR 第 312.21：试验阶段。

　　21CFR 第 312.21（b）：Ⅱ 期临床试验：为对照性临床试验，主要用于评价药品对于特定患者的药效，以及确定该药品常见的副作用以及相关风险。

　　21CFR 第 312.21（c）：Ⅲ 期临床试验：为扩展性对照或对照性试验，主要用于收集与药品安全性和有效性相关的其他信息，用于评价药品整体的风险与效益。

"（A）该药物是再生性药物疗法［如第（8）段界定的概念］；

"（B）该药物旨在治疗、改善、转归或治愈严重或危及生命的疾病或病症；以及

"（C）初期临床试验数据能够证明，该药物具有解决特定疾病或病症未满足的医疗需求的潜力。

"（3）**申请认定机制**——根据本法案第505（i）条或《公共卫生服务法案》第351（a）（3）条发起人可在提交研究用药物申请（IND）后的任何时间段内，向部长提交再生性新兴疗法药物的资格认定申请。

"（4）**认定机制**——部长应在收到申请人根据第（3）段提出的申请的60天内确定该请求是否符合第（2）段的标准。如果部长确定药物符合认定标准，部长将对该药进行再生性新兴疗法药物的认定，并适当采取第（1）段规定的行动。当部长确定某药物不符合认定标准，则部长须出具书面决定，并说明理由。

"（5）**行动**——再生性新兴疗法的发起人认定资格通过第（a）（3）（B）款规定的行动加快药物的研发和审评，包括任何潜在的替代终点或中间终点的早期沟通，以支持（c）款规定的加速审评。

"（6）**加速审批程序**——按照本法案第505（b）（1）条或《公共卫生服务法案》第351（a）条提出的再生性新兴疗法申请，须——
"（A）符合《FDA政策和程序手册》中的优先审评（priority review）和2012年《处方药使用者付费法案》第101（b）条确定的目标；以及

"（B）符合（c）款的加快审批资格，并且根据第（a）（3）（B）节达成一致，适当情况包括——

"（i）替代终点或中间终点可合理预期长期临床获益；或

"（ii）从多个临床试验中心获得的数据可靠性强，包括适当增加试验中心的数量。

"（7）**加速审批批准上市后的要求**——授予再生性新兴疗法加速审评批准上市之后，根据（c）款，发起人须完成部长所提出的上市后要求——

"（A）临床证据、临床研究、患者登记或其他真实世界证据如电子健康记录的提交；

"（B）第（a）（3）（B）款规定的大规模验证性数据的收集；或

"（C）在批准再生性新兴疗法之前，患者使用这种疗法治疗的后期监测。

"（8）**定义**——本条的"再生药物疗法"是指：包括细胞疗法、治疗性组织工程产品、人类细胞和组织产品，以及上述疗法或产品的组合，仅根据《公共卫生服务法案》第 361 条和《联邦法规》第 21 编第 1271 条监管的产品（人体细胞、组织以及基于细胞和组织的产品）除外。

（b）**法条解释**——本条及本条所做的修订，不得解释为改变 HHS 部长的如下权力——

（1）《21 世纪治愈法案》生效之前，根据 FD&CA（21 U.S.C.301 et seq.）和《公共卫生服务法案》第 351 条（42 U.S.C.262）批准的药物；或者

（2）在《21 世纪治愈法案》生效之前，其他法案授予部长要求上市后研究的权利。

（c）**一致性修订**——修订 FD&CA 第 506（e）（1）条［21 U.S.C. 356（e）（1）］，在"《FDA 安全和创新法案》（FDASIA）"之后插入"和《21 世纪治愈法案》。"

第 3034 条 用于还原、分离、装载（delivery）再生性新兴疗法的医疗器械指南

（a）**草案指南**——在《21 世纪治愈法案》生效之日起 1 年内，HHS 部长应通过食品药品管理局局长发布草案指南，明确在再生性新兴疗法的情况下，部长应对再生性新兴疗法医疗器械的还原、分离、装载（delivery）等用途进行评估。综上，部长须具体解决——

（1）FDA 如何简化对医疗器械和细胞 / 组织产品的组合产品监管法规的要求；

（2）用于再生性疗法产品的医疗器械具有拟定的用途和特定属性，则该医疗器械归类为Ⅲ类器械；

（3）如果 FDA 认为有必要，部长须将这种医疗器械的预期用途限制在一种细胞的特定用途上；以及

（4）该申请应为，用最不繁冗的表述说明该医疗器械如何与多种细胞类型组合使用。

（b）**指南的最终版本**——在（a）款所述指南的征求意见稿发布12个月内，HHS部长应发布指南最终版本。

第3035条　再生性新兴疗法的报告

（a）**提交国会的报告**——HHS部长须在每年3月1日之前须向"参议院卫生教育劳工和养老金委员会、众议院能源和商务委员会"提交一份年度总结报告——

（1）再生性新兴疗法的申请、批准、撤回或拒绝的数量和类型。

（2）已被授予加速审批或优先审评资格的申请或疗法的数量。

（b）**再生性新兴疗法**——"再生性新兴疗法"的界定见FD&CA第506（g）条所示，并经本法第3033条修订。

第3036条　再生性药物和再生性新兴疗法的标准

FD&CA第五章第A节第506F条（21 U.S.C.351 et seq.）结尾部分增加如下内容：

"**第506G条　再生性药物和再生性新兴疗法的标准**

"（a）**一般规定**——《21世纪治愈法案》生效之日起2年内，部长应与国家标准与技术研究院以及利益相关者进行协商（包括再生性药物和新兴疗法的生产商、临床试验发起人、合同生产商、学术机构、执业临床医生、再生性药物和新兴疗法行业组织以及标准制定组织），通过公共程序尽力优先协调上述标准和术语的制定。通过监管的可预见性来支持再生性药物和再生性新兴疗法的开发、评估和审评、生产过程及质量控制。

"（b）活动——

"（1）**一般规定**——在履行本条职责时，部长须不断地——

"（A）识别并抓住机会以促进再生性药物和新兴疗法的开发；

"（B）识别并抓住机会以促进实验室监管科学研究和文件记录标准的开发，将有助于通过监管的可预见性以支持再生性药物和再生性新兴疗法的开发、评估和审评；以及

"（C）在制定此类政策时，可与(a)所述的利益相关者开展适当合作。

"（2）**法规和指南**——在（a）款所述标准生效的 1 年内，部长应对相关规章和指南文件进行审查，并通过公开化的程序更新法规和指南的内容。

"（c）**定义**——"再生性药物"和"再生性新兴疗法"的概念界定见第 506（g）条。

第 3037 条 医疗保健经济信息

修订 FD&CA 第 502（a）条 [21 U.S.C.352（a）]，内容如下——

（1）将"（a）若该"改为"（a）（1）若该"；

（2）将"（a）处方集委员会（formulary committee）或其他委员会应履行为医疗机构或其他类似组织选择所需的药物"改为"支付方、处方集委员会或拥有医疗保健经济分析领域专家学者的其他类似机构，应履行确定药物保险报销范围的责任"；

（3）将"直接相关"改为"相关"；

（4）将"并基于合格和可靠的科学证据。将 FD&CA 第 505（a）条或《公共卫生服务法案》第 351（a）条规定的要求不适用于按照本款向上述提到的委员会或机构提供医疗保健经济信息"改为"基于合格和可靠的科学证据，必要时附带一个简明的声明，说明医疗保健经济信息与 FD&CA 第 505 条或《公共卫生服务法案》第 351 条批准的药物标签之间的不同。FD&CA 第 505(a)款或《公共卫生服务法案》第 351（a）款和第（k）款规定的要求不适用于向支付方、委员会提供的医疗保健经济信息"。

（5）将"本段的术语"及整个段落内容改为——

"（2）（A）本段'医疗保健经济信息'是指包括临床数据、信息输入、临床或其他假设条件、方法、结果和分析方法等的数据，以单个或总体健康受试者的试验结果为基础，识别、衡量或描述其经济性结果。这种分析方法可以将药物之间，或药物与其他医疗保健措施进行比较分析。

"（B）该术语不包括 FD&CA 第 505 条或《公共卫生服务法案》第 351 条未批准的某种适应证的药物的分析数据。

第 3038 条　组合产品创新

（a）**一般规定**——FD&CA 第 503（g）条［21 U.S.C.353（g）］修订内容如下——

（1）删除第（3）段；

（2）重新指定第（2）段为第（7）段；

（3）分别重新指定第（4）（5）段为第（8）（9）段；

（4）将第（1）段整段内容改为——

"（g）（1）（A）按照本款规定，部长应指定主要中心监管药物、医疗器械以及生物制品的组合产品。

"（B）只要在适当的情况下，部长应对每个组合产品的单一申请进行上市前审评。

"（C）根据本款的目的，'主要作用机制（primary mode of action）'是指对组合产品中总体预期治疗效果作用最大的一种作用机制。

"（D）部长需要确定组合产品的主要作用机制。部长确定的主要作用机制有——

"（i）某种药物（除了生物制品），负责药品上市前审评的主要中心承担主要管理责任。

（ⅱ）某种医疗器械，负责医疗器械上市前审评的主要中心承担主要管辖权；或

"（ⅲ）某种生物制品，负责生物制品上市前审评的主要中心承担主要管辖权。

"（E）在确定组合产品的主要作用机制时，部长不应该只因为组合产品在人体上所产生的化学反应而确定为这种药物或生物制品的主要作用机制。

"（F）如果组合产品的发起人同意以下事项——

"（ⅰ）发起人可要求部长提供：发起人提供科学证据和部长提供的任何其他科学依据以支持审评决定的实质性理由；以及

"（ⅱ）（Ⅰ）组合产品的发起人可提议一个或多个研究（可以是临床前或临床研究）以确定化学反应和主要作用机制之间的相关性；

"（Ⅱ）如果发起人提议上述研究，部长和该组合产品的发起人应该进行合作并且在申请人提交研究设计的 90 天合理期限内争取达成协议；以及

"（Ⅲ）如果第（Ⅱ）款的协议达成，发起人开展了一项或多项研究，当需要对该组合产品的主要作用机制进行重新评估时，部长会对这些研究的数据结果进行考量。并且，除非重新评估已经发生或者部长发布了新的主要作用机制，否则部长依据（D）段的决定仍然有效。

"（2）（A）（i）发起人为建立明确性和具体性，可以请求召开有关组合产品的会议。但是，如果部长认为必须根据第（1）（D）款确定主要作用机制，则需要等待部长做出决定后才可要求举行这种会议。如果发起人提交书面会议请求，部长应在收到此类请求后的 75 天内与该组合产品的发起人会面。

"（ii）（i）中所述会议——

"（I）解决组合产品上市审评和批准的标准和要求；

"（II）解决与该组合产品相关的其他问题，比如与上市后变更和 GMP 相关的要求；及

"（III）确定（I）和（II）的要素，以便日后在缺乏科学信息或其他信息时，或在提出会议请求时不能达成协议的情况下，能够更好地与部长进行会议讨论和达成协议。

"（iii）根据本段达成的任何协议均为书面形式，并作为部长行政记录的一部分。

"（iv）上述协议的应保持有效，除非——

"（I）部长和发起人达成书面协议；或；

"（II）负责审评的主要中心负责人或更高层人员与咨询中心及组合产品办公室根据本法或《公共卫生服务法案》对上市许可标准展开讨论，并就组合产品的使用标准达成一致协议时，有一个关键问题被识别出来，或出于公共健康原因偏离基于科学证据基础上

的协议内。

"（3）出于包含第（4）段已批准的组合产品的构成部分得组合产品上市前审评目的，部长可要求该组合产品的发起人提交符合本法案或《公共卫生服务法案》许可标准所必需的数据或资料，包括该组合产品增量风险和效益，使用基于风险的方法，考虑该组合产品组成部分之前的安全性和有效性；或第（5）款用于许可申请的构成部分的实质等同信息。

"（4）第（3）段中所述的已批准的组成部分是指——

"（A）包含已批准组成部分的组合产品根据第 515 条[9]、第 510（k）条[10] 或第 513（f）（2）条［根据第（5）款提交］[11] 提出申请，该申请符合第（5）款的规定获批通过；

"（B）获得第 515 条批准的医疗器械的组成部分是：经发起人申

---

[9] 第 515 条：[21 U.S.C.360e] 对 Ⅲ 类医疗器械上市前审评的一般规定、上市前审评的要求、上市前审评的申请、对此类上市前审评申请做出的行动、产品开发方案、申请的审评、遵循的法案、以往修订。

[10] 第 510（k）条：[21 U.S.C.360] 药品和医疗器械生产者的登记。
（k）根据本条要求需要进行登记的生产者或建议将人用医疗器械引入州际贸易以供商业销售的生产者，须在做出该介绍或交付前的 90 天内向部长或获得第 523（a）条认可的人员进行报告（具体格式和方式依部长制定的条例所述）。

[11] 第 513（f）（2）条：[21 U.S.C.360c] 人用医疗器械的分类（某些医疗器械的初始分类和重新分类）。

请，根据第 520（h）（4）条 [12] 获得部长批准使用；或

"（C）发起人申请本法案第 505 条、第 510（k）条、第 513（f）（2）条或第 515 条的审查并获得批准，如第 760（a）（2）条 [13] 所定义的非处方药的任何组成部分。

---

[12] SEC.520.［21 U.S.C.360j］人用医疗器械控制的一般规定——安全和有效性信息公布

SEC.520（4）（A）根据第 515（c）条向部长提交的上市前审评申请中包含的任何信息（包括临床和临床前试验信息或能够证明医疗器械安全性和有效性的信息，但不包括制造方法和产品组成以及其他商业秘密）在部长批准后 6 年内，部长可使用上述信息用于——

（i）批准另一项医疗器械；

（ii）根据第 515 条确定另一项医疗器械的研发方案是否已经完成；

（iii）根据本法令制定业绩标准或特别控制；或者

（iv）根据第 513 条及第（1）（2）款将另一项医疗器械进行分类或重新分类。

（B）第（1）（A）段要求的公开可得的供部长使用的医疗器械的安全和有效性详细摘要，应作为（A）段所述机构行动的证据基础。

[13] 第 760（a）（2）：非处方药是指——

（A）不受第 503（b）条规定限制；以及

（B）不经第 505 条提交的申请进行批准。

SEC.505.［21 U.S.C.355］新药。

SEC.505（b）（2）根据第（1）段提交的新药申请，该段落（A）所述的 IND 以及为获得批准的研究皆不是由申请人实施，并且申请人也没有取得研究申请人的参考权或使用权的，须包括——

（A）一份认证，据申请人认为并就他所知，对于每个专利药物已进行 IND 的声明或声明申请人正根据本款寻求批准此类药物的用途，并根据第（1）款或第（c）段提交资料——

（i）该专利资料并未提交，

（ii）该专利期届满，

（iii）该专利即将届满的日期，或

（iv）该专利无效，或不因提交新药生产申请、使用或销售而生产侵权；和

（B）如果依第（1）（A）款要求而开展研究的药物，根据第（1）段或第（c）款已提交了使用专利的方法信息，且使用专利的方法里没有包括申请人根据本款寻求批准的用途的，应声明使用专利的方法不包括此种使用方法。

"（5）（A）含有批准的药物作为构成部分的组合产品，根据第 515 或 510（k）条或第 513（f）（2）条提出申请，根据第（1）（D）段做出决定，则——

"（i）该申请须包括第 505（b）（2）条 13 所述的认证或声明；以及

"（ii）该申请人须提供第 505（b）（3）条 14 所述的通知（notice）。

"（B）就本段及第（4）款而言，"已批准药物"指符合以下标准的活性成分——

"（i）按照第 505（c）条批准的申请中的活性成分；

"（ii）申请人按照第（A）段的要求提交的申请或请求；

14（3）该专利是无效或不侵权的意见通知——

（A）发出通知的协议——申请第（2）（A）（iv）段所述证明的申请人，须在申请中包括申请人根据本段的规定发出通知的声明。

（B）通知时间——进行第（2）（A）（iv）段所述证书的申请人须按本款规定发出通知——

（i）若该认证在申请中，则不迟于邮递通知申请人有关申请已提交的通知上的邮戳日期的 20 天内；或者

（ii）若该认证是对申请的修订或补充，则申请人提交修订或补充的时间，不论申请人是否已就申请中所载的另一项认证发出通知，或对申请的修正或补充。

（C）通知受托人——根据本段规定发出通知的申请人须——

（i）专利所有者（或指定接收该通知的所有者的代表）；以及

（ii）根据本款获批准的该药物申请的持有人是该专利要求保护的或该专利要求保护其使用的人（或指定接收此类通知的持有人的代表）。

（D）通知的内容——根据本段规定做出的通知，须——

（i）（D）通知内容——根据本段规定做出的通知，须—

（i）声明包含生物利用度或生物等效性研究数据的申请已根据本款提交，在该证书所指的专利期满前，获得批准该药物的商业制造、使用或销售；以及

（ii）包括申请人认为该专利无效或不会侵犯的意见事实和法律基础的详细说明。

"（iii）按照（A）段提交的该药物的使用是否安全和有效的完整研究报告不是申请人做出的，或不是为申请人提交上市申请或请求目的；以及

"（iv）申请人提交（A）段所述的申请，但未获（iii）所述的研究者许可参考或使用。

"（C）以下规定适用于（A）段所述的申请，其申请和批准的方式和要求同第 505（b）（2）条对已批准药物一致：

"（i）第 505（c）（3）条的第（A）款、第（B）款、第（C）款及第（D）款；

"（ii）第 505（c）（3）（E）条的（ii），（iii）及（iv）；

"（iii）第 505A 条第（b）款及第（c）款；

"（iv）第 505E（a）条；

"（v）第 527（a）条。

"（D）根据《美国法典》第 35 编第 271（e）（2）（A）条的理念，尽管本款另有规定，第（A）段所述的组合产品的分类申请同第 505（b）（2）条规定。

"（6）本款不得解释为禁止发起人就组合产品的构成部分提交单独申请，除非部长认为有必要提交单一申请。"

（5）在第（8）段［同第（3）款重新指定的］

（A）在（C）款中——

（i）对（i）进行修订，内容如下：

"（i）执行本款时，组合产品办公室应协助确保涉及多个中心机构对上市前审评的及时性和有效性，通过协调审评，监督此类审评时限及反馈的一致性。"

（ii）在（ii）中所有"时效性"后面加入"一致性"；以及

（iii）在结尾增加以下新条款：

"（iii）组合产品办公室应确保该组合产品的指定人员或主要中心的人员所在的部分是组合产品的发起人的主要联络点。如果主要中心或咨询中心提出此类协商请求，则组合产品办公室应与参与咨询中心进行组合产品上市前审评的协商。主要中心的沟通和承诺，应尽量与管辖中心的法律法规和要求一致的，应视为参与审评的中心机构的代表人——部长的沟通和承诺。

"（iv）对于组合产品的上市前审评，组合产品办公室应——

"（I）确保参与审评的相关部门能够适当参加部长与此类产品发起人之间的任何会议；

"（II）确保每个咨询中心机构已完成上市前审评，并及时向主要中心提供审评结果；以及

"（Ⅲ）确保每个咨询中心遵循第（vi）所述的指南文件，并酌情参考其他相关法规、指南和政策中提供的建议。

"（v）为了便于 FDA 对组合产品处理，发起人——

"（Ⅰ）应将产品标识为组合产品；以及

"（Ⅱ）可以书面要求组合产品办公室的代表参与此类组合产品有关的会议，或让组合产品办公室负责有关组合产品的监管事项。

"（vi）《21 世纪治愈法案》生效之日起 4 年内，至少在征询公众意见 60 天后，部长应发布最终指南，文件内容描述如下——

"（Ⅰ）与组合产品发起人就有关申请提交前协商管理的结构化过程（the structured process）；

"（Ⅱ）确保提交前协商得到的反馈能够代表机构对于最优实践的最佳建议。

"（Ⅲ）要求与会议请求一起提交的第（2）段要求信息，这些会议与 FDA 其他类型会议的相关性，以及第（2）段举行的会议所达成的任何协议的形式和内容；以及

（B）在（G）段——

（i）在（i）中，在"本段生效之后"插入"［从《21 世纪治愈法案》生效之日起 1 年内开始，（iv）除外 ］"；

（ii）删除（ii）结尾处的"以及；"

（iii）删除（iii）结尾处的句号，插入"；以及"；以及

（iv）在结尾处增加以下新内容：

"（iv）识别组合产品的发起人请求关于上市前审评的争议解决的组合产品的百分比"；以及

（6）在第（9）段中［重新指定为第（3）段］——

（A）在第（C）段——

（i）在（i）中，删除逗号，插入分号；

（ii）在（ii）中，删除结尾处的"，以及"插入分号；

（iii）在（iii）中，删除结尾处的句号，插入"；以及"

（iv）在结尾增加以下内容：

"（iv）根据第513（a）（1）条进行重新分类。"；以及

（B）在结尾增加以下内容：

"（D）中的'上市前审评'和'审评'包括，根据本法案第505条、第510(k)条、第513(f)（2）条、第515条或第520条或根据《公共卫生服务法案》第351条提交的申请、通知或请求的批准或许可之前，FDA开展的所有活动；还包括该产品的临床试验信息。"。

（b）**组合产品的批准信息**——FD&CA 第 520（h）（4）条［21 U.S.C. 360j（h）（4）］作如下修订——

（1）删除第（A）段中"任何信息"变成"根据（C）段，任何信息"；以及

（2）在结尾处增加新的段——

"（C）根据第 515（c）条向部长提交的上市前申请中所包含的任何信息，不可以用于根据第 515 或 510（k）条提交组合产品的批准或许可，或根据第 513（f）（2）条提交的对组合产品进行分类的申请，该组合产品包含已批准药品作为组成部分［见第 503（g）（5）（B）条的定义］，除非——

"（i）申请包括第 503（g）（5）（A）条所提述的认证或声明；

"（ii）申请人提供第 503（g）（5）（A）条所述的通知；以及

"（iii）根据第 503（g）（5）（C）条规定的申请，获得部长许可。

（c）**CGMP 变更的简化途径**——在本法案生效之日的 18 个月内，HHS 部长（在本款中称为"部长"）应确定与以下内容相关的组合产品的类型和生产过程：部长建议可采用不同于《联邦法规》第 21 编第 4.4 条（或任何后续规例）要求的 GMP，或部长建议可通过替代的或简化的机制满足第 4.4 节的要求。部长应在《联邦公报》上公布的拟议清单的要求和机制的类型以及与以往的变化。

对这种类型的合适 GMP 征求公众意见后，部长应在《联邦公报》

中公布最终清单，尽管有《美国法典》第 5 编第 553 条的规定。部长应使用基于风险的方法来评估这种类型、变化和机制。部长应定期审查这份最终清单。

E 节——抗菌药创新和管理工作

第 3041 条　抗菌药耐药性监控

（a）**一般规定**——修订《公共卫生服务法案》第 319E 条（42 U.S.C. 247d-5）——

（1）将第（f）（g）款分别改为第（l）（m）款；以及

（2）在第（e）款中增加如下内容——

"（f）**联邦卫生保健设施的监测**——

部长须鼓励国防部的保健设施、退伍军人事务部和印度卫生服务部报告抗菌药物的使用情况和抗菌药物耐药性情况以及实施抗生素的管理计划，并酌情请求国防部长和退伍军人事务的部长提供技术援助。"

"（g）**人体抗菌药物耐药性和抗菌药物使用报告**。——在《21 世纪至于法案》生效 1 年内以及之后的每一年，部长需要准备和公开以下相关数据和信息——

"（1）人类抗菌药物耐药性的国家和地区趋势，以及经 FD&CA 第 506（h）条批准的抗菌药物；

"（2）抗菌药管理工作，其中可能包括国家努力解决人体抗菌药物耐药性和抗菌药管理工作的摘要；以及

"（3）疾病控制与预防中心主任与 FDA 局长之间的协调——

"（A）根据第（1）段提出的任何耐药性；以及

"（B）根据 FD&CA 第 506（h）条已批准的药品。

"（h）**与抗菌药物管理工作计划相关的信息。**——部长应酌情在卫生保健设施场所，散发有关循证抗菌药物管理计划指南、教育材料或规范，包括养老院和其他长期护理设施、流动手术中心、透析中心、门诊诊所和医院，包括社区和乡村医院指南文件。

"（i）**支持基于各州的抗菌药物耐药性活动。**——部长应与州和地方公共卫生部门持续合作，开展涉及全州或地区的抗菌药耐药性相关的计划。这些努力包括以下行动——

"（1）确定细菌和真菌在人体内的耐药模式；

"（2）防止对抗菌药物产生耐药性的细菌和真菌感染的传播；以及

"（3）促进抗菌药物的管理。

"（j）**耐药性和管理活动——**

"（1）**一般规定**——为了支持管理活动、检查抗菌药物耐药性的

变化以及评估 FD&CA 第 506（h）条[15]的有效性，部长应——

"（A）为医疗实践场所报告数据提供一种与其抗菌药物管理活动相关的机制（包括分析此类活动的结果）；以及

"（B）评估—

"（i）使用标准方法的抗菌药物耐药性数据；以及

"（ii）根据第 506（h）条批准的药物患者人群相关的使用趋势。

"（2）**系统的使用**——部长应使用可用的系统，包括国家医疗保健安全网络或部长确定的其他系统，以满足本部分的要求或活动的开展。

"（k）**抗菌药物**——第（f）款到第（j）款的'抗菌药物'包括任何抗细菌或抗真菌药物，并且可酌情包括消除或抑制其他微生物生长的药物。"

（b）**可用的数据资料**——根据本款，部长需要将收集的数据进行公开。但是根据《美国法典》第 5 编第 552（b）（4）条或《美国法典》第 18 编第 1905 条，本款并非授权部长披露作为商业秘密或机密的任何资料。

第 3042 条　有限患者通道（LPAD）

FD&CA 第 506 条（21 U.S.C.356），经第 3033 条修订后，经进一步修订，在结尾处增加修订内容——

---

[15] SEC.506.［21 U.S.C.356］严重或危及生命疾病或病症的药物的加速审批条款
　　SEC.506.（h）：见本法令第 3042 条有限患者通道（LPAD）。

"（h）抗生素和抗真菌药的有限患者通道——

"（1）一般规定——部长可依据本款批准单方或与2种或多种药物组成的复方制剂，通过有限患者药物通道，只有当——

"（A）该药物旨在治疗具有未满足需求的有限患者群体中的严重或危及生命的感染；

"（B）根据第505（c）、（d）条[16]的批准标准或《公共卫生服务法案》

---

[16] SEC.505.[21 U.S.C.355] 新药

　SEC.505（c）：

　（c）（1）在新药申请资料提交的180内或经部长和申请人的同意的其他额外期限内，部长须——

　（A）批准该申请；或

　（B）部长基于（d）款规定，给予申请人开展听证会机会的通知。若申请人接受该机会须在通知的30天内提交书面请求，并且听证会须在前述30天之后的90天内开展，除非部长和申请人另有约定。此类听证会应迅速进行。部长的命令须在最终简要通知所规定日期的90天内发出。

　SEC.505（d）：（d）若部长依第（c）款向申请人发出适当的通知，并依上述款项给予他提供听证会的机会，则须证明：（1）依第（b）款须向部长提交的报告中的调查，不包括所有合理适用的试验，这些不足以说明该药是否在建议的标签中的描述、建议或推荐下使用是安全的。（2）这些试验的结果表明，该药在这种条件下使用是不安全的，或者没有表明该药在这种条件下使用是安全的；（3）用于制造、加工和包装该药的方法以及用于其制造、加工和包装的设施和控制不足以保持该药的特性、强度、质量和纯度；（4）向部长提交的申请资料的一部分，或任何其他有关该药的资料，申请人没有足够的资料来证明该药在此条件下使用是安全的；或（5）向部长提交的申请资料的一部分，或任何用于评估的其他有关该药的资料，缺乏实质性证据表明该药在建议的标签中的描述、建议或推荐下使用具有其声称或代表的效果；或（6）申请书没有记载第（b）段所订明的专利资料；或（7）基于对重大事项的公平评估，此类标签在任何特定情况下属虚假或具误导性；部长须发出拒绝批准该项申请的命令。

第 351 条 [17] 规定的标准（如适用）；以及

"（C）部长收到发起人根据本款提交的该药作为有限患者通过药物的书面请求。

"（2）**风险 - 效益的考虑。**——部长对抗菌或抗真菌药物的安全性和有效性的确定应反映此类药物在预期有限人群中的风险 - 效益的特征，应考虑到感染的严重性、低发性或流行性，以及该药在有限人群中治疗的预期和可获得性或缺乏替代治疗。尽管缺乏比预期有限人群更广泛的人群中建立可靠的风险 - 效益概况的证据，该药物可根据本款获得批准。

"（3）**其他要求**——除了本法案的其他适用要求外，根据本款批准的药品还应符合以下要求：

"（A）**标签**——表明根据本款获得批准的药物的安全性和有效性仅在有限人群得到证明——

"（i）根据本款获批准的抗菌或抗真菌药物的所有标签及广告，须以显著的方式标示'有限患者'，并须与以下内容邻近，但不得比以下内容更显著突出——

"（I）此类药物的专利名称（如有）；或

---

[17] PHSA SEC351（42U.S.C.262）生物制品的监管
（a）生物制品许可证；（b）伪造包装或容器的标签或标记；改变标签或标记；（c）生物制品传播和准备设备的检查；（d）有害生物制品的召回；（e）监管机构的干预；（f）违法处罚；（g）其他法律监管；（h）半成品生物制品的出口；（i）生物制品的定义；（j）FD&CA 申请；（k）作为生物制品类似物或替代品的许可；（l）专利；（m）儿科试验；（n）根据 CSA 推荐的控制情况下的批准日期。

"（Ⅱ）如果没有专利名称，则根据第 503（e）（3）条所定义的药品的通用名（如果有），或者在药品是生物制品的情况下，由法规所界定的名称；以及

"（ⅱ）《联邦法规》第 212 编第 201.57 条（或其他后续法规）要求的该药的处方信息，并作如下声明：'该药物适用于有限且特定的患者群体。'

"（B）**宣传材料**——本款规定的抗菌或抗真菌药物的发起人应在宣传材料发放前 30 天，向部长提交与此类药物有关的所有宣传材料的复印件。

"（4）**其他程序**——药物的发起人可以根据本款寻求药物批准，也可以根据本法案的其他适用部分或子部分或《公共卫生服务法案》（如适用）寻求该药物的资格授权或批准。

"（5）**指南文件**——在《21 世纪治愈法案》生效之日起 18 个月内，部长应发布用于证明抗菌和抗真菌药物用于有限人群的安全性和有效性的标准、程序和其他一般性考虑的指南文件草案。部长应在公共评议期结束后的 18 个月内公布最终指南文件。部长可在指南文件发布前，根据本款批准抗菌和抗真菌药物。

"（6）**建议**——部长应迅速向根据本款申请药品批准的发起人提供建议，帮助发起人制定研发计划，以获得所需的数据，并对拟在更广泛的人群中使用的申请批准开展任何额外的研究提供建议。

"（7）**限制终止**——如果根据本款批准药物后，部长根据《公共

卫生服务法案》第 505（b）条或第 351（a）条批准该药物的更广泛适应证，部长可以删除任何上市后条件，包括第（3）款规定的对标签的要求和宣传材料的审查。

"（8）**解释规则**——本款不得解释为，根据本法或《公共卫生服务法案》第 351 条更改部长药物批准权力，包括这些法案规定的证据标准和批准的适用条件，或改变部长根据法律开展药物监测的权力。

"（9）**报告和责任**。

"（A）*两年期报告*——部长应每隔 2 年向国会报告根据本款提出的抗菌或抗真菌药物的申请数量和批准数量。

"（B）*GAO 报告*——不迟于 2021 年 12 月，美国总审计长根据《公共卫生服务法案》第 319E 条向参议院卫生教育劳工和福利委员会，众议院能源和商务委员会提交关于协调所需活动的报告，健康、教育。该报告应包括对根据本款设立的通道、在一定程度上优化有限人群的抗菌或抗真菌药物的上市前批准的活动回顾，该通道是否发挥预期功能，是否有助于为患者提供安全和有效的治疗，这种上市前审批通道是否适用于其他类别的药物，是否已经影响抗菌或抗真菌耐药性。

第 3043 条　处方权

本节中的任何内容或此节做出的任何修订，均不得解释为限制医护人员开具抗菌药或其他产品，包括根据 FD&CA 第 506 节（h）款（21 U.S.C.356）（在第 3042 条处增加）批准的药物，或限制医疗卫生的实践。

第 3044 条　微生物药敏试验判定标准、抗菌药药敏检测器械

（a）**一般规定**——FD&CA（21 U.S.C.351 et seq.）第五章第 A 分章，经本条修订，在第 511 条后插入以下内容：

"第 511A 条　微生物药敏试验判定标准

"（a）**目的和标准的识别**——

"（1）**目的**——本条的目的是阐明部长以下的权利——

"（A）由于微生物的不断演变导致曾经有效降低患者发病率和死亡率的药物的耐药性出现，当对公众健康必要时，有效更新抗菌药物药敏试验解释标准，以便开展对大多数其他药物无效的抗菌药物的独特管理，以延迟或防止对现有治疗方法的进一步耐药产生；

"（B）向公众公布经认可的判定标准和解读判定标准的标准；以及

"（C）根据 FD&CA 第 510（k）的说明、第 513（f）（2）的分类或第 515 条批准，抗菌药物药敏检测器械利用更新的、公认的药敏试验判定标准，以描述体外某些细菌、真菌或其他微生物对抗菌药物的敏感性。

"（2）**标准的识别**——部长应该确定关于抗菌药的合适的药敏试验判定标准——

"（A）如果根据本法案（FD&CA）第 505 条获得批准的药品或根据《公共卫生服务法案》"第 351 条许可的药品，在批准之日即确定相关药敏试验判定标准；或

"（B）如果这些标准在药品获得批准或许可之日不能够确定，则在相关药品的药敏试验判定标准可以获得时再确定。

"（3）**初步确定的依据**——部长应根据（2）段，在一定程度的以下数据可获得性和相关性基础上，审评并确定药敏试验判定标准——

"（A）临床前和临床数据，包括药代动力学、药效学和流行病学数据；

"（B）药敏试验判定标准与降低某一疾病或疾病状态的发病率或死亡率的关系；以及

"（C）部长认为合适的其他证据和信息。

"（b）**药敏试验判定标准网站**——

"（1）**一般规定**——部长应在《21 世纪治愈法案》生效 1 年内在 FDA 官网中建立和维护专门包含任何新的合适的或更新的药敏试验判定标准和（2）段规定的判定标准的清单网站（在本条中为"判定标准的网站 Interpretive Criteria Website"）。

"（2）**药敏试验判定标准和解读列表**——

"（A）**一般规定**——在（1）段中描述的列表应包括任何新的或更

新的药敏试验判定标准——

"（i）这些标准由本国或国际的认可标准开发组织建立——

"（Ⅰ）建立和维护解决潜在利益冲突和确保决策透明化的程序；

"（Ⅱ）举行公开会议，确保利益相关群体有机会参与，建立并保持确保利益相关群体的在决策时参与的程序；以及

"（Ⅲ）允许药敏试验判定标准通过国家医学图书馆或其他类似部长可接受的渠道对公众公开；以及

"（ⅱ）根据（c）款，被部长全部认可或部分认可。

"（B）*其他清单*——判定标准网站除了（A）段中描述的判定标准清单外，如果有还应该包括一份部长批准合法上市的适用该判定标准抗菌药的药品清单，其中——

"（i）部长不全部认可或部分认可的,（A）段中描述的判定标准适用于某一药品；

"（ⅱ）部长根据(c)（1）（A）全部或部分撤销某一认可的判定标准，除非适用于某一药品；

"（ⅲ）部长根据本法案（FD&CA）第505或《公共卫生服务法案》第351条批准的上市申请，没有任何相关判定标准，包括部长根据（c）款认可的标准；或

"（iv）因为某一药品与具有相同活性物质的其他药品的特征不同，则关于这一药品的判定标准——

"（I）不同于其他判定标准，包括（A）段中列出的标准清单或本段其他列出的标准清单；以及

"（II）由部长决定适用于某一药品。

"（C）*必要的声明*——判定标准网站应该包括以下声明——

"（i）该网站提供某药品体外细菌、真菌或其他微生物药敏性信息；

"（ii）并且——

"（I）（i）中描述的网站药敏性信息，对细菌、真菌或其他微生物的临床感染治疗药品的安全性、有效性信息可能或可能并未建立在在充分的和良好对照试验基础上，正在建立；以及

"（II）这种药敏性信息的临床意义在目前是未知的；

"（iii）某一特定已批准药品的标签提供部长已经批准药品的预定用途；以及

"（iv）部长确认的任何其他合适的充分的表达以数据支持认可的药敏性试验判定标准或药敏性试验解释列表或网站上包括的药敏试验判定标准。

"（3）**通知**——判定标准网站建立后，部长应在联邦公报上发布建立该网站的通知。

"（4）**不适用于错误标签的规定**——经批准的抗菌药物的标签包括判定标准网站的引用或链接，不会被认为是违反第 502 条的错误标签的药品。

"（5）**商业秘密和保密信息**——本条任何信息不应该被解释为授权部长公开任何《美国法典》第 5 章第 522（b）（4）条[18]规定的商业秘密或保密信息。

"（c）**药敏试验判定标准的认可**——

"（1）**评价和出版**——

"（A）*一般规定*——从判定标准网站建立开始，至少每 6 个月，部长应该——

"（i）评价任何由本国或国际认可标准开发组织制定的在（b）（2）（A）（i）款中描述的适当新的或更新的药敏试验判定标准；以及

"（ii）在 FDA 网站发布通知——

---

[18]《美国法典》第 5 章第 522：公共信息；代理规则、意见、命令、记录和诉讼

（b）本条不适用于——

第（4）条：从个人或拥有特权或保密的途径获取的商业秘密或商业和财务信息。

"（Ⅰ）撤销任何药敏试验判定标准的认可的全部或部分内容；

"（Ⅱ）认可新的或更新的标准；

"（Ⅲ）在一个特定的标准中认可新的或更新的判定标准的部分或几部分，拒绝认可该标准的其他部分；以及

"（Ⅳ）对（b）（2）款中的列表进行必要的更新。

"（B）**批准某个药品**——根据本法案（FD&CA）第 505 条或《公共卫生服务法案》第 351 条批准某一抗菌药的初始申请或补充申请，基于与其他认可耐药性判定标准不同的判定标准、部长根据本款规定的其他的列表，或没有相关认可的耐药性判定标准或部长根据本款规定的其他判定标准列表不同的判定标准时，部长应该更新（b）（2）款的（A）、（B）段，将该申请基于的判定标准增加到列表中。

"（2）**更新判定标准的依据**——根据（1）（A）段，在评价新的或更新药敏试验判定标准，部长应考虑——

"（A）部长决定某一判定标准不适用于某一特定药品，是因为该药品的特征与其他含有相同活性成分的药品不同；

"（B）第三方利益相关者提供的信息，包括根据（3）段发布的公众评论年度汇编；

"（C）根据（a）（2），任何用于识别药敏试验判定标准的依据；以及

"（D）其他部长决定合适的信息和因素。

"（3）**年度通知汇编**——每年，部长应将根据（1）（A）段中发布的通知进行汇编，并在联邦公报上发布通告汇编，并向公众征求意见。如果部长收到意见，审评后，如果部长认为合适，应更新本款的药敏试验试验判定标准——

"（A）根据本款，被部长认可的

"（B）根据（b）（2）款，判定标准网站上的其他列表。

"（4）**与第514（c）条的关系**——根据本款认可的任何药敏试验判定标准或根据（b）（2）（B）的任何标准的列表都应该被认为是部长根据第514（c）（1）条认可的标准。

"（5）**判定标准的志愿使用**——本条中的任何内容均不禁止任何人依据已认可的标准、部长根据（b）（2）款规定的其他列表不同的药敏试验判定标准，寻求药品、器械的申请、许可或变更。

"（d）**抗菌药物标签**——

"（1）**药品上市前建立判定标准网站**——

"（A）**一般规定**——在建立判定标准网站之前合法引入洲际贸易进行商业销售的、根据第505条或《公共卫生服务法案》第351条获得批准的抗菌药物的申请持有人应在根据（b）（1）款描述的判定标准网站建立1年内，应在批准的药品标签中删除药敏试验判定标准和相关信息（如果有），用判定标准网址引用代替。

"（B）*标签变更*——根据《联邦法规》第 21 编第 314.70 条（或其他后续法规），本条要求的标签变更应被认为是微小变更，这些变更将在下一年的年度报告中记录。

"（2）**药品上市后建立判定标准网站**——根据（b）（1）款，在判定标准网站建立之日或之后批准的抗菌药物的药品标签应包括用网址引用代替药敏试验判定标准和相关信息。

"（e）**药敏检测器械上市的特殊条件**——

"（1）**一般规定**—尽管第 501 条、502 条、505 条、510 条、513 条及 515 条已提出药敏检测器械的上市规定，如果第（f）（1）条描述的药敏检测器械符合（2）款中规定的条件（除本章的其他使用规定外），则部长可授权这类器械的上市，以本款描述的用途使用。

"（2）**适用于药敏检测器械的条件**—本段中规定的条件如下：

"（A）药敏检测器械通过使用药敏试验判定标准确定敏感性，该标准——

"（i）包含在根据（c）款部长认可的标准内；或

"（ii）根据（b）（2）款，列在判定标准网站上。

"（B）药敏检测器械的标签包含传递以下信息的声明——

"（i）器械提供细菌、真菌或其他微生物对抗菌药物体外敏感性的信息；

"（ii）（I）这类药物在治疗细菌、真菌或其他微生物引起的临床传染病的安全性及有效性证据可能或可能未在充分的良好对照的临床试验中获得，在上述临床试验中使用该器械报告细菌、真菌或其他微生物对该类药物敏感性。

"（II）在这些情况下，敏感性信息的临床意义是未知的；

"（iii）使用该器械测试的药品标签上标注的就是部长批准此药品的用途；

"（iv）其他任何部长认为合理的以充分表述支持识别或列出敏感性测试判定标准，或（A）段中敏感性测试判定标准的数据含义。

"（C）药敏检测器械应满足所有其他要求，旨在通过第510（k）条的许可，第513（f）（2）条的分类，或第515条的批准。

"（f）**定义**——本条中：

"（1）'药敏检测器械'是指利用药敏试验判定标准来确定并报告某些微生物在体外对药物敏感性的装置。

"（2）'合格的传染病产品'是指根据第 505E（d）条[19] 确认的合格的传染病产品。

"（3）'药敏试验判定标准'表示——

"（A）表征细菌或其他微生物对测试药物的敏感性的一个或多个具体数值；以及

"（B）这种敏感性的相关分类，包括将药物分类为易感、中等、耐药或部长确定的其他适当的术语。

"（4）（A）术语'抗菌药物'是指符合（B）段的系统性抗菌药物或抗真菌药物——

"（i）用于治疗由细菌或真菌引起的疾病或病症的人用药品；

"（ii）包括根据第 505E（d）条确认的合格的传染病产品；并且

"（iii）符合第 503（b）（1）条的规定。

"（B）如果部长通过法规提供，该条款可包括——

---

[19] SEC.505E.[21 U.S.C.355f] 延长新的合格的传染性疾病产品的市场独占期

　　第 505E（d）条：指定——

　　（1）一般规定——药物的制造商或保证人可以要求部长根据第 505（b）条提交针对此类药物的申请之前随时指定一种药物作为合格的传染病产品。

　　部长应在提交此请求后 60 天内确定该药物是否是合格的传染病产品。

　　（2）限制——除第（3）款另有规定外，本款的指定不得以任何理由撤回，包括根据第（f）（2）（C）款修改的合格病原体清单。

　　（3）撤销指定——若部长发现有关该项指定的要求载有重大事实的不真实陈述，则部长可撤销该药物的合格传染病产品指定。

"（i）全身性抗菌药物及抗真菌药物之外的药物；以及

"（ii）具有抗菌活性生物制品（如《公共卫生服务法案》第351条中所定义）。

"（5）术语'判定标准'是指标准开发组织制定的符合第（b）（2）（A）（i）款中规定的标准的药敏试验判定标准汇编。

"（g）**规则解释**——本条并不解释为——

"（1）更改第505条第（c）或（d）款［包括第505（d）条所指的实质证据标准］或《公共卫生服务法案》第351条（如适用）的证据标准；或者

"（2）关于第510（k）条规定的器械分类［归为第513（f）（2）条规定的器械］，第515条规定的器械批准——

"（A）适用于任何药品、器械或生物制品，除利用药敏测试判定标准来表征和报告某些细菌、真菌或其他微生物（如适用）的敏感性抗菌药和药敏测试器械外，使用器械患者的发病率和死亡率作为标准；或

"（B）除非特别声明，否则对依据本法其他条款规定的权力均有影响，包括依据这些条款发布的任何规定。

（b）**一致性修订**——

（1）**之前相关权力的废止**——废除2007年《食品和药品监督管

理局修正案》第 1111 条［42 U.S.C.247d‑5a（确定抗菌药物的临床敏感浓度识别的相关内容］。

（2）**对错误标识药品的补充**——FD&CA 第 502 条（21 U.S.C.352）经修订，在结尾处增加以下内容：

"（dd）如果第 511A（f）条所定义的抗菌药物，且其标签不符合第 511A（d）条的要求。

（3）**将判定标准认定为器械标准**——FD&CA 第 514(c)(1)(A)条［21 U.S.C.360d（c）(1)（A）]经修订，在"部长将，通过在《联邦公报》公布"之后插入"［或关于根据第 511A 节的药敏试验判定标准，根据该节在判定标准网站（Interpretive Criteria Website）上发布]"。

（c）**国会报告**——在《21 世纪治愈法案》生效 2 年内，HHS 部长应向参议院卫生教育劳工和养老金委员会和众议院和众议院能源及商务部提交 FD&CA 第 511A 条（21 U.S.C.360a）的进展报告，经本条修订，加入（a）款。

（d）**更新判定标准网站的要求**—《美国法典》第 44 编第 35 章的规定不适用于收集利益相关者信息的，与更新根据 FD&CA 第 511A（b）条建立的列表，并公布在根据本法案第 511A（c）条建立的判定标准网站上的信息。

F 节——医疗器械创新

第 3051 条　突破性医疗器械

（a）**一般规定**——FD&CA 第五章（21 U.S.C.351 et seq）经修订，

在第 515B 条之后插入 3034（b）条，以下为：

"第 515C 条　突破性医疗器械"

"（a）**目的**——本部分目的是鼓励部长并且授予其更充足的权力，采用有效、灵活的方式加速代表突破性技术医疗器械的开发和 FDA 的优先审评。

"（b）**项目的建立**——当部长认为符合以下情况时，可建立一个项目来加速医疗器械开发及优先审评——

"（1）对危及生命或不可逆地使人虚弱的疾病或病症的更有效的治疗或诊断；并且

"（2）（A）代表突破性技术；

"（B）未被批准过或无已上市的替代疗法；

"（C）与现有的已批准或已上市的替代疗法相比，具有显著的优势或潜在优势，包括减少或避免住院，改善患者生活质量，提高患者自我管理的护理能力（例如通过自我救助），或建立长期临床效益；或

"（D）或者该产品代表患者最佳利益。

"（c）**认定请求**——医疗器械发起人可以请求部长根据本节规定认定此医疗器械为加速开发和优先审评器械。任何此认定请求可在根据第 515（c）条提出申请，根据第 510（k）条提出通知或根据

第 513（f）（2）条提出医疗器械分类请愿之前的任何时间提交。

"（d）**认定过程——**

"（1）**一般规定——**在收到依据（c）款的认定请求后 60 个日历日内，部长应确认该医疗器械是否符合（b）分条规定的认定标准。如果部长确认该医疗器械符合此认定标准，则认定该器械为加速开发和优先审评医疗器械。

"（2）**审评——**对根据（c）款提出的认定请求的审评工作，应由 FDA 经验丰富的工作人员和高级管理人员组成的小组承担。

"（3）**撤回——**部长不得基于以下原因撤销依本条对医疗器械的认定：由于后续许可或批准以下其他医疗器械使得当时依据（b）款认定时的标准不再适用——

"（A）根据本条认定其为突破性医疗器械；或者

"（B）根据 FD&CA 第 515（d）（5）条（在《21 世纪治愈法案》生效前已经有效）给予其优先审评。

"（e）**加速开发和优先审评——**

"（1）**行动——**为了加速开发和优先审评根据（d）款认定的突破性医疗器械，部长应——

"（A）针对每个依据（c）款提交请求的医疗器械指派一个工作团队，包括一名具有专业知识和相关经验的组长；

"（B）通过高级工作人员对小组进行监督，以加速该医疗器械的有效开发，以及对根据（c）款所提交的突破性医疗器械的认定请求进行高效审评；

"（C）采取有效的方法来及时解决争议；

"（D）在开发和审评过程中与医疗器械的发起人进行及时的沟通；

"（E）加速对生产和质量体系的合规性审评；

"（F）提前5个工作日向发起人披露关于部长与外部专家或咨询委员会关于此医疗器械拟召开讨论会的主题，发起人可推荐外部专家；

"（G）对于根据第515（c）条提交的申请，部长应酌情考虑咨询委员会的建议（包括回复发起人请求）；并且

"（H）指派FDA人员在合理时间内解决伦理审查委员会提出的关于根据第520（g）条规定对研究用医疗器械临床试验豁免的相关问题。

"（2）**其他行动**——除了第（1）段的行动，为了加速开发和审评根据（d）款认定的突破性医疗器械，部长应在适当时联合医疗器械发起人——

"（A）与发起人就数据开发计划早期达成的协议进行协调；

"（B）在科学适当情况下，采取措施确保临床试验设计切实可行，并且具有效率和灵活性；

"（C）在科学合理的前提下，通过及时利用上市后收集的数据加速对医疗器械进行快速和有效的开发和审评；并且

"（D）以书面形式对临床试验方案达成一致，此临床试验方案对部长和发起人都具有约束力，适用于——

"（i）发起人和部长以书面形式对此方案的修改达成一致；或者

"（ii）由负责医疗器械审评的办公室主任做出决策，通过实质性科学性问题来确定该医疗器械的安全性和有效性，以书面形式做出决策，并且只有当部长给予医疗器械发起人或申请人会见的机会，并且在办公室主任和发起人都出席的情况下以及办公室主任记录实质性科学问题方可做出决策。

"（f）**优先审评指南**

"（1）**内容**——在《21世纪治愈法案》生效之日起1年内，部长应针对本条的实施发布指南，该指南应——

"（A）建立申请人根据（d）款寻求突破性医疗器械认定的申请程序；

"（B）提供（c）款突破性医疗器械认定要求的模板；

"（C）明确部长在评估突破性医疗器械的认定请求时所使用的标准；

"（D）确定部长指派员工团队和团队对审评认定为加速开发和优先审评的医疗器械的标准和过程，包括审评此医疗器械的安全性和有效性所需要进行的培训。

"（2）**过程**——在根据第（1）段确定最终版本指南之前，部长应征求公众对拟议指南的意见。

"（g）**法条解释**——本条中任何内容不得解释为影响——

"（1）根据 FD&CA 第 515（c）条评估申请的标准和准则，或根据第 513（f）（2）条提交的报告和医疗器械分类请求，或根据第 510（k）条的报告，包括根据 513（a）（3）（B）条所述的有效科学证据的识别，考虑和应用最小化负担的手段来评估医疗器械的有效性或者说明在具有不同技术特性的医疗器械中的实质等同性；

"（2）根据 520 [（g）（8）（A）] 条部长决定临床试验暂缓的权力；

"（3）授予部长权力，在部长认为适当的情况下，可在现场检查完成前，对根据 FD&CA 第 515（d）条提交申请做出审评决定；

"（4）授予部长权力，根据 FD&CA 第 519（h）和第 522 条施行上市后监测"。

（b）**重大决策的归档和审核**——FD&CA 第 517A（a）（1）条 [21 U.S.C.360g‑1（a）（1）] 经修订，在"根据第 515 条的申请"之后插入"根据 515C 条对突破性医疗器械认定请求"。

（c）**之前项目的终止**——

（1）**一般规定**——FD&CA 第 515（d）条 [21 U.S.C.360e（d）] 经修订——

（A）删去第（5）段；并且

（B）将第（6）段重新制定为第（5）段；

（2）**一致性修订**——"FD&CA 第 737（5）条［21 U.S.C.379i（5）］经修订，删去"515（d）（6）"并插入"515（d）（5）"

（d）**报告**——2019 年 1 月 1 日，HHS 部长应向参议院卫生教育劳工和养老金委员会以及众议院能源和商务委员会提交一份报告——

（1）根据第（a）款增加的 FD&CA 第 515C 条所述的项目，尽早给患者带来安全、有效的医疗器械；并且

（2）如有相关建议，以加强该项目，并以尽可能及时的方式更好地满足患者对医疗器械的需要。

第 3052 条 人道主义医疗器械[20] 的豁免

（a）**一般规定**——FD&CA 第 520（m）条（21 U.S.C.360j）经修订——

（1）在第（1）段中，将删去"少于 4,000"并插入"不超过 8,000"；

（2）在第（2）（A）段中，删去"少于 4,000"，插入"不超过 8,000"；

（3）在第（6）（A）（ii）段中，删去"4,000"，插入"8,000"。

---

[20] 根据 21CFR814.3（n），如果某种医疗器械的目的在于治疗或诊断某种疾病或病症，且该疾病或病症每年在美国的影响人数不超过 4,000 名，则该器械可申请获得人道主义用途器械（Humanitarian Use Device，简称 HUD）资格。

（b）**关于可能的效益发布指南性文件**——在本法案生效之日起 18 个月内，HHS 部长通过 FDA 局长公布一份指南草案，其中建立"大致的效益"标准，作为术语在 FD&CA520（m）（2）（C）条［《美国法典》21 编第 360j（m）（2（C）条］中使用。

第 3053 条 标准的认定

（a）**一般规定**——FD&CA 第 514（c）条［21 U.S.C.360d（c）］修订为——

在第（1）段中，在（B）段之后增补以下新的分款：

"（C）（i）任何人可提交依据（A）段的认定请求，请求认定由国家或国际认可的标准化组织所制定的全部或部分标准。

"（ii）在部长接收此请求后的 60 个日历日内，部长应——

"（I）做出决策以认定适合于请求的全部、部分或者不符合的标准；并且

"（II）向提交该请求的人发出书面答复，说明部长对该决定的理由，包括该决定的科学，技术，法规或其他依据。

"（iii）部长应以适当的方式公开在（ii）（II）条款项下做出的答复。

"（iv）部长应在必要的情况下采取行动来实施根据（ii）（I）所认定的所有或部分标准。

"(D) 部长应以适当方式公开根据 (A) 段认定所有, 部分或不符合标准的理由, 包括决定的科学、技术、法规或其他依据;" 并且

(2) 在结尾增加以下:

"(4) 部长应向 FDA 医疗器械上市审评人员提供定期培训并且使用认定标准以达到符合上市前提交申请的要求或者根据本法案其他要求, 包括审评人员负责医疗器械审评部分的审评标准。"

(b) **指南**——HHS 部长应通过 FDA 局长采取行动, 在必要时审批和更新之前发布的指南和标准操作程序, 为认定标准确定规则, 以及撤销标准的认定, 根据 FD&CA514 (c) 条 [21 U.S.C. 360d (c)], 鉴于国外监管机构以及医疗器械行业有关标准的经验和可靠程度, 以及标准认定是否能协调国内外监管机构对医疗器械的监管。

第 3054 条 某些 I 类和 II 类医疗器械

(a) **I 类医疗器械**[21]——FD&CA 第 510 (1) 条 [21 U.S.C.360 (1)] 经修订——

---

[21] FD&CA 第 513 条, 根据对医疗器械安全性、有效性所需要的控制要求, 美国将医疗器械分为以下三类: I 类为 "一般管理" 产品, 是指危险性小或基本无危险性产品, 例如医用手套等。II 类为 "特殊管理" 的产品, 是指具有一定危险性产品, 对其管理是在 "一般管理" 的基础上增加实施标准性管理, 以确保产品的质量以及安全性、有效性。III 类是具有较大危险性或危害性, 或用于支持、维护生命的产品。FDA 对这类产品实行 "上市前审评" (PMA) 制度。

（1）删去"依据（k）款项的报告"，并插入第"(•1)依据（k）款项的报告"；并且

"（1）（k）款项下提交报告"；

（2）在以下结尾处增加新款：

"（2）在《21世纪治愈法案》生效之日起120个日历日之后，并且至少每5年一次，在部长认为适当的情况下，部长应在《联邦公报》中公布所有I类医疗器械，即部长决定不再要求根据第（k）款提交报告来确保安全性和有效性的医疗器械。一经公布——

"（A）若被确定为I类医疗器械，则豁免根据第（k）款提交报告；并且

"（B）适用于所有此类医疗器械的分类监管都将视为此种豁免"。

（b）II类医疗器械——FD&CA第510（m）条〔21 U.S.C.360（m）〕经修订——

（1）删去"（m）（1）"并且所有以下插入"由部长"：

"（m）（1）部长将——

"（A）在《21世纪治愈法案》生效之日起90天内，并且至少每5年一次，在部长认为适当情况下——

"（ i ）在《联邦公报》上发布通知，其中包含 II 类医疗器械中不再要求根据（ k ）款提交报告来确保安全性和有效性的器械种类清单；并且

"（ ii ）自通知公布之日起公示不少于 60 个日历日，征求公众意见；以及

"（ B ）自《21 世纪治愈法案》生效之日起 210 个日历日之内，在《联邦公报》上发布关于根据（ A ）段公布的豁免提交资料的 II 类医疗器械清单中医疗器械最终决策；"并且

（ 2 ）在第（ 2 ）款中——

（ A ）删去"在清单发布日起 1 个日历日后"并且插入"根据（ 1 ）（ B ）段发布的最终清单 1 个日历日后"；并且

（ B ）删去"30 日"插入"60 个日历日"并且

（ C ）在此新款结尾后加入：

"（ 3 ）根据（ 1 ）（ B ）段，一经公布最终清单"——

"（ A ）每种在清单中的 II 类医疗器械将被豁免于根据（ k ）款提交报告；并且

"（ B ）适用于所有此类医疗器械的分类监管都将视为此种豁免。"

第 3055 条　分类小组

（a）**分类小组**——FD&CA 第 513（b）条第（5）段［21 U.S.C.360c（b）］经修订——

（1）删去"（5）"并且插入"（5）（A）"；并且

（2）在结尾处增加新款：

"（B）当医疗器械是经分类小组审评的特定对象时，部长应——

"（i）确保分类小组有充分的专业知识来审评——

"（I）该医疗器械是否旨在治愈、治疗、减轻、预防或诊断疾病或病症；

"（II）器械的技术；并且

"（ii）向适合于小组审评的器械申请持有人提供机会，以此向小组有投票权成员提供所需的专业知识的相关建议。

"（C）为了达（B）（i）段目的，术语"充分代表性的专家"意味着分类小组成员包括——

"（i）两个以上具有投票权的成员，具有与所审评的器械临床相关的专家；并且

"（ii）至少一个具有投票权成员了解器械的相关技术。

"（D）局长应每年为患者、患者代表和医疗器械发起人提供机会，推荐专家来填补分类小组有投票权成员空缺的机会。

（b）**小组审评程序**——FD&CA 第 513（b）（6）条［21 U.S.C.360c（b）（6）］修订为——

（1）在（A）（iii）段中，在结尾前插入"，包括，服从小组主席的自由裁量，通过指派一名代表，在小组会议期间给予其纠正错误陈述或提供澄清性信息的时间，并且允许该代表在其所在单位中选出专家在规定的时间内来陈述上述问题"；以及

（2）删去（B）段，并且插入以下新段：

"（B）（i）审评小组召开关于医疗器械审评会议，应——

"（I）给予部长和医疗器械申请人充足的时间进行初步陈述；并且

"（II）鼓励所有利益相关人员免费和公开参与。

"（ii）根据第（i）款所述的初步报告，审评小组可

"（I）向根据（A）（iii）指派的代表提出问题；并且

"（II）考虑在医疗器械审评小组审评时做出答复；"

第 3056 条　伦理审查委员会的灵活性

FD&CA 第 520 条（21U.S.C.360j）经修订——

（1）在第（g）（3）款——

（A）在第（A）（i）段——

（i）删去"地方"；以及

（ii）删去"已经"；以及

（B）在（B）段，删去"地方机构"并插入"机构"；以及

（2）在第（m）（4）款——

（A）删去（A）段并插入以下内容：

"（A）由部长监管的机构审评委员会对医疗器械临床检验中的设施进行监测；以及"；

（B）在（B）段，删去"地方制度"并插入"制度"；以及；

（C）在（B）段后，删去"地方"。

第 3057 条　CLIA 豁免改进

（a）**起草修订的指南**——在本法生效之日起 1 年内，美国 HHS 部长通过 FDA 局长，发布一份指南草案——

（1）将指南原标题"第五条错误结果显示的微小风险——**精确性**"

改为"针对 1988 年《临床实验室改进修正法案》(CLIA[22]) 中体外诊断医疗器械生产商豁免申请的建议",修订日期为 2008 年 1 月 30 日，以及——

（2）包括豁免的申请人和相对复杂的实验室用户为证明精确性的相对效果应用。

（b）**最终版修订指南**——由 HHS 部长通过 FDA 局长，根据（a）款在指南草案评论期结束 1 年内发布最终版指南。

第 3058 条　医疗器械审评最小化负担

（a）**一般规定**——FD&CA 第 513 条经修订，在结尾处增加新款：

"（j）培训和监督最小化负担要求——

"（1）部长应——

"（A）确保 FDA 每一位参与医疗器械上市前审评的雇员，包括监测人员，接受根据本条的（a）（3）（D）款和（i）（1）（D）

---

[22] CLIA 于 1988 年生效，它适用于所有检测人体标本的临床检测项目，但不包括药物临床试验和基础研究实验室。
　　该法案由美国医疗服务中心（Centers for Medicare and Medicaid Services, CMS）、FDA、疾病控制与预防中心（Centers for Disease Control and Prevention, CDC）负责实施，CLIA 为各种临床实验室检测设定标准和进行认证，CLIA 的目标之一是保证检测结果的准确、可靠和及时，无论这项检测是在哪里完成的。
　　Recommendations for Clinical Laboratory Improvement Amendments of 1988 (CLIA) Waiver Applications.[EB/OL].(2017-01-15).
　　http://www.fda.gov/ohrms/dockets/98fr/01d-0044-gdl0002.pdf

款、515（c）（5）条要求的最小化负担的意义及实施的相关培训；以及

"（B）定期评估最小化负担要求的实施情况，包括根据第（A）段进行的员工培训，以确保最小化负担要求的充分持续应用。

"（2）在《21世纪治愈法案》生效的18个月内，负责医疗器械上市前审评的FDA调查官应——

"（A）根据（1）（A）段所述的培训进行审核，包括实施最小化负担培训的效果；

"（B）会见医疗器械行业的代表，讨论关于在医疗器械上市前审评流程的经验，包括以最小化负担的理念进行上市前审评和决策；

"（C）确定部长用来评估最小化负担要求实施情况的工具清单，包括根据（1）（B）段和517A（a）（3）条，以及为最小化负担要求实施的评估工具的效果提供反馈；

"（D）总结在最终审核报告中的审核结果；

"（E）在完成最终审核报告的30个日历日内，可获得此报告的有——

"（i）参议院健康教育劳工和养老金委员会以及众议院能源和商务委员会；以及

"(ii) FDA 官网。"

(b) **上市前申请**——FD&CA 第 515 (c) 条 [21 U.S.C.360e (c)] 经修订，在结尾处增加以下新款：

"(5)(A) 根据本条款，要求与申请相关的额外的信息，部长应考虑以适当的最小化负担方式来说明医疗器械安全性有效性的合理保障。

"(B) 为达到(A)段的目的，术语"必要的"意思是支持部长决策的所需信息最少，并且该申请提供医疗器械安全有效的合理保障。

"(C) 为达到本条目的，部长应考虑上市后信息的重要性，该信息以最小化负担的方式证明医疗器械的安全性有效性的合理保障。

"(D) 本段不得替代医疗器械上市前批准的标准。

(c) **关于医疗器械重大决策的理由**——FD&CA 第 517 (a) 条 [21 U.S.C.360g‑1 (a)] 经修订，在结尾处增加新款如下：

"(3) 最低要求的申请——本款所要求的实质性摘要应包括关于最小化负担申请要求的简要说明并且符合 513 (i)(1)(D)、513 (a)(3)(D) 以及 515 (c)(5) 条[23]

---

[23] 513 (i)(1)(D)：器械实质等效性；
513 (a)(3)(D)：器械分类；
515 (c)(5)：提交上市前批准申请。

第 3059 条 清洁操作指南和验证数据要求

（a）**一般规定**——FD&CA 第 510 条在结尾处增加以下内容：

"（q）**可重复使用的医疗器械**——

"（1）**一般规定**——在《21 世纪治愈法案》生效之日起 180 天内，部长应确认并公布可重复使用的医疗器械类型的清单，根据第（k）款报告应包括——

"（A）使用说明，并且以部长规定的方式进行验证；并且

"（B）验证数据，其类型由部长规定；关于清洁、消毒和灭菌，并且可根据验证数据来确定实质等同性。

"（2）**清单的修改**——在部长认为适当的情况下，修改（2）款项下的列表，并且在联邦公报上发布通知。

"（3）**报告内容**——在（k）款项下的报告在公布（1）款项下的列表后提交，清单包括医疗器械和医疗器械的类型以及使用说明和验证数据。"

（b）**医疗器械上市申请修改**——HHS 部长，通过 FDA 局长，发布最终版指南，该指南关于根据 FD&CA 第 510（k 条）［（21 U.S.C.360（k）条］要求针对医疗器械上市申请的修改或已上市医疗器械的变更提交上市前通知。最终版指南应在指南草案的意见征询期结束之日后 1 年内发布。

第 3060 条　明确医疗软件法规

（a）**一般规定**——FD&CA 第 520 条（21 U.S.C.360j）在结尾处增加以下新款：

"（o）**医疗软件和医疗决策支持型软件法规——**

"（1）术语"医疗器械"如第 201（h）条所定义，不包括如下用途的软件——

"（A）医疗保健设施的行政支持软件，包括处理和维护财务记录、收款或支付信息、门诊日程、业务分析，关于患者人群、入院、实践和库存管理的信息、历史收款数据分析以预测未来使用或成本效益，以确定健康受益资格、人口健康管理和实验室工作流程；

"（B）用于维持或鼓励健康的生活方式，且与疾病或病症的诊断、治愈、减轻、预防或治疗无关；

"（C）作为患者电子记录，包括患者提供的资料，该记录用于传递、储存、转换格式或与纸质版医学图表具有等效性，只要——

（i）这些记录由医疗保健专业人员或在这些专业人员监督下工作的个人创建、储存、传递或核查；

"（ii）这些记录是根据《公共卫生服务法案》（PHS）第 3001（c）（5）条经确认的健康信息技术的一部分；并且

"（iii）这种功能不用于解释或分析患者记录，包括医学影像数据，以用于诊断、治愈、缓解、预防或治疗疾病或病症；

"（D）用于医疗保健专业人员传递、存储、转换格式或显示临床实验室检验或其他器械数据和结果，以及有关数据和结果的判断（findings），关于判断的概要，以及关于这样的实验室检验或其他器械的背景信息，除非这样的功能用于解释或分析临床实验室检验或其他器械数据、结果和发现；或者

"（E）除非该功能用于获取、处理或分析来自体外诊断器械的医学图像或信号，或来自信号采集系统的图案或信号，以用于——

"（i）显示、分析或打印关于患者的医疗信息或其他医疗信息（例如同行评议的临床研究和临床实践指南）；

"（ii）向医疗保健专业人员提供关于疾病或病症的预防，诊断或治疗的支持或建议；并且

"（iii）医疗保健专业人员独立审核基于软件提示的建议，其初衷并不是使医疗保健专业人员主要依赖上述建议做出临床诊断或治疗决定。

"（2）在产品具有多个功能的情况下，包括——

"（A）至少一个软件功能符合第（1）段下的标准或不符合第201（h）条对器械的定义；并且

"（B）至少一个软件符合第（1）段下的标准或符合第201（h）条

规定的器械定义的软件功能，部长不会将（A）段描述的产品软件功能作为器械进行监管。但在评估器械功能或（B）段所述产品功能的安全性和有效性时，部长可以评估软件功能或（A）段所述功能对器械功能的作用。

"（3）（A）尽管有第（1）段的规定，第（1）段（C),（D）或（E）项所述的软件功能不排除根据第 201（h）条队器械的定义，如果——

"（i）"部长发现使用这种软件功能可能有严重的不良健康后果；并且

"（ii）软件功能已经在由部长根据（B）款签发的最终指令中被确认。

"（B）（A）款适用，除非部长——

"（i）在联邦公报发布通知和签发指令；

"（ii）在发布的通知中包括部长的发现，包括基于证据的理由，如（A）（i）款所述；并且

"（iii）在签发最终指令或撤销此拟议指令之前进行公示不少于 30 个日历日。

"（C）根据（A）（i）段关于软件功能的发现，部长应考虑——

"（i）如果软件功能不按预期执行，则存在使患者受伤的可能性和严重性；

"（ii）软件功能旨在支持医疗保健专业人员的临床判断；

"（iii）是否有合适的机会使医疗保健专业人员可以对软件提供的信息和治疗建议进行审核；并且

"（iv）预期的用户和用户环境，例如医疗保健专业人员是否使用软件如（1）段中的（E）段所述的功能类型。

"（4）本款并非限制部长的权力来行使以下权力——

"（A）根据本法案对医疗器械适当行使自由裁量权；

"（B）监管用于生产输血和血液成分的软件，以协助预防人类的疾病；或

"（C）如果此软件符合根据513（a）（1）（C）条的标准，则根据本法案作为医疗器械进行监管此软件。

（b）**报告**——HHS部长，FDA与HHS卫生信息技术办公室协商后，应于本法生效之日后2年内发布报告，之后每2年发布一次报告，并且——

（1）包括来自外部专家，例如患者、消费者、医护人员、初创公司、健康计划或其他第三方支付者、风险投资者、信息技术供应商、健康信息技术供应商、小型企业、购买者、雇主，以及由部长确定的具有相关专门知识的其他利益相关者；

（2）针对在FD&CA第520（o）（1）条（21 U.S.C.360j）所描述的软件功能的风险与效益，测试信息的可获得性［经（a）款修订］；并且

（3）总结有关此软件功能对患者安全作用的调查结果，包括可促进软件的安全性、可操作性的最佳方法。

（c）**附件的分类**——FD&CA 第 513（b）条［21 U.S.C.360c（b）］经本条修订，在结尾处增加新款：

"（9）根据本款部长应根据附件的预期用途对其进行分类，尽管

（d）**一致性修订**——FD&CA 第 201（h）条经本条修订，在结尾处增加新款：术语"医疗器械"不包括 520(o)条以外的软件功能。

G 节——拓宽 FDA 的科学知识和业务范围

第3071条　西尔维奥 O·康特中心对高级生物医学研究和生物医学产品评估

（a）**招聘和保留权力**——《公共卫生服务法案》第 228 条（42 U.S.C. 237）经修订——

（1）在标题中的"**研究**"后面插入"**生物医学制品评估**"

（2）（a）款中——

（A）在第（1）段中，删去"西尔维奥 O. 康特中心[24]高级生物医学研究服务，不超过 500 名成员"并插入"西尔维奥 O. 康特中心高级生物医学研究和生物医学制品评估服务（在此部分称为

---

[24] 该中心以美国参议院议员 SILVIO O·CONTE 命名，主要进行神经学研究，根据 42U.S.C.237 中心人员必须具有博士学位或者其他资格标准。

'服务'), 不超过2000名成员, 目的是招聘和保留生物医学研究、临床研究评价和生物医学制品评估领域优秀的、认定资格的科技专家";

(B) 第(2)段修改如下:

"(2) 在第(1)段所述的权力不得解释为要求部长减少其他雇佣系统下的雇员人数以补偿服务部中雇员人数。"; 以及

(C) 在结尾插入以下新款:

"(3) 考虑到需要专家的专业背景, 部长须根据本部分规定, 向HHS的机构指派专家。"

(3)(b) 款中——

(A) 在先前的第(1)段中, 删去"临床研究评估"并插入", 临床研究评估, 或生物医学制品评估"; 以及

(B) 第(1)段中, 在逗号之后插入"或者一个在工程学、生物信息学、相关的或新兴的领域的博士或硕士学位";

(4) 在第(d)(2)款中, 删去"不得超过第一级行政人员薪酬, 除非总统根据《美国法典》第5章第5377(d)(2)条规定进行批准"并插入"不得超过由《美国法典》第三章第102条规定的年薪酬金额(不包括的费用)";

(5) 删去(e)款; 以及

（6）将原（f）（g）款分别改为（e）（f）款。

（b）**总审计局（GAO）研究**——

（1）**一般规定**——美国总审计长应当根据（a）款修订《公共卫生服务法案》第 228 条（2 U.S.C.237）后，对 HHS 的所有机构和部门的绩效和作用进行研究，并在本法案实施之日起 4 年内，应该基于该项研究制定报告并提交给参议院卫生教育劳工和养老金委员会以及众议院能源和商业委员会。

（2）**研究和报告的内容**——第（1）段下的研究和报告应该包括招聘和保留生物医学研究、临床研究评价和生物医学制品评估领域优秀的、认定资格的科学专家的改进程度，或根据《公共卫生服务法案》第 228 条第（a）款修订影响程度的审查，包括在本法生效之日起至完成研究之日的期间，确定——

（A）根据第 228 条，高级生物医学研究和生物医学制品评估服务项目招聘和保留成员的总数，以及增加符合要求的成员数量的影响；

（B）高级生物医学研究和生物医学产品评估服务中，具有生物医学或相关领域的博士学位的成员的数量，以及具有工程学、生物信息学或相关的、新兴领域的博士或硕士学位的成员的数量。

（C）HHS 各机构或部门雇佣的高级生物医学研究和生物医学产品评估服务成员的数量，以及 HHS 如何将这些成员分配给各机构和部门。

第 3072 条　科学、技术和专业人员雇用的授权

（a）一般规定——FD&CA 经修订，在第 714 条（21 U.S.C.379d-3）后插入以下内容：

"第 714A 条科学、技术和职业人员雇用的授权

（a）一般规定——虽然《美国法典》第 5 章规定竞争性任职，部长可以任命在医疗产品的开发、审评和监管方面杰出和认定资格的科学、技术或专业职位的候选人。此类职位应该是竞争性任职。

"（b）薪酬——

"（1）一般规定——尽管其他法律规定，包括《美国法典》第 5 编第 53 章第 3 节关于薪酬的规定，以及（2）款要求，FDA 局长可以确定——

"（A）根据（a）款任何被任命个人的薪酬标准，以及

"（B）在《21 世纪治愈法案》生效前,（a）款所描述的被任命认定资格的科学、技术或专业人员的年薪，以保留认定资格的员工。

"（2）限制——根据（1）款设置的年薪不能超过《美国法典》第 3 章第 102 条规定的年薪（去除支出）金额

"（3）公众可获得性——根据本条向个人提供的年薪应该为公众

可获得信息。

"（c）**法条说明**——本条的授权不得影响根据 FD&CA 第 714 条的授权

"（d）**人力资源计划报告**——

"（1）**一般规定**——在《21 世纪治愈法案》生效的 18 个月内，部长应该向参议院卫生教育劳工和养老金委员会以及众议院能源和商务委员会提交人力资源计划报告，来考察 FDA 对科学、技术或专业人才的需求程度，包括——

"（A）对 FDA 劳工需求和部长解决人才需求的战略计划的分析，包括可使用在本条项下的授权；以及

"（B）符合条件的科学、技术和专业人员招聘和保留计划，包括使用——

"（i）通过非政府招聘或中介招聘；

"（ii）通过学术性机构招聘；

"（iii）通过提供招聘奖金，如果可用；

"（iv）使用定向力招聘；以及

"（v）使用本条项下的授权或其他可用的部长授权来保留符合条件的科学、技术及专业雇员。

"（2）**建议**——在（1）段项下的报告应该包括 FDA 局长帮助更好地招聘和保留符合条件的科学、技术或专业人员或 FDA 专业职位的建议。

（b）**GAO 研究及报告**——

（1）**一般规定**——美国总审计长对 FDA 能力进行研究，包括招聘、培训以及保留符合条件的科学性、技术性和专业的雇员的能力，雇员不包括在必要情况下履行促进和保护公众健康职责的合同人员。在 2022 年 1 月之前，总审计长应向参议院卫生教育劳工和养老金委员会及众议院能源和商业委员会提交此项研究的报告。

（2）**研究内容**——根据（1）款，总审计长应在研究和报告中包括——

（A）FDA 在招聘和保留符合条件的科学、技术和在生物医学研究、临床研究评估及生物医学产品评估领域表现突出的专业员工方面进展的信息。

（B）FDA 对员工的需求程度，以及招聘、培训和保留符合条件的员工时的阻碍；

（C）FDA 招聘和保留员工策略的检查，包括检查战略人力资源计划，重点在改善科学、技术和专业人员招聘及保留状况；

（D）为解决 FDA 人员需求的潜在改进方法提供建议。

第 3073 条　建立 FDA 跨中心审评部门

（a）**一般规定**——FD&CA 第五章（21 U.S.C.391 et seq）经本条修订，在结尾处增加新款：

"**第 1014 条，建立 FDA 联合审评部门（INTERCENTER INSTITUTES）**

"（a）**一般规定**——针对重大疾病领域，部长应在 FDA 内建立一个或多个跨中心的联合审评部门（本部分称为"部门"）用。该部门关注重大疾病领域，制定和实施相关程序以协调药品审评与研究中心（CDER）、生物制品审评与研究中心（CBER）、器械与放射卫生中心（CDRH）（为本节的目的，简称"中心"）在重大疾病领域的监管活动，包括——

"（1）协调整合各大中心中具备在重大疾病领域诊断、治疗、缓解、治疗或预防方面具有专业知识的工作人员；

"（2）在适当情况下简化诊断、治疗、缓解，治疗或预防重大疾病医药产品的审评，同时符合适用于根据本法案 505、510（k）、513（f）（2）和 515 条[25] 的标准以及《公共卫生服务法案》第 351条或其他适当法律规定；

"（3）促进针对跨中心部门关注的重大疾病的科学项目；

"（4）开发项目和加强招聘、培训计划，提供各大中心人员继续教育的机会；

---

[25] 505：新药申请；510（k）器械申请；513（f）（2）第 III 类器械的规定；515：III 类器械上市前批准。

"（5）增强各大中心与患者、发起人和外界生物医学界之间有关跨中心关注的重大疾病的相互沟通；

"（6）有关跨中心关注的重大疾病，促进各大中心与 HHS 其他部门之间的协调合作。

"（b）**公开流程**——部长应在每个部门实施研究期间提供一个公众意见征询期。

"（c）**时间**——部长应在《21 世纪治愈法案》生效之日起 1 年内，至少建立一个跨中心部门。

"（d）**跨中心部门的终止**——根据本款，如果部长认为此跨中心部门不再使公众受益，则可以终止任何已建立的跨中心部门。在终止跨中心部门前不少于 60 天，部长会发布通知终止的理由。

（b）**技术性修订**——FD&CA 第五章（21 U.S.C.391 et seq.）经修订为：

（1）将 1021 条修订为 1013 条；并且

（2）通过修订 1011 条的第二部分（关于促进国家、地方、领土和部落食品安全官员的培训），增加《食品安全现代化法案》中 209（a）条（公法第 111–353 条）作为第 1012 条。

第 3074 条　科学性会议

（a）**一般规定**——HHS 的科学或医务人员或其他专业人员参加科

学会议，会议内容直接与他们的职责和使命相关——

（1）但不会被视作顺应每年拨款法案或本条款中的联邦报告要求为目的而召开会议；并且

（2）不会被视作每年拨款法案中的限制为目的，或基于行政办公室和预算备忘录（Budget Memorandum）或其他法规限制而召开此会议。

（b）**限制**——本条款不得解释为此科学会议可豁免联邦法规关于参加会议的规定。

（c）**报告**——每财年结束前 90 日内，HHS 的每个运营部门会筹备并在网站上发布关于每个财年的科学会议出席情况和相关差旅支出的年度报告。该报告须包括——

（1）关于科学会议活动涉及的一般信息；

（2）关于会议花费的总金额信息；

（3）描述每个运营部门召开的由科学或医务人员或其他专业人员参加的所有此类科学会议的总花费超过 3 万美元的部分，包括——

（A）运营部门召开会议费用总额；

（B）会议召开地点；

（C）会议召开日期；

（D）简要说明会议如何推进运营部门的使命；并且

（E）由运营部门支付差旅费或其他科学会议花费的人员数量。

（4）对于召开此类会议，若运营部门的总费用超过15万美元，应说明具体支出情况。

第 3075 条　药品监测

（a）**新药**——FD&CA 第 505（k）（5）条［21 U.S.C.355（k）（5）］，经 2074 条修订，进一步修订为——

（1）在（A）段中删除"每两周监测"并插入"多次监测"；

（2）在（B）段，经 2074（1）（C）条修订，删除结尾的期限并插入"并且"；以及

（3）在结尾处增加新款：

"（C）在 FDA 网站可获取信息有——

"（i）由经过科学培训和具有经验的专家制定的指南，该指南用以评价药物的安全性和有效性，以及详述如何运用不良事件报告系统对药物进行安全性监测的最佳规范；并且

"（ii）不良事件信号的公开发布标准。"

（b）**不良反应监测系统（ FAERS[26] ）升级**——FD&CA 第 505(r)(2)（ D)条[《美国法典》21 编第 355(r)(2)(D)条]经修订，删去"18 个月"以及分款结尾的分号并且插入"根据（1）款在网上发布已批准的药品或生物制品安全性监测活动的最佳方法，使公众可获得相关信息"。

（c）**风险评估和减低策略（ REMS ）**——FD&CA 第 505–1 条 [《美国法典》21 编第 355–1（ f ）（ 5 ）条] 被修订为——

（1）在（A）段前，插入"或其他咨询委员会"并在此后插入"（或后续委员会）"；并且

（2）在（B）分款，删去"至少每年"并插入"定期"

第 3076 条　FDA 里根尤德尔（REAGAN–UDALL27）基金会

（a）**委员会主任**

（1）**组成和规模**——FD&CA 第 770(d)（ 1 ）（ C)条[21 U.S.C.379dd

---

[26] 建立于 1993 年，原为不良事件报告系统（Adverse Event Reporting System, AERS），2012 年 9 月升级为 FAERS，该数据库包含了 FDA 收集到的所有关于药品或医疗器械不良事件信息报告。
Potential Signals of Serious Risks/New Safety Information Identified from the FDA Adverse Event Reporting System(FAERS).[EB/OL]. (2017–01–15)
http://www.fda.gov/Drugs/GuidanceComplianceRegulatoryInformation/Surveillance/AdverseDrugEffects/ucm082196.htm

[27] REAGAN–UDALL 基金会是根据 2007 年 FDAAA 而成立的非赢利性组织，其职责是促进科学研究，帮助 FDA 更好地规范产品安全性和评估产品的有效性。
Reagan–Udall Foundation for the FDA.[EB/OL].(2017–01–15).
http://www.fda.gov/downloads/aboutfda/centersoffices/oc/officeofscientificandmedicalprograms/nctr/whatwedo/ucm331197.pdf

（d）（1）（C）] 经修订——

（A）由（ii）修订为（iii）；

（B）在（i）后插入以下条款：

"（ii）**额外的成员**——委员会可通过对基金会章程的修订，规定委员会有投票权成员人数应大于 14 人（会在此修正案中具体说明）。在修正案生效之日起，所有此类修正案所设立的委员会职位需经过具有投票权的委员会成员进行投票任命（投赞成票过半数），只要药品、器械、食品、化妆品和生物技术行业的代表总体不超过具有投票权成员总数的 30%（包括通过修正案设立职位的成员），被任命人员可代表（I）到（V）款各类别的利益"；并且

（C）（iii）（I）被修订为（A）段，删去"当然委员将会确保"并插入"当然委员[28]（The ex officio members）根据（i）以及委员会根据（ii）行使职责，应确保"

（2）**允许联邦雇员在委员会中任职**——FD&CA 第 770（d）（1）（C）条（21 U.S.C.379dd（d）（1）（C））经（1）（A）段修订，在结尾处增加以下新款：根据本条，术语"联邦政府雇员"不包括特殊的政府雇员，如在《美国法典》18 编第 202（a）条中对该术语的界定。

---

[28] 一般情况下，委员应由选举产生，但是一些有专业能力或者部门主管人员根据上级或者委员会的主管部门建议或者批准不经选举产生的委员，或者有法律规定不经选举或批准产生的委员称为当然委员。
  当然委员 .[EB/OL]（2017-01-15）.https://zhidao.baidu.com/question/112252551.html

（3）任期交叠[29]——FD&CA 第 770（d）（3）条的（A）段修订为以下新款：

"（A）任期——每个在（1）（C）（i）条项下任命的委员会成员以及在（1）（C）（ⅱ）项下任命的委员会成员的任期为 4 年，除了以下情况——

"（ⅰ）根据（1）（C）（ⅰ）段首次任命的委员会成员的任期由当然成员所确定交叉任期；以及

"（ⅱ）当依据修正案设立职位，根据（1）（C）（ⅱ）段首次任命的委员会成员的任期由委员会成员确定交叉任期。

（b）**执行主任的薪酬**——FD&CA 第 770（g）（2）条（《美国法典》第 21 编第 379dd（g）（2）条）经修订，删去"不得比局长多"。

（c）**资金分配**——FD&CA 第 770（m）条［21 U.S.C.379dd（m）］经修订，删去"根据第（ⅰ）款从实体收得的资金持有单独的账户"并且插入"根据最佳会计实践以及根据第（ⅰ）款作为单独的项目基金进行管理"。

---

[29] 参议员任期六年，任职时间相互交错，由于任期起止时间不同，故每隔两年改选约三分之一的席位.

　　美国参议院任期交错.[EB/OL](2017-01-15).

　　https://zhidao.baidu.com/question/1434275061598996899.
html?qb1=relate_question_0&word=%B2%CE%D2%E9%D4%BA%C8%CE%C6%DA%BD%BB%B4%ED

H 节——医疗对策 [30] 创新

第 3081 条　医疗对策指南

《公共卫生服务法案》第 319F-2 条（42 U.S.C. 247d-6b）作如下修订——

（1）在第（a）款结尾处增加以下内容：

"（3）**使用指南**——部长应确保符合条件的对策产品（如第 319F-1 条中所定义）[31]，认定资格的流行病产品（如第 319F-3 条中所定义）和安全对策产品 [32][如第（c）款中所定义]，包括储存中的该类产品具有及时、准确的建议性使用指南。"；以及

（2）在（g）款中——

（A）将第（4）段修订为："（4）**安全对策产品采购报告**——部长

---

[30] 医疗对策（Medical Countermeasures, MCMs）：用于应对由生物、化学或放射性/核物质造成的恐怖袭击，自然出现的疾病或自然灾害的药品、生物制品和医疗器械。(FDA. What are Medical Countermeasures? [EB/OL]. (2016-10-12) [2017-15].http://www.fda.gov/EmergencyPreparedness/Counterterrorism/MedicalCountermeasures/AboutMCMi/ucm431268.htm)

[31] QUALIFIED COUNTERMEASURE（有资格的对策）：部长认定优先药品、生物制剂和医疗器械，它们用于可造成影响国家安全的公共卫生紧急状况的生物、化学、放射性和核战剂造成的伤害（《公共卫生服务法》第 319F-2（c）条）。

[32] security countermeasures（安全对策）：应对实质性威胁的药品、生物制品和医疗器械（《公共卫生服务法》第 319F3 条）。

确定当年可用于采购安全对策产品的资金数额少于 1 500 000 000
美元时，应于当年 3 月 1 日之前，向参议院财政拨款委员会，卫
生教育劳工和养老金委员会，以及众议院财政拨款委员会，能源
和商务委员会提交一份报告，详细说明这些可用于采购的资金数
额以及资金数额对以下方面的影响——

"（A）在满足本条所指的安全对策产品需求方面的影响；以及

"（B）对年度公共卫生紧急医疗对策企业和战略实施计划的影响
[根据第 2811（d）节]"。

第 3082 条 明确生物医学高级研究开发局（BARDA）[33] 签合同的权力

（a）**一般规定**——《公共卫生服务法案》第 319F-2(g）条[42 U.S.C.
247d-6b（g）] 结尾处增加以下内容：

"（5）**明确签合同的权力**——部长应通过生物医学高级研究开发
局局长实施由特别储备金资助的项目[用于根据（c）款采购安
全对策产品和执行第 319L 条]，包括根据本条和 319L 条执行采
购合同，赠款和合作协议。

（b）**BARDA 签合同的权力**——《公共卫生服务法案》第 319L（c）
（3）条（42 U.S.C.247d-7c）作如下修改：句号之前插入"包括依
照本条执行采购合同，资助和合作协议"。

---

[33] 生物医学高级研究开发局（Biomedical Advanced Research and Development Authority, BARDA）：是 HHS 内没机构，主要负责采用和开发针对生物恐怖主义的对策产品，也包括对化学，核和放射性威胁的对策产品。

第 3083 条　对策产品预算方案

《公共卫生服务法案》第 2811（b）（7）条 ［42 U.S.C. 300hh-10（b）（7）］作如下修订——

（1）在（A）段之前的内容中，删除第一句，插入"根据（d）款中描述的医疗对策重点产品，于每年 3 月 1 日前制定并更新一个协调的 5 年预算计划，对策重点产品包括化学、生物、放射性和核战剂或可能对国家构成威胁的战剂，包括新型或新出现的传染病，并且应当努力开发应对每种此类威胁的认定资格的对策产品（如第 319F-1 条所定义），安全对策产品（如第 319F-2 条所定义），以及认定资格的流行病产品（如第 319F-3 条所定义）。"

（2）在（C）段中，删除"；以及"并插入分号；

（3）在（D）段中，删除"根据要求提交给适当的国会委员会。"加入"每年 3 月 15 日之前，参议院财政拨款委员会，卫生教育劳工和养老金委员会，以及众议院财政拨款委员会，能源和商务委员会提交；并且"并且

（4）在结尾增加以下内容：

"（E）每年 3 月 15 日之前，以不损害国家安全的方式公开发布。

第 3084 条　医疗对策创新

《公共卫生服务法案》319L（c）（4）条 ［42 U.S.C.247d-7e（c）（4）］在结尾处增加以下内容：

"（E）医疗对策创新合作伙伴——

"（i）**一般规定**——为支持第（2）段所述目的，部长可通过 BARDA 主任，与独立的非营利实体签订协议〔包括通过使用资助，合同，合作协议或如第（5）段所述的其他交易〕——

"（I）加快并促进医疗对策产品和可能有助于符合条件的对策，认定资格的流感或流行产品的研究和开发的技术的开发和创新，包括通过使用战略风险投资实践和方法；

"（II）促进开发新的和有前景的技术，以解决部长确定的紧急医疗对策产品需求；

"（III）解决与医疗对策要求直接相关的未被满足的公共卫生需求，例如用于多重耐菌的新型抗菌药和用于诊断、预防、疫苗和治疗的多用途平台技术；以及

"（IV）提供专家咨询和建议，以培养可行的医疗对策创新者，包括帮助符合条件的对策产品创新者在开发化学、生物、放射性和核对策产品方面应对独特的行业挑战。

"（ii）**资格**——

"（I）**一般规定**——为了获取根据第（i）条签订协议的资格，实体应——

"（aa）是一个独立的非营利实体；

"（bb）具有能够在创新者和投资者之间建立联系，并利用这种伙伴关系和资源以满足联邦政府确定的战略需求的明确记录；

"（cc）具有促进新技术创新的经验；

"（dd）根据部长依照第（iv）条所确定的需要（needs），要求及问题，以问题为主导，以解决方案为重点；

"（ee）证明促进医疗对策产品开发的能力或潜在能力；

"（ff）证明与医疗对策技术和监管有关的专业知识，或开发或获取专业知识的能力；

"（gg）不在 HHS 内部。

"（II）**合作经验**——在选择依据第（i）条签订协议的实体时，部长应高度重视该主体与联邦政府合作以满足确定的战略需求的经验证明。

"（iii）**非（联邦）机构**——根据第（i）条，签订协议的实体不应为有任何目的联邦机构，包括《美国法典》第 5 卷下的任何目的。

"（iv）**指导**——根据本段所签订的协议，部长应通过 BARDA 主任向根据第（i）条向签订协议的实体提供指导。作为本协议的一部分，BARDA 的主任应——

"（I）传达向根据协议待解决的医疗对策产品需求、要求和问题；

"（Ⅱ）描述实体根据协议开展的工作；

"（Ⅲ）对实体根据协议开展的工作提供技术反馈和适当监督，包括后续开发和符合本段所述需要和要求的伙伴关系；

"（Ⅳ）确保公平地考虑根据协议开发的产品，以便根据本条适用规定，在适用和适当的情况下，维持最大程度的竞争；

"（Ⅴ）作为协议的条件，确保该实体——

"（aa）制定一整套政策，表明对公开和问责的承诺；

"（bb）通过一整套防止利益冲突的政策解决潜在利益冲突、道德、披露和报告要求；

"（cc）每月提供根据该协议给予资金使用的月度决算；

"（dd）每季度提供关于在实现协议中确定的需求方面取得进展的报告。

"（ⅴ）**补充而非取代**——根据本段开展的活动应补充而不是取代根据本条开展的其他活动。

"（ⅵ）**不得设立实体**——为了防止不必要的重复，有效利用资源，本段中的任何内容不得被解释为授权部长在 HHS 内设立一个以执行本段为目的实体。

"（ⅶ）**公开和监督**——根据要求，部长应向国会提供依第（ⅳ）

（Ⅴ）（dd）款规定的向部长提供的信息。

"（ⅷ）**独立评估**——《21 世纪治愈法案》生效之日起 4 年之内，美国总审计长应进行独立评估，并向部长和适当的国会委员会提交报告，报告涉及根据本段进行的活动，应包括关于依照本段进行的任何协议或活动的建议。

"（ⅸ）**自动废止期**——本条在 2022 年 9 月 30 日后不具有效力。

第 3085 条　简化生物盾计划采购

《公共卫生服务法案》第 319F‐2（c）条 [42 U.S.C.247d‐6b（c）] 作如下修订：

（1）第（4）（A）（ⅱ）段，删除"根据第（6）段提出建议，使第（h）款界定的特别储备基金用于采购该对策产品"，插入"在获得拨款的情况下，提供第（h）款界定的特别储备金，用于采购该对策产品"；

（2）在第（6）段中——

（A）删除（A），(B）及（E）段；

（B）分别将（C）和（D）段改为（A）和（B）段；

（C）将经重新指定的（A）段修改为：

"（A）**通知适当的国会委员会**——部长应通知参议院财政拨款委

员会，卫生教育劳工和养老金委员会，以及众议院财政拨款委员会，能源和商务委员会每项使用第（h）款所规定的用于采购安全对策产品的特别储备金的决定，在可能情况下，包括这种对策产品的潜在供应商的数量、性质和其他信息，以及是否有其他相同或类似对策产品的潜在供应商依据本条被考虑和拒绝，以及每次拒绝的原因。"以及

（D）在标题中，删除"总统批准建议"，插入"采购建议"；

（3）在第（7）段中——

（A）删除（A）和（B）段，并插入以下内容：

"（A）*特别储备基金的支付*——部长根据本款的规定，可使用（h）款所规定的特别储备基金，向供应商支付购买安全对策产品的款项。

（B）将（C）段重新指定为（B）段。

第 3086 条　鼓励威胁国家安全战剂危害治疗

FD&CA（21 U.S.C.360bbb et seq.）第五章第 E 节在第 565 条后插入以下内容：

"第 565A 条　优先审评以鼓励治疗威胁国家安全战剂造成的伤害

"（a）**定义**——在本条中：

"（1）**人用药品申请**——术语"人用药品申请"的含义见第 735（1）条。

"（2）**优先审评**——关于人用药品申请中的术语"优先审评"是指部长在收到申请后 6 个月内对该申请进行的审评和采取的行动，如 FDA 政策和程序手册（MaPP）中所描述，以及《FDA 安全及创新法案》第 101（b）条所述信件中确定的目标。

"（3）**优先审评券**——术语"优先审评券"是指部长向针对实质性威胁[34]的医疗对策产品申请的发起人发放的凭证，该凭证可使得持有人依据第 505（b）（1）条或《公共卫生服务法案》第 351（a）条提交的单个人用药品申请，在实质性威胁的医疗对策产品申请被批准之后，被优先审评。

"（4）**实质性威胁的医疗对策产品申请**——术语"实质性威胁的医疗对策产品申请"是指——

"（A）人用药品申请，用于——

"（i）预防或治疗依据《公共卫生服务法案》319F‐2（c）（2）（A）（ii）条确定的具有实质性威胁的生物、化学、放射性或核战剂造成的损害；或者

"（ii）减轻、预防或者治疗可能导致不良健康后果或死亡，和可能由服用某种针对该种战剂的药物或生物产品引起的疾病；并

---

[34] material threat（实质性威胁）：国土安全部部长和其他相关部的部长确定的对美国人民有实质性威胁的，可能影响国家安全的化学、生物、放射性和核战剂。[《公共卫生服务法》第 319F‐2（c）（2）条]

"（B）部长决定具有优先审评资格者；

"（C）在《21世纪治愈法案》生效之日后被批准；并

"（D）为人用药品申请，其活性成分（包括活性成分的任何酯或盐）在任何其他依据505(b)(1)条和《公共卫生服务法案》351(a)条的申请中均未被批准。

"（b）**优先审评券——**

"（1）**一般规定**——部长批准实质性威胁的医疗对策产品申请时应给予其发起人优先审评券。

"（2）**可转让**——实质性威胁的医疗对策产品申请的发起人依据本条获得优先审评券后，可向依据505（b）（1）条和《公共卫生服务法案》351（a）条的人用药品申请的发起人转让（包括出售）该审评券，该申请在实质性威胁的医疗对策产品申请被批准之后提交。在使用优先审评券之前，转让次数没有限制。

"（3）**告知——**

"（A）*一般规定*——人用药品申请的发起人应在提交人用药品申请之前至少90个日历日通知部长（包括发起人打算提交申请之日），该申请是优选审评券的适用对象。该通知是用于支付按照本节评估的申请者费用的法律承诺。

"（B）*通知后转让*——根据（A）段通知部长其使用优选审评券用于人用药品申请意图的发起人可以在发出该通知之后，如果该发起人尚未提交通知中描述的人用药品申请，可转让该审评券。

"（c）**优先审评申请者付费**——

"（1）**一般规定**——部长应建立申请者付费计划，根据该计划，作为优先审评券适用对象的人用药品申请的发起人应向部长支付根据第（2）段确定的费用。此费用应为发起人依据第七章要求缴纳的费用之外的费用。

"（2）**费用金额**——优先审评申请者缴费的金额由部长每个财年根据 FDA 在审评上一财年优先审评的人用药品申请时产生的平均成本确定。

"（3）**年费标准**——2016 年 9 月 30 日以后，部长应在每个财年开始之前，确定该年度优先审评申请者费用金额。

"（4）**支付**——

"（A）**一般规定**——本款要求的优先审评申请者费用在提交依据 505（b）（1）条和《公共卫生服务法案》351（a）条并且使用优先审评券的人用药品申请之时截止缴纳。

"（B）**完整申请**——如果本款要求的费用和所有其他适用的申请者费用未按照部长规定的程序支付，则依据（A）段描述的申请人要求使用优先审评券的申请应视为不完整。

"（C）**不得豁免、减免或退款**——部长不得就依据本条应付的任何费用进行豁免、减免或退还。

"（5）抵消收费（Offsetting collections）——依据本款收取的任何财年的费用——

"（A）应存放并贷记进入 FDA 财政拨款账户；并且

"（6）除《财政拨款法案》中预先规定的范围任何财年均不可收费。

"（d）发放优先审评券和批准使用优先审评券产品的通知——发生以下情况后，部长应在 30 个日历日内在《联邦公报》和 FDA 网站上发布通知：

"（1）部长依据本条发放优先审评券；

"（2）部长批准依据 505（b）（1）条和《公共卫生服务法案》351（a）条提交并且其发起人依据本条使用优先审评券的人用药品申请。

"（e）其他项目的资格——本条中的任何规定都不阻止根据本节寻求优先审评券的发起人参与任何其他奖励计划，包括根据本法，除非没有实质性威胁医疗对策产品申请的发起人可以收到多于一个关于该药依据本法本条的优先审评券。

"（f）与其他条款的关系——本条的规定应补充而不是取代本法案或《公共卫生服务法案》中鼓励医疗对策产品开发的任何其他条款。

"（g）废止日期——部长不得在 2023 年 10 月 1 日后根据（b）款发放任何优先审评券。

第 3087 条　公共卫生紧急情况下的《文书削减法案》豁免

《公共卫生服务法案》第 319 条（42 U.S.C.247d）在其结尾处增加以下内容：

"（f）公共卫生紧急情况下豁免《文书削减法案》的决定——

"（1）决定——如果部长在与必要的公共卫生官员协商后认为——

"（A）（i）已符合根据第（a）款第（1）或（2）段针对公共卫生紧急情况制定的标准；或

"（ii）疾病或障碍，包括新型和新出现的公共卫生威胁，很可能造成公共卫生紧急情况；以及

"（B）此类公共卫生紧急情况或潜在可能的公共卫生紧急情况下，包括对此类公共卫生紧急情况或威胁的具体准备和响应，必须豁免《美国法典》第 44 编第 35 章第 I 分章（通常称为《文书削减法案》）的要求，第 I 分章关于自愿收集信息的要求在紧急调查和应对该种公共健康紧急状况期间，在有必要决定是否某种疾病或障碍（包括新型或新出现的公众健康威胁）将成为本段描述的公众健康紧急状况期间不适用。第 I 分章关于自愿收集信息的要求在紧急状况结束后应对审查该公共健康紧急状况期间不适用，如果此类紧急后状况结束应对审查没有超过合理的时限。

"（2）透明性——如果部长根据第（1）段确定需要豁免，应立即在 HHS 的网站上公布这种豁免的简要理由，预期这种豁免将生效的持续时间，HHS 内申请该豁免的机构和官员，并适时更新

HHS 网站上公布的这些信息。

"（3）**豁免的效力**——根据本款做出的任何豁免，须于部长在本款所规定的网站上公布消息之日起生效。

"（4）**终止豁免**——在依据第（1）段确定需要豁免的情形不再存在时，部长应及时更新 HHS 的网站，以反映终止豁免。

"（5）**限制**——

"（A）**豁免期**——根据第（1）段豁免的期限不得超过相关公共卫生紧急情况的期限，包括根据(a)款所宣布的公共卫生紧急情况，对符合本款要求的公共卫生紧急情况的响应后审查。

"（B）**后续合规**——若第（1）段规定的豁免决定在豁免到期之日后仍在实行，则应符合《美国法典》第 44 编第 35 章第 1 分章的要求，部长须确保在适用的情况下尽可能及时地遵守该规定，但不得超过豁免期满后 30 个日历日。

第 3088 条　明确 FDA 紧急使用授权

（a）**对紧急情况下使用的医疗产品的授权**——FD&CA 第 564 条（21 U.S.C.360bbb‐3）作如下修订——

（1）在第（a）（2）款中——

（A）在（A）段——

（ⅰ）删除"或 515"并插入"512 或 515"；并

（ⅱ）在《公共卫生服务法案》之后插入"或根据本法第 571 条有条件地批准"；并

（B）在（B）段中，在"批准"之后插入"根据第 571 条有条件批准"，该词语出现的每一个地方；

（2）在第（b）（4）款中，删掉"决定"之后的第二个逗号；

（3）（e）（3）（B）款中，删除"第 503（b）条"，并插入"第 503 条第（b）或（f）款或依据 504 条"；

（4）在（f）（2）款中——

（A）在"针对患者"之后插入"，或动物"；并

（B）在"主治医师"后插入"或通过兽医照顾此类动物，适当时"；

（5）在第（g）（1）款中，在"批准"之后加入"依据 571 条有条件批准"；

（6）在第（h）（1）款中，删除"520（g）条"并插入"512（j）或 520（g）"；并

（7）在第（k）款中，删除"520（g）条"并插入"512（j）或 520（g）"。

（b）**新动物药**——FD&CA 第 512（a）（1）条 [《美国法典》第 21

编 360b（a）（1）]作如下修订——

（1）在（B）段结尾删除"或"

（2）在（C）段中，删除句号，插入"；或"并

（3）在（C）段之后插入以下内容：

"（D）根据第 564 条，有关该等药品的用途或拟定用途的授权生效，其标签及用途须符合该授权的任何条件。"

（c）**医疗产品的紧急使用**——FD&CA 第 564A 条（21 U.S.C.360bbb-3a）作如下修订——

（1）在第（a）（1）（A）款中，在"章"后面插入"，根据第 571 条有条件批准，"以及

（2）在（d）款中，删除"第 503（b）及 520（e）条"并插入"第 503 条第（b）及（f）款，第 504 条及第 520（e）条"。

（d）**紧急用途产品**——FD&CA 第 564B（2）条[21 U.S.C.360bbb-3b（2）]修订如下：

（1）在（A）段——

（A）在"《公共卫生服务法案》"之后插入"或根据本法第 571 条有条件地批准"；并且

（B）通过删去"或515"并插入"512"或"515"。和

（2）在（B）段中，删除"或520"，插入"512或520"。

I节——疫苗的可及性、确定性和创新

第3091条　通过免疫接种咨询委员会预见疫苗的审评时间表

（a）**审议新疫苗**——在发放任何疫苗或任何疫苗的新适应证许可时，免疫接种咨询委员会（在本节称为"咨询委员会"）在其下次定期会议应酌情考虑该疫苗的使用。

（b）**补充信息**——如果咨询委员会在许可疫苗或者疫苗的新适应证后，在咨询委员会首次定期会议上未就疫苗的使用提出建议，则咨询委员会应提供该委员会审评的最新进展。

（c）**考虑突破性疗法和公共卫生紧急情况下的潜在使用**——咨询委员会应酌情及时就使用某些疫苗提出建议，包括以下疫苗——

（1）根据FD&CA第506条（21 U.S.C.356）和《公共卫生服务法案》第351（42 U.S.C.262）条认定为突破性疗法；或

（2）可用于公共卫生紧急情况。

（d）**定义**——在本条中，术语"免疫接种咨询委员会"和"咨询委员会"是指部长根据《公共卫生服务法案》第222条（42 U.S.C. 217a），通过疾病控制和预防中心主任，设立的免疫接种咨询委员会。

第 3092 条　审查免疫接种咨询委员会的程序和一致性

（a）**审查**——疾病控制与预防中心主任应审查免疫接种咨询委员会在制定和发布有关疫苗的建议时所使用的程序，包括在一致性方面。

（b）**考虑**—根据（a）款进行的审查应包括评估—

（1）用于评价新疫苗和现有疫苗的标准，包括确定评估标准中需要灵活性的领域，以及灵活性的原因；

（2）对科学和经济数据的审查和分析中使用的 GRADE 方法，包括这种方法的科学依据；以及

（3）免疫接种咨询委员会工作组使用的程序与这些小组的一致性，包括确定任何变化的原因。

（c）**利益相关者**—在根据（a）款进行审查时，疾病控制与预防中心主任应征求疫苗利益相关者的意见。

（d）**报告**—疾病控制与预防中心主任应在本法生效之日后 18 个月内向国会适当的委员会提交报告，并公布根据（a）款进行的审查的结果，包括关于提高本款所述程序的一致性方面任何建议。

（e）**定义**——在本节中，"免疫接种咨询委员会"一词系指 HHS 部长根据《公共卫生服务法案》第 222 条（《美国法典》第 42 编 217a），通过疾病控制与预防中心主任，设立的免疫接种咨询委员会。

第 3093 条　鼓励疫苗创新

（a）**疫苗会议**——疾病控制与预防中心（CDC）主任应确保传染病办公室（Office of Infectious Diseases）和其他办公室（如适应）的相关中心和部门内相应工作人员，并协调公共卫生需求，流行病学和关于免疫方案规划和实施方面的考虑，包括与涉及这些主题的相关利益者的会议。

（b）**疫苗创新报告**——

（1）**一般规定**——在本法生效之日起 1 年内，HHS 部长（在本条中称为"部长"）应与 HHS 内的相关机构或办公室（包括 NIH，疾病控制与预防中心，FDA，生物医学高级研究和发展局）合作，应向参议院卫生教育劳工和养老金委员会，及众议院能源和商务委员会提交一份关于可促进传染病负担最小化的疫苗的研发方面创新的报告，并在 HHS 网站公开。

（2）**内容**——第(1)段所述的报告应审查疫苗开发的现状，并酌情——

（A）考虑确定哪些疫苗有利于公共卫生，以及如何向关键利益相关者沟通关于此类疫苗信息的最佳流程；

（B）检查和确定是否对有益疫苗开发存在障碍；以及

（C）就如何最好地消除（B）段所述的任何障碍提出建议，以促进和激励疫苗创新和开发。

（3）**咨询**——在根据本款起草报告时，部长可与以下人员协商——

（A）相关联邦机构和部门（包括国防部和退伍军人事务部）的代表；

（B）学术研究者；

（C）疫苗的开发商和生产商；

（D）医疗和公共卫生从业人员；

（E）患者，政策和倡导组织的代表；以及

（F）部长认为适当的其他实体的代表。

（c）**与母体免疫相关的更新——**

（1）**其他疫苗——**《公共卫生服务法案》第2114（e）条[《美国法典》第42编第300aa-14（e）]条经本条修订，在结尾处增加以下内容：

"（3）**建议孕期妇女使用的疫苗——**部长应通过（c）款中描述的程序修改（a）中所包含的疫苗损伤表（Vaccine Injury Table），以包括由 CDC 推荐的用于孕妇的日常给药的疫苗，和第（2）段第（B）和（C）段中所述的关于该疫苗的信息。

（2）**申请内容——**《公共卫生服务法案》第2111条（42 U.S.C. 300aa‑11）经本条修订，在结尾处增加以下内容：

"（f）**母体免疫——**

（1）**一般规定——**虽本法还有其他法律规定，为达到本节的目的，在怀孕时接种医保覆盖疫苗（covered vaccine）的妇女和在母体内时，母亲接种该疫苗的儿童都将被视为接种过医保覆盖疫苗。

"（2）**定义**——本款中术语"儿童"的定义参考《美国法典》第1卷第8条第（a）和（b）款，除此之外，就本款而言，第8条中第（a）款中的"包括"一词可替换为"表示"。

（3）**监护人**——《公共卫生服务法案》第2111（b）（2）条［42 U.S.C. 300aa‑11（b）（2）］经本条修订，在结尾处增加"孕期妇女接种医保覆盖的疫苗应视为多次接种，一次母亲，一次儿童［该术语如（f）（2）款定义］，由于儿童在母体内时，母亲接种该疫苗"。

J 节——技术修正

第 3101 条　技术修正

（a）FD&CA——

（1）**参考文件**——除另有明文规定外，凡本款在本款中就某条或其他条文做出修订，则须视为对 FD&CA 的条款进行修订（21 U.S.C.301 et seq.）。

（2）**修订**——

（A）*被禁止行为*——在第 301（r）条［21 U.S.C.331（r）］经本条修订，在所有"器械"之后插入"，药物"。

（B）*新药*——第 505 条（21 U.S.C.355）作如下修订：

（i）第（d）款最后一句中，删除"上市前批准"，并插入"上市批准"；及

（ii）在第（q）（5）（A）款，删除"

本法第（b）（2）或（j）款或 351（k）条"，并插入"本条第（b）（2）款或第（j）款或第 351（k）条"。

（C）*风险评估和减低策略*——第 505-1（h）条［21 U.S.C.355‐1（h）条］作如下修订——

（i）在第（2）（A）（iii）段中——

（I）在标题中，删除"LABEL"并插入"LABELING"；

（II）删除所有"LABEL"并插入"LABELING"；以及

（III）删除"发起人"并插入"负责人"；以及

（ii）在第（8）段中，删除"和（7）。"并插入"和（7）"。

（D）*儿科研究计划*——第 505B 条（21 U.S.C.355c）作如下修订：

（i）在（e）款中——

（I）第（2）段中——

（aa）在（A）段中，在所有"初级儿科"之后插入"研究"；以及

（bb）在（B）段中，在标题中，删除"初步计划"，并插入"初步儿科计划"；

（Ⅱ）在第（5）段中，在标题中，"计划"之前插入"经同意的初级儿科研究"；及

（Ⅲ）在第（6）段中，删除"经同意的初级儿科计划"插入"经同意的初级儿科研究计划"及

（ⅱ）在（f）（1）款中，在"经同意的儿科研究计划"之后插入"和任何关于该计划的重大修订，"。

（E）*停止或中断挽救生命用药的生产*——第506C条（21 U.S.C. 356c）作如下修订——

（i）在第（c）款中，删除"discontinuation"并插入"discontinuance"；及

（ⅱ）在第（g）（1）款中，删除"可能有帮助的第505（j）条"，并插入"第505（j）条，可能有助于"。

（F）*关于药物短缺的年度报告*——第506C–1（a）条［21 U.S.C.331（a）］作如下修订，在第（1）段之前的内容中——

（i）删除"在2013年及之后每年结束之前"，并插入"每年3月31日之前"；及

（ⅱ）在"一份报告"之后插入"，关于上一年"。

（G）**药物短缺表**——第 506E（b）（3）（E）条［21 U.S.C.356e（b）（3）（E）］经修订，删除"discontinuation"并插入"discontinuance"。

（H）**对企业的检查**——第 510（h）条［21 U.S.C.360（h）］作如下修订：

（i）在第（4）段中，在（A）段之前的内容中，删除"establishing the risk-based scheduled"，并插入"establishing a risk-based schedule"；并且

（ii）在第（6）段中——

（I）在（A）段中，删除所有"财年"并插入"日历年"；及

（II）在（B）段中，删除"药物的活性成分，制剂或药用辅料"，并插入"药物的活性成分或制剂"。

（I）**对用于人用器械的分类**——第 513（f）（2）（A）条［21 U.S.C.360c（f）（2）（A）条］作如下修订——

（i）在第（i）条中，删除"30 天内"；并且

（ii）在第（iv）条中，删除"低中等"并插入"低至中等"。

（J）**上市前批准**——第 515（a）（1）条［21 U.S.C.360e（a）（1）条］经修订，删除"subject to a an order"，并插入"subject to an order"。

（K）**改进器械召回体系的计划**——第 518A 条（21 U.S.C.360h－1）

作如下修订：

（ⅰ）删去（c）款；并且

（ⅱ）将（d）款重新指定为（c）款。

（L）*唯一器械识别码*——第 519（f）条［21 U.S.C.360i（f）］经修改，删除"和生命维持"并插入"或生命维持"。

（M）*优先审评以鼓励对热带病的治疗*——FD&CA 第 524（c）（4）条［21 U.S.C.360n（c）（4）（A）条］经修订，删除"Services Act"，并插入"Service Act"。

（N）*对认定资格的治愈传染病产品的优先审评*——第 524A 条（21 U.S.C.360n‑1）作如下修订：

（ⅰ）删除"如果部长"，并插入以下内容：

"（a）一般规定——如果部长

（ⅱ）删除"任何"并插入"第一"；并且

（ⅲ）在末尾增加以下内容：

"（b）解释—如果依据第 505（b）条递交申请批准的人用药品申请或有效性补充申请符合部长批准优先审评的标准，本条并不禁止部长对这些申请进行优先审评。"

（O）*向外部专家咨询关于罕见疾，靶向治疗和基因靶向治疗*——第 569（a）（2）（A）条［21 U.S.C.360bbb‑8（a）（2）（A）条］经修订，在第一句中删除"（c）款"，并插入"（b）款"。

（P）*优化全球临床试验*——第 569A（c）条［21 U.S.C.360bbb‑8a（c）］经修订，在"本法案"之后插入"或依据《公共卫生服务法案》"。

（Q）*美国以外的临床研究数据的使用*——第 569B 条（21 U.S.C.360bbb‑8b）经修订，删除所有"药物或器械"并插入"药物，生物制品或器械"。

（R）*医用气体定义*——第 575（1）（H）条［21 U.S.C.360ddd（1）（H）条］作如下修订——

（i）在"任何独占期"之后插入"对于新药"；并且

（ii）在"第 505A 条"之后插入"或第 512（c）（2）（F）条下新动物用药物的任何独占期"。

（S）*对医用气体的管理*—第 576（a）条［21 U.S.C.360ddd‑1（a）］作如下修订——

（i）第（1）段第（A）段之前的内容中，在"任何人"之后插入"寻求首次引入或交付指定的医用气体进入州际贸易"；并且

（ii）在第（3）段中——

（Ⅰ）在（A）段中——

（aa）在第（i）（Ⅷ）条中，在"任何独占期"之后插入"对于新药"；并且

（bb）在第（ⅱ）条中，第（Ⅰ）分条之前的内容中，在"final use"之前加入"the"；并且

（Ⅱ）在（B）段中——

（aa）在第（i）条中，在"任何独占期"之后掺入"对于新药"；并且

（bb）在第（ⅱ）款中，在"药品"之后插入一个逗号。

（T）*药物收费对指定的医用气体不适用*——第577条（21 U.S.C.360ddd‐2）经修订，在"第736（a）条"之后插入"或740（a）"。

（U）*利益冲突*——第712（e）（1）（B）条［21 U.S.C.379d–1（e）（1）（B）条］经修订，删除"services"及插入"service"。

（V）*评估并使用生物类似物产品费用的权力*——第744H（a）条（21 U.S.C.379j‐52）作如下修订——

（i）在第（1）（A）（v）段中，删除"Biosimilars User Fee Act of 2012"，并插入"Biosimilar User Fee Act of 2012"；并且

（ii）在第（2）（B）段中，删除 "Biosimilars User Fee Act of 2012"，并插入 "Biosimilar User Fee Act of 2012"。

（W）*商业进口商登记*——

（i）**修订**——第 801（s）（2）条［21 U.S.C.381（s）（2）条］经修订在结尾处增加以下内容：

"（D）*生效日期*——在根据（A）段确定规章的生效日期时，部长应与国土安全部部长协商，并通过美国海关和边境保护局，健康和人类服务部，为药品进口商提供合理的时间以遵守良好的进口商规范（good importer practices），须考虑进口商之间的差异和进口类型之间的差异，包括依据进口产品的风险水平。

（ii）**一致性修订**——《FDA 安全与创新法案》第 714 条（公法 112-144；126 Stat.1074）经修订，删除（d）款。

（X）*对外国政府检查的认可*——第 809（a）（2）条［21 U.S.C. 384e（a）（2）条］经修订，删除 "conduction" 和插入 "conducting"。

（b）《FDA 安全及创新法案》——

（1）**关于药物批准的结论**——《FDA 安全及创新法案》第 901（a）（1）（A）条（公法 112-144；21 USC 356note）经修订，删除 "严重和危及生命的疾病"，并插入 "严重或危及生命的疾病"。

（2）**报告人口亚组的纳入**——《FDA 安全及创新法案》第 907 条（公法 112-144；126 Stat. 1092,1093）作如下修订——

（A）在标题中删除"BIOLOGICS"，并插入"BIOLOGICAL PRODUCTS"；并且

（B）在第（a）（2）（B）款中，删除"新 applications for new drug applications"并插入"new drug applications"。

（3）**制止处方药滥用**——《FDA 安全及创新法案》第 1122 条（公法 112–144;126 Stat.1112，1113）作如下修订——

（A）在第（a）（2）款中，删除"dependance"并插入"dependence"；并且

（B）在（c）款中，删除"promulgate"并插入"issue"。

第 3102 条　已完成的研究

FD&CA 作如下修订——

（1）在第 505（k）（5）条［21 U.S.C. 355（k）（5）条］中——

（A）在（A）段中，在分号后面插入"以及"；

（B）删除（B）段；以及

（C）将（C）段重新指定为（B）段；

（2）在第 505A 条（21 U.S.C. 355a）中，删除第（p）款；

（3）在第 505B 条（21 U.S.C. 355c）中——

（A）删除第（1）款；并且

（B）将第（m）款重新指定为第（1）款；并且

（4）在第 523 条中（21 U.S.C. 360m）删除第（d）款。

第四章 | 提供

第 4001 条　协助医生及医院改善对患者的护理质量

（a）一般规定——修订《医疗信息技术促进经济及临床健康法案》[35]（The Health Information Technology for Economic and Clinical Health Act，HITECH）（公法第 111-5 编第十三章 A 节）——

（1）在 A 节第一部分的结尾处新增如下内容：

"第 13103 条协助医生及医院改善患者的护理质量

"（a）以减轻负担为目标——根据（b）款，HHS 部长（以下简称'部长'）

---

[35] 最初颁布的 HITECH 规定，从 2011 年开始至 2015 年，给予"有意义使用 EHR"的医疗保健提供方资金奖励，再 2015 年以后，如果不合理使用 HER 将受到惩罚。供应商可以在 2014 年开始使用 EHR，并避免处罚，但他们有资格获得的奖励金额将少于早期采用者。
HITECH Act (Health Information Technology for Economic and Clinical Health Act).[2017-01-23].http://searchhealthit.techtarget.com/definition/HITECH-Act.

应与健康服务提供方、医疗保健提供方、医疗保健支付者、专业卫生协会、健康信息技术开发者、健康保健质量组织、健康保健认证组织、公共卫生实体、联邦政府以及其他合适实体进行协商——

"（1）建立使用电子健康记录（electronic health record EHR）减轻与文件要求等相关的监管或管理负担的目标；

"（2）制定实现第（1）段所设立目标的战略；以及

"（3）提出实现第（1）段所设立目标的建议。

"（b）**战略及建议——**

"（1）**一般规定**——为了实现第（a）（1）款所设立的目标，部长应与本款描述的实体进行协商，自《21 世纪治愈法案》生效 1 年内，制定出实现本款所设定目标的战略及建议。

"（2）**战略**——第（1）段所制定的战略，应能够解决与电子健康记录使用有关的监管及管理负担（如文件要求）的问题。该战略应包含广泛的公众意见并且应优先考虑——

"（A）（i）根据《社会保障法案》第 1848（a）（7）条及第 1886（b）（3）（B）（ix）条［42 U.S.C.1395w-4（a）（7），1395ww（b）（3）（B）（ix）］，鼓励有资质的专业人员及医院积极使用经认证（certified）的 EHR 技术；

"（ii）根据《社会保障法案》第 1903（a）（3）（F）条［42 U.S.C. 1396b（a）（3）（F）］制定的支付计划，该支付计划用于鼓励拨款医疗救助（Medicaid）提供方采纳并使用经认证的 EHR 技术；

"（iii）根据《社会保障法案》第 1848（q）条［42 U.S.C.1395w-4（q）]制定的基于绩效的奖励支付系统 [36]（the Merit-based Incentive Payment System，MIPS）；

"（iv）替代支付模式 [37]（Alternative Payment Models，APMs）［如《社会保障法案》第 1833（z）（3）（C）条（42 U.S.C.1395l（z）（3）（C））定义]；

"（v）根据《社会保障法案》第 1886（o）条［42 U.S.C.1395ww（o）]制定的医院基于价值的采购计划 [38]（the Hospital Value-Based Purchasing Program）；以及

"（vi）部长认为合理的其他基于价值的支付计划；

---

[36] 原法条《社会保障法案》第 1848（q）条（42 U.S.C. 1395w-4（q））：根据本款的后续规定，部长应设立专业的激励支付系统（本款简称"MIPS"），根据该系统部长应——

（i）制定一种方法，根据第（3）段的绩效标准，评估每个 MIPS 合格专业人员一年绩效期（第（4）段规定的）总绩效；

（ii）使用该方法，根据第 5 段得出每个绩效期的每名专业人员的综合绩效分数；并且

（iii）在一年绩效期内，使用该 MIPS 合格专业人员的综合得分根据（6）段确定该年专业人员的 MIPS 调整因素（及其他 MIPS 调整因素）。

[37] 原法条《社会保障法案》第 1833(z)(3)(C) 条 (42 U.S.C.1395l(z)(3)(C))：术语"可选择支付模式"并非是第（2）段（B）款（ii）（1）（bb）和（C）款（ii）（1）（bb）所规定的，该术语是指：(i) 第 42 编第 1315a 条（除医疗保健创新奖）描述的一种模式。(ii) 第 42 编第 1395 条 jjj 项下的共享储蓄计划。(iii) 第 42 编第 1395cc-3 条所规定的。(iv)《州法》中所要求的。

[38] 原法条《社会保障法案》第 1886(o) 条 (42 U.S.C.1395ww(o))：部长应制定一个医院基于价值采购计划，根据该计划，在一个财年的绩效考核期内，对符合第（3）款绩效标准的医院实行基于价值支付。

"（B）健康信息技术证书；

"（C）适当的标准及实施规范；

"（D）提供个人获得其电子健康信息的活动；

"（E）与电子健康信息隐私保护相关的活动；

"（F）与电子健康信息安全性保护相关的活动；

"（G）与促进健康及临床研究相关的活动；

"（H）与公众健康相关的活动；

"（I）由联邦计划及其他支付者进行的、与调整及简化质量度量相关的活动；

"（J）与出于监管目的报告的临床数据相关的活动；以及

"（K）部长认为适当的其他活动。

"（3）**建议**——根据（1）段提出的建议应解决以下问题——

"（A）提高临床文件经验的行动；

"（B）提高患者医疗质量的行动；

"（C）由部长及其他实体采取的行动；以及

"（D）部长认为适当的其他可减少医疗保健提供者被要求的报告负担的行动。

"（4）FACA——《联邦咨询委员会法案》（《Federal Advisory Committee Act》）（5 U.S.C. App.）不适用于制定本条描述的目标、战略或者建议。

"（c）**特定法规要求的应用**——在符合州法的情况下，如果医生［如《社会保障法案》第 1861（r）（1）条定义］已签署并复核了某文件，则可将由医疗保险和医疗救助服务中心（the Centers for Medicare & Medicaid Services CMS）颁布的法规中有关电子病历记录文件的要求委托给该医生以外的记录人员执行；"以及

（2）在第 13001（b）条的目录中，第 13102 条后插入以下内容："第 13103 条协助医生及医院改善患者的服务质量。"

（b）**医学专业及服务网站健康信息技术的认证**——修订《公共卫生服务法案》第 3001（c）（5）条［42 U.S.C. 300jj-11（c）（5）］，在结尾处增加如下内容：

"（C）*医学专业健康信息技术及服务网站*——

"（i）**一般规定**——国家协调员[39]（The National Coordinator）应通过现有权限，鼓励、维持或确定根据（A）段制定计划中的健康信

---

[39] 国家协调员的职责是负责制定和执行国家的卫生信息技术议程。
Office of the National Coordinator for Health Information Technology. [BE/OL].(2017-01-13) [2017-2-08].https://en.wikipedia.org/wiki/Office_of_the_National_Coordinator_for_Health_Information_Technology

息技术自愿认证，使对该技术不可及的，或需要推进或整合多种技术的医学专业及服务网站可使用该技术。

"（ii）**特定医学专业**——除（i）外，部长应接受公众对特定医学专业及服务网站的建议，以及（i）中描述的内容，以在必要时选择其他专业及服务网站。

"（iii）**儿科健康信息技术**——在《21 世纪治愈法案》生效 18 个月内，部长应与利益相关方协商，对儿科健康提供方使用健康信息技术自愿认证提出建议，以支持向儿童提供医疗保健。在《21世纪治愈法案》生效 2 年内，部长应采取根据第 3004 条制定的认证标准，以支持儿科健康提供方使用健康信息技术自愿认证，以支持向儿童提供医疗保健。

（c）**有意义使用的统计**——

（1）**一般规定**——在本法案生效 6 个月内，HHS 部长应向国家卫生信息技术协调办公室（Office of the National Coordinator for Health Information Technology，简称 ONC）的 HIT 咨询委员会（the HIT Advisory Committee）提交一份有关医疗保险与医疗救助 EHR 激励计划[40]（the Medicare and Medicaid EHR Meaningful Use Incentive programs）有助于信息传递标准采用和相关实践的认证统计报告。

---

[40] 全美范围内各个医疗保健服务体系和服务提供方（医疗服务人员）迅速系统地采纳 EHR 系统奠定了基础。为了便于合格服务提供方和医院参加上述激励计划，认证准则为 EHR 系统建立了相应的技术规范，要求其必须加以遵循，才能通过认证。通过为那些表明在既定的 EHR 临床质量指标方面取得成绩的合格医疗保健服务提供方和医院提供支付，这项激励计划促进着对于 EHRs 的采用以及对于卫生信息技术（HIT）的有效利用。张林.实验室专业人员在保证 HER 中实验室数据安全性与有效性方面的基本职责（1）[EB/OL].(2016-12-20) [2017-2-08].http://www.hit180.com/23845.html

该统计应尽实际可能地包括由各州提供的认证信息，包括为了推行计划，部长对不符合医疗保险及医疗救助 EHR 有效使用激励计划的最低认证标准的卫生保健提供方数量，应至少每季度在官方网站上公布一次。

（2）**更改报告格式的权限**——HHS 部长可在基于绩效的奖励支付系统首个绩效年过后，更改合格专业医疗保健提供者认证的报告格式，以说明实施该支付系统后带来的变化。

第 4002 条 可用性、安全性及功能性的透明化报告

（a）**强化认证**——由第 4001（b）条修订的《公众卫生服务法》第 3001（c）（5）条（42 U.S.C. 300jj‑11），将进行进一步修订，在结尾处增加：

"（D）*认证条件*——在《21 世纪治愈法案》生效 1 年内，部长经过制定规章的通知和评论过程，作为根据本段认可的和保持的激励计划中专业人员认证及维持认证的条件，与本章其他条件及要求一致，要求健康信息技术开发商或实体——

"（i）不采取任何构成第 3022（a）条描述的信息阻塞的行为；

"（ii）向部长递交该开发商或实体不会采取（i）描述的任何行为，或任何可能妨碍电子健康信息交换、可及、使用的其他行为的保证，除非部长确认其出于合法的目的；

"（iii）不能阻止或限制关于以下内容的沟通——

"（Ⅰ）健康信息技术的可用性；

"（Ⅱ）健康信息技术的互操作性；

"（Ⅲ）健康信息技术的安全性；

"（Ⅳ）与用户使用健康信息技术的经验相关的信息；

"（Ⅴ）与交换电子健康信息相关的健康信息技术开发商的商业活动；

"（Ⅵ）健康信息技术使用者使用该技术的方式；

"（ⅳ）已发布应用程序的编程接口，通过对程序编程接口、后续技术或法律规定的标准的使用，允许通过该技术快速获得、交流并使用健康信息，包括在适用的隐私法允许的范围内，获得患者EHR所有数据元素；

"（ⅴ）已成功测试在未来上市使用条件下的互操作性技术（如第3000条定义的）真实环境的使用情形；

"（ⅵ）向部长递交一份证明，证明信息技术开发商或实体——

"（Ⅰ）未做出（ⅰ）描述的任何行为；

"（Ⅱ）已遵循（ⅱ），向部长递交证明；

"（Ⅲ）不妨碍或限制（ⅲ）描述的沟通；

"（IV）已遵循（iv）发布信息；

"（V）确保该技术允许健康信息以（iv）描述的方式进行交换、可及以及使用；并且

"（VI）已进行（v）描述的真实环境测试；并且

"（vii）提交遵循第 3009A（b）条的报告标准。

"（E）**符合认证条件**——部长应鼓励遵循（D）段的认证条件，并适当采取措施，以减少违规行为。

（b）EHR 的重大困难排除——

（1）适用于合格的专业人员——

（A）*在没有认证的情况下*——修订《社会保障法案》第 1848（a）（7）（B）条［42 U.S.C.1395w‑4（a）（7）（B）］，在第一句后插入新句：

"如果由于专业人员使用的经认证的 EHR 技术已根据《公共健康服务法》第 3001（c）（5）条保持或确定的计划取消认证，部长认为该专业人员已不可能满足合格 EHR 使用者的要求，则应豁免根据（A）段规定的合格的专业人员申请一年一次的支付调整。"

（A）*MIPS 的持续应用*——修订《社会保障法案》第 1848（o）（2）（D）条［42 U.S.C.1395w‑4（o）（2）（D）］，在结尾处增加新句子："第（a）（7）款（B）（D）段规定应应用于评估（q）款下的

MIPS 合格专业人员，以一种与该规定根据第（a）（7）（A）款制定支付调整的方式相似的恰当方式评估第（q）（2）（A）（iv）款描述的绩效分类。"

（2）**适用于合格的医院**——修订《社会保障法案》1886（b）（3）（B）（ix）（II）条 [42U.S.C.1395ww（b）（3）（B）（ix）（II）]，在第一句后增加新句子："如果由于该医院使用的经认证的 EHR 技术已根据《公共卫生服务法案》第 3001（c）（5）条保持或确定的激励计划取消认证，部长认为该医院已不可能满足合格 EHR 使用者的要求，则应豁免根据（I）规定合格医院申请每年一次支付调整。"

（c）**EHR 报告程序**——修订《公共卫生服务法案》第三十章 A 节（42 U.S.C.300jj-11 et seq.），在结尾处增加以下内容：

"**第 3009A 条　电子健康记录报告计划**

"（a）**报告标准**——

"（1）**召开利益相关者的会议**——在《21 世纪治愈法案》生效 1 年内，部长应召开如第（2）段描述的利益相关者会议，以根据第（3）段制定报告标准。

"（2）**制定报告标准**——应通过公开的、能够反映利益相关者意见的公开透明程序制定本款规定的 EHR 报告标准，包括——

"（A）医疗保健提供者，包括初级及专业医疗人员；

"（B）医院及医院系统；

"（C）健康信息技术开发商；

"（D）患者、消费者及其律师；

"（E）数据共享网络，如健康信息交换；

"（F）已授权的认证机构及测试实验室；

"（G）医保专业人士；

"（H）相关的医疗器械生产者；

"（I）健康信息技术市场和经济的专家；

"（J）从事健康信息技术绩效评估的公共及私营实体；

"（K）质量组织，包括如《社会保障法案》第1890条描述的实体；

"（L）人因工程学及以用户为中心设计衡量标准方面的专家；以及

"（M）部长认为适当的其他实体或个人。

"（3）EHR 报告标准的考量——

根据本款制定的报告标准——

"（A）应包含反映多方面的举措，包括——

"（i）安全性；

"（ii）可用性及以用户为中心的设计理念；

"（iii）互操作性；

"（iv）符合认证测试要求；并且

"（v）其他方面，如适当的 EHR 技术测评；

"（B）可包括如下方面——

"（i）允许用户订购并查看实验室检测、影像检测及其他诊断检测的结果；

"（ii）提交、编辑并检索注册中心中的数据，如临床医生主导的临床数据注册库中的数据；

"（iii）通过健康信息交换，获得并交换信息及数据；

"（iv）获得并交换医疗器械的信息及数据；

"（v）获得并交换联邦、州、地方机构及其他合格实体持有的、对医疗保健提供者或其他合格使用者在进一步提供患者护理中有用的信息及数据；

"（vi）获得并交换其他医疗保健提供者或合格使用者的信息；

"（vii）获得并交换患者生成的信息；

"（viii）以数字化形式，向患者或已授权的代理人提供其电子记录中健康信息的完整副本；

"（ix）为患者提供准确的患者信息，包括交换此信息，并避免患者记录的重复；以及

"（x）由部长酌情确定有关绩效及可及性的其他方面；并且

"（C）应确保小型健康信息技术开发者及初创健康信息技术开发商不会因报告标准而过度处于劣势。

"（4）**修订**——在根据第（3）段制定报告标准后，部长应召开利益相关者会议，并收集公众评论，以修订根据该段制定的报告标准。

"（b）**参与方**——根据第3001（c）（5）（D）条，经认证的 EHR 开发者应向接收者提交一份根据所有由开发商提供的经认证技术制定的、第（c）（1）款规定的拨款、合同或协议，以符合根据第（a）款制定的标准，作为保持认证的条件。

"（c）**报告计划**——

"（1）**一般规定**——在《21 世纪治愈法案》生效 1 年内，部长应在竞争的基础上向独立实体给予拨款、合同或协议，以支持召开如第（a）（2）款描述的相关利益者会议，收集符合第（a）（3）款规定标准报告要求的信息，制定并实施第（5）段规定的程序，

并将该信息提交给部长。

"（2）**申请**——根据本款，需要拨款、合同或协议的独立实体应同期向部长提交一份申请，在这份申请中包含部长可能要求的适当的信息，包括以下事项的描述——

"（A）对基于第（a）款制定的报告标准所收集的信息进行审查及提炼的方法；

"（B）如果可以，将重点放在经认证的 EHR 技术使用者的特定群体上，例如医疗保健提供者、包括初级保健医师、专业医师以及在偏远地区提供服务的护理医师；医院及医院系统；患者、消费者及患者、消费者支持者；

"（C）第（6）段描述的广泛发布报告的计划；

"（D）要求拨款、合同或协议的期限，最多 2 年；以及

"（E）参与报告计划的预算，以及合格的独立实体是否打算在拨款、合同或协议到期后继续参与报告计划。

"（3）**独立实体的考量**——在根据第（1）段授予拨款、合同或协议时，部长应优先考虑在健康信息技术可用性、互操作性及安全方面具有专业知识的独立实体（尤其是在 EHR 方面有专业知识的独立实体）——

"（A）医疗保健提供者，包括初级保健医师，专业医师以及在偏远地区提供服务的护理医师；

"（B）医院及医院系统；以及

"（C）患者、消费者以及患者、消费者的支持者。

"（4）**限制**——

"（A）*评估与重新决定*——在《21 世纪治愈法案》生效 4 年内，并在之后每 2 年，部长应与相关利益者协商——

"（i）基于如第（6）段描述的报告质量及可用性，评估（1）段下拨款、合同及协议的接受者的绩效；以及

"（ii）必要时重新决定是否授予拨款、合同及协议。

"（B）*禁止参与*——对于以下情况，部长可能不会授予第（1）段下的拨款、合同或协议——

"（i）经认证健康信息技术的所有者或该所有者的联营企业；

"（ii）经认证健康技术的开发商；或者

"（iii）州或本地政府机构。

"（5）**反馈**——基于（a）款制定的报告标准，（1）段下拨款、合同或协议的接受者应制定并实施收集及核实该标准的保密性反馈程序，从以下渠道——

"（A）医疗保健提供者、患者以及经认证 EHR 技术的其他使用者；

以及

"（B）经认证 EHR 技术的开发商。

"（6）报告——

"（A）*生成报告*——（1）段下每个拨款、合同或协议的接受者应根据第（a）款规定向该 EHR 技术接受者报告信息，根据第（5）段收集的用户反馈信息，制定上述信息总结报告及详细报告。

"（B）*报告的发布*——每个（1）段下拨款、合同及协议的接受者都应向部长提交（A）段描述的报告，且部长应根据（d）款公开发布此报告。

"（d）*发布*——必要时部长应在国家协调员办公室网站[41]（Office of the National Coordinator）上广泛发布——

"（1）根据第（a）款制定的报告标准；并且

"（2）根据第（c）（6）款的摘要及详细报告。

"（e）*审核*——（1）段下每个拨款、合同或协议的接受者应制定

---

[41] ONC 是所属 HHS 下部长办公室的分支，ONC 领导国家卫生信息技术工作，作为主要联邦实体负责协调全国努力实施和使用最先进的卫生信息技术和电子交换卫生信息。
Office of the National Coordinator for Health Information Technology [EB/OL].(2017-01-13) [2017-01-23].
https://en.wikipedia.org/wiki/Office_of_the_National_Coordinator_for_Health_Information_Technology

并实施程序，通过该程序参与 EHR 技术的开发者可根据（d）款发布报告前，审核并建议更改根据第（c）(6)款制定的、由该开发者开发产品的用户反馈报告。

"(f) *其他资源*——为更好通知健康信息技术的使用者，部长应在国家协调员办公室的网站上提供其他资源。这些报告可以由具有专业知识的私人组织合作伙伴发布。

(d)*授权拨款*——为了执行《公共卫生服务法案》第 3001（c）(5)条（42 U.S.C.300jj-11）[经（a）款增加] 第（D）段和《公共卫生服务法案》[经（b）款增加] 第 3009A 条，政府授权拨款 1500 万美元，包括用于管理合同、拨款或协议。

第 4003 条 互操作性

(a)**定义**——修订《公共卫生服务法案》第 3000 条（42 U.S.C. 300jj）——

(1)将第（10）至（14）段重新指定为第（11）至（15）段；并且

(1)在第（9）段结尾处插入以下内容：

"（10）**互操作性**——"互操作性"与健康信息技术相关，是指该健康信息技术——

"（A）能够保证电子健康信息与其他来源于部分非专业用户的健康信息技术进行安全交换，并保证电子健康信息使用的安全性；

"（B）根据适用的州或联邦法律的授权使用，允许获得、交换及使用所有可用的电子健康信息；

"（C）不能导致如第 3022（a）条描述的信息阻塞。

（b）**支持网络交换的互操作性**——修订《公共卫生服务法案》第 3001（c）条 [42 U.S.C. 300jj-11（c）]，在结尾处增加以下内容：

"（9）**支持互操作性网络交换**——

"（A）**一般规定**——国家协调员（the National Coordinator）应与 HHS 下属的国家标准与技术研究院（the National Institute of Standards and Technology NIST）或其他相关机构合作，确保健康信息在网络之间交换通畅，召开公 – 私伙伴和公 – 公伙伴会议，以达成共识，并制定或支持可信交换（trusted exchange）系统[42]，包括全国健康信息网络的一致性协议。召开该会议的次数可由部长酌情决定。

"（B）**建立可信交换体系**——

"（i）**一般规定**——在《21 世纪治愈法案》生效 6 个月内，国家协调员应召开公共及个人相关利益者会议，以为可信政策及指南，以及健康信息网络间交换的一致性协议，制定或支持可信交换体系。一致性协议包括——

"（I）证明可信健康信息网络参与者的常用方法；

---

[42] 本法条以下有该定义："可信交换"是关于注册电子健康记录的术语，是指注册的电子健康记录技术在用户和多个电子健康记录技术系统之间相互交换信息的过程中，在技术方面确保信息安全。

"（II）制定可信信息交换规则的常用集合；

"（III）保证网络间健康信息交换的组织及运营政策；包括进行该交换的最低条件；并且

"（IV）用于提出并调整不符合一致性协议条款行为的程序。

"（ii）**技术支持**——国家协调员应与 NIST 合作，共同对根据本段如何实施可信交换系统及一致性协议提供技术支持。

"（iii）**试点测试**——国家协调员应与 NIST 协商，对根据本款建立的可信交换系统及一致性协议进行试点测试（如《医疗信息技术促进经济和临床健康法案》第 13201 条所规定）。国家协调员可与 NIST 协商，将本款规定的试点测试委托给具有相应专业知识的独立实体。

"（C）*可信交换系统及一致性协议的发布*——在召开第（A）段相关利益者会议的一年内，国家协调员应该在其网站上及《联邦公报》（Federal register）上发布根据第（B）段制定或支持的可信交换体系及一致性协议。可信交换系统及一致性协议应以保护信息的专利性及安全性的方式发布，包括商业机密及任何其他受保护的知识产权。

"（D）*健康信息网络参与者名单*——

"（i）*一般规定*——在召开第（A）段下相关利益者会议的 2 年内，之后每年一次，国家协调员应在其网站上公布已达成一致性协议，并能根据（B）段制定或支持的一致性协议进行可信交换的健康信息网络名单。

"(ⅱ) **程序**——部长应通过通知并评论规则，建立可自愿选择采用可信交换系统及一致性协议的健康信息网络程序，以验证该系统及协议的采用。

"(E) **可信交换系统集一致性协议的申请**——与健康信息交流网络签约或签订协议的联邦机构可视情况根据第（C）段发布新的可信交换系统及一致性协议，酌情要求该网络对健康信息技术或者可信信息及运营操作进行升级及修订。

"(F) **建立规则**——

"(ⅰ) **一般规定**——本段中的任何内容不得解释为要求健康信息网络采用可信交换系统或一致性协议。

"(ⅱ) **网络中信息交换的规则**——本段中的任何内容不得解释为要求健康信息网络在相同网络参与者之间采用电子健康信息交换的可信交换系统或一致性协议。

"(ⅲ) **现行体系及协议**——根据第（C）段发布的可信交换体系际一致性协议应考虑现行的系统间协议，以避免破坏现行健康信息网络参与者之间的信息交换。

"(ⅳ) **联邦机构的申请**——尽管有（ⅰ）（ⅱ）（ⅲ），联邦机构对于根据（E）段签订的健康信息交换合同或协议，可要求其采取（C）段发布的可信交换系统及一致性协议。

"（ⅴ）**对当前工作的考量**——在执行本段的过程中，部长应考虑公立及私营组织有关健康信息交流的活动，以避免重复工作。"

（c）**提供方的数字化联系信息索引**——

（1）**一般规定**——在本法生效 3 年内，HHS 部长（以下简称'部长'）应直接或通过合作伙伴，与私人实体共同建立提供方的数字化联系信息索引，以为健康专业人员及卫生设施提供数字化联系信息。

（2）**利用现有索引**——在建立第（1）段的初始索引中，部长可利用现有的提供方指南，以使得该数字化的联系信息更具有可行性。

（3）**联系信息**——根据本款设立的索引应在个体医疗保健提供者水平以及卫生设施或实践水平的基础上，确保联系信息的可行性。

（4）**制定规则**——

（A）*一般规定*——本款的目的是鼓励提供方尽可能提供有用、可信及全面的索引，以进行电子信息的交换。为了达到这一目的，部长应规定包含所有健康专业人员及卫生设施，以提供有用、可靠、全面的索引，促进健康信息的交换。

（B）*限制*——在任何情况下都不应排除被作为实现目标以及如（A）段描述的其他目标的提供方索引。

（d）**标准组织**——修订《公众卫生服务法案》第 3004 条（42 U.S.C.

300jj–14），在结尾处增加如下内容：

"（c）**对标准组织的决定**——对于本条采取并执行的标准，部长应参考标准组织及自愿达成一致标准的实体发布的标准。"

（e）**卫生信息技术咨询委员会**——

（1）**一般规定**——修订《公众卫生服务法案》第三十章（42 U.S.C. 300jj et seq.），删除第3002条（42 U.S.C. 300jj–12）及第3003条（42 U.S.C. 300jj–13），并插入如下内容：

"**第3002条健康信息技术咨询委员会**

（a）**设立**——设立卫生信息技术咨询委员会（Health Information Technology Advisory Committee 'HIT'）（以下简称 'HIT 咨询委员会'），为了采用与国家即地方实施健康信息技术基础设施有关的第3004条下的标准、执行规范及认证准则，建议国家协调员执行如第3001（c）（3）条描述的战略计划、政策，以促进健康信息的电子可及、交流和使用。该委员会应在《21世纪治愈法案》生效前，撤销 HIT 政策委员会及 HIT 标准委员会，并统一替代为 HIT 咨询委员会。

"（b）**职责**——

"（1）**有关推进健康信息技术基础设施互操作性的政策体系的建议**——

"（A）**一般规定**——HIT 咨询委员会应向国家协调员提供建议，

建议部长采用符合第 3001（c）（3）条规定的、扩大本款描述目标领域的、战略性计划的政策体系。该政策体系应符合本条的规定，并寻找实现第（2）段（B）段描述目标领域推进的优化方法，包括在《21 世纪治愈法案》生效前，由现行的 HIT 政策委员会提出的政策建议。

"（B）*更新*——HIT 咨询委员会应更新对该政策体系的建议，以及提出合理的新建议。

"（2）**一般职责与目标领域**——

"（A）*一般规定*——HIT 咨询委员应建议国家协调员采取第 3004 条下的标准、执行规范、认证准则，以及制定、协调及辨别这些标准、规范及认证标准的优先事项。该建议应包括推荐标准、架构以及通过不同系统获得电子可识别的个人健康信息，系统包括用户的审核、认证、权限管理以及访问控制。

"（B）*优先目标领域*——根据本条规定，HIT 咨询委员会应根据第（A）段对以下至少一个目标领域给予意见：

"（i）在全国及地区性范围内，实现允许健康信息的电子可及性、交换及使用的健康信息技术基础设施的应用，包括通过可为患者提供精确的患者信息的技术，包括该信息的交换，以及避免患者信息的复制。

"（ii）促进并保护健康信息技术中健康信息的隐私性及安全性，包括允许公开的技术数量，对由实体持有的用于治疗、支付以及医疗保健［如《1996 健康保险携带和责任法案》（the Health

Insurance Portability and Accountability Act of 1996）第 264（c）条定义〕的个人可识别健康信息进行保护以避免披露的技术，包括分割并保护特殊及敏感的个人识别健康信息，以减少患者不愿意进行医疗保健的行为。

"（iii）促进个人对其保护的健康信息进行安全访问，以及促进家庭成员、看护人或监护人代表患者（包括残疾、认知功能障碍或者痴呆的老年人）访问这些信息。

"（iv）根据第（D）段规定，根据本段应考虑 HIT 咨询委员会认为是合理的任何其他目标领域。

"（C）*其他目标领域*——根据本条规定，除第（B）段描述目标领域外，HIT 咨询委员会可根据第（A）段对以下区域提出建议：

"（i）使用健康信息技术，以改善卫生保健质量，如促进卫生保健的协调并提高医疗保健提供者间医疗保健的连续性，减少医疗错误，改善人类健康状况，减少慢性病的发生，以及推进研究及教育。

"（ii）使用可解决儿童以及其他弱势群体需求的技术。

"（iii）使用电子系统，以确保全面收集患者数据，至少包括种族、民族、主要语言及性别信息。

"（iv）使用自助服务、远程医疗、家庭保健及远程监控技术。

"（v）使用可满足不同人群需求的技术。

"（vi）使用可支持以下内容的技术——

"（Ⅰ）质量及公众报告计划需使用的数据；

"（Ⅱ）公众健康；或者

"（Ⅲ）药品安全。

"（vii）当个人可识别健康信息在健康信息网络中传输，或在由泄露信息的实体负责安全问题的安全设施或系统外传输时，使用可将个人可识别的健康信息转换为对未经授权个体的不可使用、不可读或不可识别数据的技术。

"（viii）使用每个美国人都可使用的经认证的健康信息技术。

"（D）**临时附加优先目标领域的权限**根据第（B）（iv）段规定，HIT 咨询委员会可根据本款，确定一个区域，并将其视为第（B）段描述的目标领域，如果符合以下条件——

"（i）该区域是为应对在健康信息技术领域出现的、影响健康信息的互操作性、隐私性、安全性或影响患者安全的新情况而确定的；并且

"（ii）在该区域被提议成为第（B）段目标领域审核前至少 30 天，国家协调员应向国会递交一份通知，通知中应陈述将该区域作为目标领域的意义。

"（E）**委员会工作重点**——国会认为 HIT 咨询委员会应将工作重

点放在第（B）段描述的优先领域上，然后再根据第（C）段进行其他工作。

"（3）与标准、实施规范及认证标准建议相关的规定——

"（A）**一般规定**—— HIT 咨询委员会应向国家协调员提出对（a）款所描述标准、实施规范或认证标准的建议，其中可包括已经由 HIT 咨询委员会或前任委员会制定、协调或确定的标准、实施规范及认证标准。HIT 咨询委员会应更新这些建议并酌情提出新的建议，包括回应根据第 3004（a）（2）（B）条发送的通知。这些建议应与委员会提出的最新建议保持一致。

"（B）**协调**——HIT 咨询委员会确定一个或多个实体的协调或更新标准，以协调或更新标准及实施规范，实现标准及实施规范的统一一致。

"（C）**标准及实施规范的试点测试**——在制定、协调或确定标准及实施规范时，HIT 咨询委员会应根据第（2）（B）段的建议，酌情对相关标准及实施规范进行测试，测试由 NIST 进行，以符合《医疗信息技术促进经济及临床健康法案》第 13201（a）条的规定。

"（D）**一致性**——根据第（2）（B）段提出的标准、实施规范及认证标准应符合《社会保障法案》第 1173 条采用的信息交易及数据要素标准。

"（E）**与互操作性相关的特殊规定**——在生效本段后，由 HIT 咨询委员会提出的任何有关健康信息技术互操作性的建议应与第 3000

条描述的互操性规则保持一致。

"（4）**论坛**——HIT 咨询委员会应为与第（1）（2）（3）段描述所问题相关的政策专家，包括技术专家的广大利益相关者召开讨论会，以收集有关制定、协调及确定标准、实施规范及认证标准方面的建议，这对在全国及地区性范围内建立并采用允许健康信息的电子可及性、交换及使用的健康信息技术基础设施是很必要的。

"（5）**时间规划**——在 HIT 咨询委员会首次会议 30 天内，HIT 咨询委员会应制定一份评估根据(1)段制定的政策建议的时间规划。HIT 咨询委员会应每年更新该时间规划。部长应将该时间规划发布在《联邦公报》上。

"（6）**公众建议**——HIT 咨询委员会应举行公开的公众会议，并制定程序，以对第（5）段描述的时间规划及本款描述的建议征询公众建议。在公布本分条的建议后，委员会应及时提交通过该程序征询的建议。

"（c）**加速优先领域进展的举措**——

"（1）**一般规定**——根据本条规定，国家协调员应与部长共同设立并酌情更新推进及衡量第（b）（2）（B）款描述的优先领域进展的目标及基准。

"（2）**推进互操作性的年度进展报告**——

"（A）*一般规定*——HIT 咨询委员会应与国家协调员协商，每年向部长及国会提交一份报告，报告陈述在上一财年内以下方面的进展——

"（i）在全国及地区性范围内实现允许健康信息的电子可及性、交换及使用的健康信息技术基础设施的进程；并且

"（ii）满足（1）段描述的目标及基准的进程。

"（B）*内容*——每份报告应包括——

"（i）描述上一财年由 HIT 咨询委员会执行的、与第（b）（2）（B）款所描述目标领域相关的工作；

"（ii）对第（A）段描述的基础设施状况进行评估，包括电子健康信息易于获得的程度，以利于用户与不同开发商提供的技术进行电子健康信息的可及、交换及使用；

"（iii）第（b）（2）（B）款描述区域相关的、已取得的进展的程度；

"（iv）对识别政策及资源方面现存差距的分析，以——

"（I）实现根据（1）段设立的目标及基准；并且

"（II）进一步提高健康信息技术基础设施整体互操作性；

"（v）提出解决（iii）所识别差距的建议；以及

"（vi）由 HIT 咨询委员会及国家协调员酌情确定的其他举措的描述。

"（3）**确定重大进展**——部长应基于根据本款提交的报告定期检查第（b）（2）（B）描述的目标领域，并基于第（1）段制定的目标及基准，确定是否已取得与该区域相关的重大进展。HIT 咨询委员会应在确定对第（b）（2）（B）款描述区域以外的区域提出何种建议时，考虑已确定的重大进展。

"（d）**成员及运营**——

"（1）**一般规定**——国家协调员应在 HIT 咨询委员会的设立及运营方面发挥领导作用。

"（2）**成员**——HIT 咨询委员会的成员应——

"（A）至少包括 25 个成员，其中——

"（i）至少 2 名成员支持患者或消费者的健康信息技术；

"（ii）至少 3 名成员由部长任命，1 名被任命代表 HHS，1 名是公共卫生官员；

"（iii）2 名成员由参议院多数党领袖（the majority leader of the Senate）任命；

"（iv）2 名成员由参议院少数党领袖（the minority leader of the Senate）任命；

"（v）2 名成员由众议院议长（the Speaker of the House of Representatives）任命；

"（ⅵ）2 名成员由众议院少数党领袖（the minority leader of the House of Representatives）任命；以及

"（ⅶ）其他由美国总审计长任命的成员；以及

"（B）至少能够反映提供方、卫生保健辅助工作者、消费者、购买者、健康计划、健康信息技术开发者、研究人员、患者、相关的联邦代理机构以及拥有技术经验的个体对卫生保健质量、系统功能、隐私性、安全性以及健康信息的电子交换及使用的建议，包括对相关活动使用标准的建议。

"（3）**参与**——HIT 咨询委员成员应均衡地分散在医疗保健系统的不同部门，以防止某个部门对委员会的建议产生过度的影响。

"（4）**期限**——

"（A）**一般规定**——HIT 咨询委员会的成员任期为 3 年，除部长制定的首次受任命成员的交叉任期。

"（B）**空缺**——在该成员的前任成员任期届满前，任何被任命填补该 HIT 咨询委员会前任成员空缺的成员，其任期仅为前任成员任期的剩余期限。成员可以在任期届满后继续任职，直至指定下一任成员。HIT 咨询委员会的空缺应按照初始任命的方式进行填补。

"（C）**限制**——HIT 咨询委员会成员应不多于两个 3 年任期，在委员会总共任期不得超过 6 年。

"（5）**外部参与**——HIT 咨询委员会应确保外部顾问拥有参与委员

会活动的机会，包括制定健康信息电子交换及使用，包括健康信息隐私性及安全性的政策及标准的专业人员。

"（6）**法定人数**——HIT 咨询委员会的大多数成员构成表决的法定人数，但少数成员可以举行听证会。

"（7）**考虑**——国家协调员应确保在制定政策时考虑国家生命与健康统计委员会（the National Committee on Vital and Health Statistics）提出的相关可行的建议及评论。

"（8）**援助**——为执行本条规定，部长应提供或确保 HIT 咨询委员会提供财务援助，援助资金用于委员会向将公众利益作为其使命之一的消费者拥护组织及非营利实体支付全部或部分的成员费用。

"（e）**FACA 的应用**——HIT 咨询委员应遵守《联邦咨询委员会法》（the Federal Advisory Committee Act, FACA）除 14 条外的所有条款。

"（f）**发布**——部长应将由 HIT 咨询委员会制定的所有政策建议发布在《联邦公报》及健康信息技术国家协调员办公室的网站上。"

（2）**技术及合规修订**——修订《公共卫生服务法案》第 30 章（42. USC.300jjet seq.）——

（A）删除——

（i）所有"HIT 政策委员会"及"HIT 标准委员会"（除非出现在"HIT 政策委员会及 HIT 标准委员会"或"HIT 政策委员会或 HIT 标准委员会"中），并插入"HIT 咨询委员会"；

（ii）所有"HIT 政策委员会及 HIT 标准委员会"，并插入"HIT 咨询委员会"；并且

（iii）"HIT 政策委员会或 HIT 标准委员会"，并插入"HIT 咨询委员会"；

（B）第 3000 条（42 U.S.C. 300jj）中——

（i）删除（7）、（8）段，并将第（9）至（14）段分别改为（8）至（13）段；并且

（ii）在（6）段后插入：

"（7）HIT 咨询委员会——'HIT 咨询委员会'是指根据 3002（a）条设立的委员会。"；

（C）第 3001（c）条［42 U.S.C. 300jj–11（c）］中——

（i）（1）（A）段中，删除"根据第 3003 条"插入"根据第 3002 条"；

（ii）（2）段中，删除（B）段，并插入以下内容：

"（B）*HIT 咨询委员会*——国家协调员应是设立并运营 HIT 咨询委员会的领导成员，并应作为该委员会与联邦政府之间的联络人。"；

（C）第 3004（b）（3）条［42 U.S.C. 300jj–14（b）（3）］中，删除"第 3003（b）（2）条"，并插入"3002（b）（4）条"；

（D）第 3007（b）条［42 U.S.C. 300jj‑17（b）］中，删除"第 3003（a）条"并插入"第 3002（a）（2）条"；并且

（E）第 3008 条（42 U.S.C. 300jj‑18）中——

（i）（b）款中，删除"或 3003"；并且

（ii）（c）款中，删除"3003（b）（1）（A）条"，并插入"第 3002（b）（2）条"。

（2）HIT 咨询委员会的过渡期——HHS 部长应给予根据本条修订设立的 HIT 咨询委员会有序的、适时的过渡期。

（f）标准、实施规范及认证标准采用的优先事项——已通过（e）款修订的《公共卫生服务法案》（42 U.S.C. 300jj et seq.）第三十章，将进行进一步修订，在第 3002 条后增加以下内容：

"第 3003 条　设置标准采用的优先事项

"（a）确定优先事项——

"（1）一般规定——在 HIT 咨询委员会首次碰面后的 6 个月内，国家协调员应定期召开 HIT 咨询委员会会议，以——

"（A）识别健康信息技术使用的优先事项，将优先事项集中于——

"（i）实施可有效使用经认证的 EHR 技术、基于绩效的奖励支付

系统、可替代支付模型、基于价值的医院采购计划以及部长认为合理的其他基于价值的支付计划的激励计划；

"（ii）与患者护理质量相关；

"（iii）与公众健康相关；

"（iv）与临床研究相关；

"（v）与电子健康信息的隐私性及安全性有关；

"（vi）与健康信息技术领域的创新相关；

"（vii）与患者安全相关；

"（viii）与健康信息技术的可用性相关；

"（ix）与个人对电子健康信息的可及性相关；及

"（x）部长认为合理的其他优先事项；

"（B）识别支持所需电子健康信息的使用及交换的现存标准及实施规范，以满足（A）段识别的优先事项；且

"（C）发布一份总结（A）及（B）段分析结果的报告，并提出适当的建议。

"（2）**优先事项**——对于（1）（B）段识别的标准及实施规范，

HIT 咨询委员会应优先考虑由基于共识的标准制定组织制定的标准及实施规范。

"（3）**审查现行标准规范的指南**——与《社会保障法案》第 1890条基于共识的实体以及其他相关的联邦机构协商，对第（1）（B）段下现行标准的分析应包括评估对公共数据元素核心集的需求，以及对相关有价值的集合的需求，以提高经认证的健康信息技术收集、使用及交换结构化电子健康信息的能力。

"（b）**对已采纳标准的审查**——

"（1）**一般规定**——在《21 世纪治愈法案》生效之日起 5 年后，并在之后每三年，国家协调员应召集利益相关者审查已采纳标准的现存集合及实施规范，并给出建议——

"（A）是否继续使用该标准及实施规范；或者

"（B）淘汰该标准及实施规范。

"（2）**优先事项**——HIT 咨询委员会应与国家标准与技术研究院（the National Institute for Standards and Technology）合作，通过每年收集公众意见，审查并公布健康信息技术使用的优先事项、标准及实施规范，支持这些优先事项。

"（c）**解释规定**——本条中的任何内容不得被解释为阻止使用或采纳可改善现有的健康信息技术基础设施并促进健康信息安全交换的新标准"。

第 4004 条 信息阻塞

修订《公众卫生服务法》(42 U.S.C. 300jj‑51 et seq.)第三十章 C
分章,在结尾处增加以下内容:

"**第 3022 条 信息阻塞**

"(a)**定义**——

"(1)**一般规定**——在本条,术语'信息阻塞'是指一种做法——

"(A)除非法律规定或部长根据(3)段的规则制定另有规定外,
该做法可能干扰、阻止或实质上阻碍对电子健康信息的可及、交
换或使用;且

"(B)(i)如果该做法是由健康信息技术的开发者、交流处或网络
做出的,则该开发商者、交流处或网络知道或应该知道这样的做
法可能干扰、阻止或实质上阻碍电子健康信息的可及、交换或使
用;或者

"(ii)如果由医疗保健提供者进行,则该医疗保健提供者知道该
做法是不合理的并可能干扰、阻止或实质上阻碍电子健康信息的
可及、交换或使用。

"(2)**做法的描述**——(1)段所述的信息阻塞的做法可能包括——

"(A)限制这些信息在治疗及相应法律规定的其他被许可目的方
面,根据适当的州或联邦法律规定,已授权可及、交换或使用,

包括已认证健康信息技术间的转换；

"（B）以可能大大增加获得、交换或使用电子健康信息复杂性或负担的非标准方式实施健康信息技术；以及

"（C）以下列方法实施健康信息技术——

"（ⅰ）可能限制与输出完整信息集或在健康信息技术系统间转换的电子健康信息的可及交换或使用；或者

"（ⅱ）可能在健康信息的可及、交换及使用方面导致错误、浪费、滥用或阻碍创新及进步的情况出现，包括可通过健康信息技术进行的医疗护理。

"（3）**制定规则**——部长应通过制定规则，确定不会构成第（1）段所述的信息阻塞的合理及必要活动。

"（4）**在识别出例外情况前不执行规定**——术语"信息阻塞"一词不包括任何在《21世纪治愈法案》生效之日后的第30天之前出现的做法或行为。

"（5）**协商**——部长就发布本款的规定可与联邦贸易委员会协商，在一定程度上，该规定应对做法做出界定，该做法对促进竞争及消费者福利是有必要的。

"（6）**应用**——关于个人或实体，"信息阻塞"一词不应包括该个人或实体以外的行为或做法。

"（7）**说明**——为执行本条，部长应确保医疗保健提供者不会因健康信息技术开发者，或向其提供健康信息技术的其他实体的过错而受到惩罚，以确保该技术满足本章的认证要求。

"（b）**检查员的一般权限**——

"（1）**一般规定**——HHS 的检查长（在本条中以下简称为'总检查长'）可以调查任何——

"（A）经认证健康信息技术的健康信息技术开发者，或其他提供经认证健康信息技术的实体——

"（i）提交第 3001（c）（5）（D）（vii）条所述的虚假认证；或者

"（ii）导致信息阻塞；

"（B）导致信息阻塞的医疗保健提供者；或者

"（C）导致信息阻塞的健康信息交换或网络。

"（2）**处罚**——

"（A）*提供方、网络和信息交换*——第（1）段第（A）段或第（C）段所述的任何个人或实体，经总检查长（Inspector General）根据本款开展调查后，承认导致信息阻塞行为的，应接受民事罚款。所有民事罚款由部长在调查后确认违法行为决定，每笔罚款不得超过 1 000 000 美元。处罚决定应考虑以下因素，如导致信息阻塞的性质和程度，信息阻塞造成的危害，适当时包括，受信息阻塞影响的患者及提供医疗服务提供方数量，以及信息阻塞持续的天数。

"（B）*提供方*——第（1）段第（B）段中所述的任何个人或实体，经总检查长判定导致信息阻塞行为的，将会提请有关机构，并依相关联邦法律授权予以处罚，部长将通知和评论形式制定相关规则。

"（C）*程序*——《社会保障法案》第1128A条［该条第（a）和（b）款除外］的规定适用于本款的民事罚款，也适用于第1128A（a）条的民事罚款或程序。

"（D）*追回的赔偿金*——根据本段规定，追回的款项应按如下规定（进行）分配：

"（i）**年运营支出**——根据本款的授权，总检查长办公室依本条规定，须每年向部长估算实施检查的成本，该估算包括用于计算依本段所追回款项的年度数额差额的合理准备金。为执行本条规定检查而授权的拨款金额等于该会计年度估算金额。

"（ii）**其他项目使用**——根据本段追回的款项和依（i）可用的剩余金额，可分配至《社会保障法案》第1817条（规定的）联邦住院保险信托基金，也可分配至该法案第1841条（规定的）联邦补充医疗保险信托基金，由部长确定分配比例。

"（E）*拨款授权*——为执行本条规定，授权拨给总检查长办公室1 000 000美元并保持在支出前可用。

"（3）**索赔解决**——

"（A）**一般规定**——如果总检查长办公室根据 1996 年《健康保险流通与责任法案》（Health Insurance Portability and Accountability Act of 1996）第 264（c）条（42 U.S.C. 1320d‐2 note）颁布的有关健康隐私和安全相关规定咨询后，若确定将会涉及解决信息阻塞的索赔问题，可将此类信息阻塞诉讼案例提请 HHS 的民事权利办公室协助解决。

"（B）**有限责任**——根据（A）段的参照条款，若医护人员或者健康信息技术提供方与 HHS 民事权利办公室进行良好互信的信息共享，则医护人员或提供方对此类信息的披露或依（A）段做出的披露不承担责任。

"（c）**已注册的健康信息技术交换障碍地识别**——

"（1）**可信交换定义**——本节中，"可信交换"是关于已注册电子健康记录的术语，是指已注册电子健康记录技术能够确保用户和多个电子健康记录技术系统信息交换的安全。

"（2）**指南**——国家协调员与 HHS 民事权利办公室进行协商，并发布有关常见的法律问题、监管和预防电子健康信息安全障碍的指南。

"（3）**参照条款**——国家协调员和 HHS 的民事权利办公室可以参照总检查长对拒绝个人或实体在法律允许范围内使用可信交换的已认证的 EHR 技术进行健康信息的交换的案例或模式。

"（d）**附加条款**——

"（1）**信息共享规则**——为执行本条规则的目的，国家协调员可作为总检查长和联邦贸易委员会的技术顾问。尽管另有规定，国家协调员为了调查，可以与联邦商务委员会分享第（b）款与索赔或调查相关的信息，并依法与总检查长分享相关信息。

"（2）**保护信息不被披露**——国家协调员收到任何与信息阻塞索赔或建议有关的信息，这些信息可合理预期为有助于信息来源的识别——

"（A）不得由国家协调员披露上述信息，但执行本条必要时除外；

"（B）根据本条第（3）（b）款，豁免《美国法典》第五编第552条的强制性披露；以及

"（C）在某种程度上，总检查长和联邦贸易委员会可以使用这类信息用于做出不能有助于识别信息来源的报告。

"（3）**标准化过程**——

"（A）*一般规定*——公众提交以下索赔报告时，国家协调员应该实施标准化程序——

"（i）健康信息技术产品或者该产品的提供方（或者向医护人员提供该产品的其他实体）不能互操作或造成信息阻塞；

"（ii）导致第（a）款所描述信息阻塞的第（b）（1）款描述的行为；以及

"（iii）第（a）款阐述的任何其他的行为。

"（B）*信息采集*——根据第（A）段实施标准化过程，提供所收集信息的发起单位、地址、交易类型，系统版本、时间戳、终止单位、地址、系统版本、失败通知及其他相关信息。

"（4）*罚款机制不重复*——在执行本款规定时，在可能的范围内，部长要确保对造成信息阻塞的个人或实体与该条实施前的罚款机制不重复。

第4005条　充分利用改善电子健康记录改善患者护理

（a）与注册相关的要求——

（1）**一般规定**——根据《公共卫生服务法案》第30章（42 U.S.C. 300jj et seq.）规定，电子健康记录应能够将数据传递给，或适当接受符合健康信息技术国家协调员办公室的标准注册中心的数据，包括以临床为导向的临床数据注册中心，也可通过技术认证，以接受或适当将数据递给已认证的、符合相关标准的电子健康记录。

（a）**解释规则**——本款的任何规定都不应被理解为要求超出符合相应标准的、数据交换技术能力的注册中心进行认证。

（b）**定义**——本法案，"临床数据注册中心"是指临床数据库"——

（1）由临床医生主导的，或受法律约束的、免税的［根据1986年《国内税收法案》第501（c）条］专业协会，或其他类似医生导向或受法律约束的组织，或该组织控制的、旨在监护照顾患有特殊疾病、适应证、暴露药物或治疗方案人群的附属机构建立并运营；

（2）用来收集有关特殊疾病、适应证和暴露药物的治疗程序、服务或者治疗方案的具体化、标准化数据；

（3）为数据库提交报告的参与者提供反馈；

（4）满足以下数据质量标准，包括——

（A）系统地收集临床及其他医疗保健数据、使用标准化的数据元素，并拥有检验数据安全性及有效性的程序；以及

（B）定期检查或审核数据，以核实数据的安全性和有效性；以及

（5）提供持续参与的训练及支持。

（c）**健康信息技术提供方对患者隐私处理办法——**

（1）**一般规定**——根据《公共健康服务法案》第九章 C 部分（42 U.S.C.299b–21 et seq.）规定，健康信息技术提供方应作为一个提供方（如本法案第 921 条定义），以报告和开展患者安全活动为目的，通过使用健康信息技术以促进临床护理水平提高，提高患者安全性保护、改善患者服务质量，改善健康护理结果。

（2）**报告**——本法案生效 4 年内，HHS 部长应向参议院卫生教育劳工及养老金委员会以及众议院的能源和商务委员会提交一份报

告，报告关于患者隐私安全组织自愿提供受试者的当前状况和最佳治疗实践方案，以提高健康信息技术与临床实践整合，报告中不包括识别个人的医疗服务人员的信息，或者暴露或使用受保护的健康信息或个人身份信息。

第 4006 条　增加并改善患者对其电子健康信息的访问

（a）患者对使用健康信息交换的可及——《公共卫生服务法案》第 3009 条（42 U.S.C.300jj-19）结尾处增加如下内容——

"（c）通过健康信息交换，促进患者使用电子健康信息——

"（1）**一般规定**——部长使用现有权利，鼓励健康信息交换组织、互联网、医护人员、健康服务计划以及其他相关实体间合作，以使患者能够以简单、易于理解、安全以及自动更新的单一纵向的方式获得他们电子的健康记录。

"（2）**培训提供方**——部长与 HHS 的民事权利办公室协调，应——

"（A）培训医护人员充分利用健康信息交换（或者其他相关平台）的能力方式，以使患者获得自己的电子健康信息；

"（B）澄清医护人员使用健康信息交换（或其他相关平台）对患者获取电子健康信息的误解；以及

"（C）在可行范围内，培训提供方使用（1）段阐述的部分或全部能力的健康信息交换（或其他相关平台）。

"（3）**要求**——在实施（1）段时，部长与民事权利办公室合作，应发布与最优实践相关的健康信息交换指南，确保提供给患者的电子健康信息是——

"（A）保密以及安全；

"（B）准确；

"（C）可被检验；以及

"（D）若患者信息交换的权利是法律规定的，依据该授权很容易进行信息交换。

"（4）**解释规则**——本款不可取代患者通过健康信息交换途径（或者其他相关平台）获得知情同意的法律，为患者提供《美国法典》规定的保护，除非《美国法典》另有规定。

"（d）**努力促进健康信息的可及**——国家协调员和 HHS 民事权利办公室合作促进，确保这些信息以方便患者的、合理的形式提供给患者，不给相关医护人员增加负担。

"（e）**患者记录的可及性**——

"（1）**信息的可及性及更新**——

"（A）**一般规定**——部长，与国家协调员协商，可制定政策，确保患者以及患者指定的人对电子健康信息可及，以促进与医护人员和其他人，包括研究者，沟通，符合知情同意的方式获得电子健康信息。

"（B）*更新访问和个人健康信息交换培训——*

根据《健康信息流通与责任法案》《隐私规则》（《美国法典》第
45 章 164 节 E 分节），个人有查阅、访问复印件、将该受保护个
人健康信息的复印件传给第三方的权利。为提高个人权利意识，
民事权利办公室主任，与国家协调员商议，可以帮助个人及医护
人员及患者理解的访问信息的权利，依 1996 年《健康保险流通
与责任法案》（《公法》104–191）保护个人健康信息，包括提供
个人健康以计算机格式输入的最佳做法，包括当医护人员被允许
交换及使用健康信息时，使用患者的门户网站或者第三方应用上
的信息，允许提供方交换或访问健康信息的常见案例。"

"（2）*认证对患者的可用性——*

依据 3001（c）（5）条实施认证计划，国家协调员可要求——

"（A）*认证标准支持——*

"（i）患者能够以简单、易于理解、安全以及自动更新的单一纵向
的方式获得他们的电子健康记录。

"（ii）患者以电子形式交换患者报告信息的能力（例如家族史及
医疗史）；以及

"（iii）患者以研究目的自由选择获得个人电子健康信息；以及

"（B）HIT咨询委员会制定和优化标准，实施规范和认证标准要求，以帮助患者获得电子健康信息，提高对患者的可用性的认证，患者能够以简单、易于理解、安全以及自动更新的单一纵向的方式获得他们的电子健康记录的技术支持。"

（b）**以电子格式获得信息**——《经济与临床健康卫生信息技术法案》第13405（e）条（42 U.S.C. 17935）经修订——

（1）（1）段，结尾处插入"以及"；

（2）将第（2）段改为第（3）段；以及

（3）（1）段后插入：

"（2）如果个人向商业伙伴请求获得个人的受保护健康信息或副本，或者个人向商业伙伴请求同意个人获得或直接将该副本传送给商业伙伴、个人指定的某个人或实体，商业伙伴应同意个人访问或者提供副本，可以以电子形式，或同意传送该访问或副本给个人指定的某个人或实体；以及"

第4007条　GAO对患者匹配的研究

（a）**一般规定**——本法案颁布实施后1年内，美国总审计长应开展一项研究——

（1）为确保适当患者信息匹配时，保护患者隐私以及电子健康记录和电子健康信息交换安全，审查健康信息技术国家协调员办公室和其他相关利益相关方的政策和行动，其他利益相关方可能包括标准开发组织、健康信息技术专家、健康信息技术提供方、健康服务提供方、医疗人员、医疗保险支付方、医疗质量组织、州、健康信息技术政策专家以及其他相关实体；以及

（2）调查第（1）款政策与活动所做的努力，以及该努力对私营部门的有效性。

（b）**聚焦领域**——根据（a）款进行研究时，总审计长应——

（1）根据以下因素，基于匹配效果评估当前用于患者匹配的经认证的电子健康记录使用的方法——

（A）患者信息隐私；

（B）患者信息安全；

（C）提高匹配率；

（D）减少匹配误差；以及

（E）减少重复记录；以及

（2）确定健康信息技术国家协调员办公室是否可以采用如下步骤提高患者匹配，包括——

（A）定义附加数据元素以帮助患者数据匹配；

（B）对需要收集和交换的最少元素集达成一致；

（C）要求电子健康信息记录具备某些需要的领域要求的能力并使用特定标准；以及

（D）根据第（a）款的利益相关者其他建议。

（c）**报告**——本法案生效两年内，总审计长应向国会提交一份根据（a）款开展研究的结果报告。

第 4008 条　GAO 关于患者获得健康信息的研究

（a）**研究**——

（1）**一般规定**——总审计长（本条中称为"The Comptroller General"）应在先前 GAO 办公室的研究及其他文献审查的基础上，研究审查患者对其个人受保护的健康信息获得，包括患者获得障碍以及提供方给患者提供时的复杂性和困难的经验。开展该研究过程中，总审计长应考虑采用健康信息技术的增长以及日益普遍的以电子形式存储的健康信息。

（2）**聚焦领域**——对根据第（1）款的审查，总审计长应考虑——

（A）被网络覆盖的实体向个人，包括患者、第三方以及医疗保健提供方请求获得记录收费的案例，包括以电子格式请求获得记录；

（B）当请求获得记录时，对个人免费的案例数量和类型，包括传送给第三方的请求获得记录的案例；

（C）被网络覆盖的实体不能提供的以个人要求的形式和格式请求个人获得信息的程度，包括该案例的示例；

（D）第三方通过患者个人获得信息权限要求获得受保护的患者信息的案例，包括可能规避向第三方适当收费的信息获取请求的案例；

（E）何种情况下允许网络涵盖的实体向第三方获取患者记录收费以及向患者获得他们自己受保护信息低收费或者免费；

（F）提供方辨别适用于以成本为基础的收费限制的来自个人的获取记录请求，以及来自第三方的不受以成本为基础的收费限制的获取记录请求；以及

（G）可能妨碍提供方提供患者获得个人记录的能力以及妨碍患者获取个人记录能力的其他情况；

（b）**报告**——本法案生效 18 个月内，总审计长应向国会提交一份根据（a）款开展研究的报告。

第 4009 条　提高 MEDICARE 地方覆盖范围的决定

（a）**一般规定**——《社会保障法案》1862（I）（5）条［42 U.S.C. 1395y（1）（5）］经本条修订，在结尾处增加下面段：

"（D）*地方覆盖范围决定*——部长要求每个 MEDICARE 管理合同方制定本地覆盖范围决定，Medicare 管理合同方在该决定生效之日前 45 天内，在该合同方的网站和医疗网站公布以下信息：

"（ⅰ）该决定的全部内容。

"（ⅱ）提议的决定首次公开的地点和时间。

"（ⅲ）提议的决定的超链接及对合同方关于该决定的评论的回应。

"（ⅳ）合同方在该决定制定过程中的证据摘要及证据来源列表。

"（ⅴ）支持该决定的合理解释。"

（b）**有效期**——第（a）款所做的修订，适用于本法生效 180 天或之后提出或修订的地区覆盖范围决定。

第 4010 条　MEDICARE 药品和科技调查员

《社会保障法案》（42 U.S.C. 1395b‑9）第 1808 条经修订，在结尾处增加新款：

"（d）**药品和科技调查员**——

"（1）**一般规定**——本段生效 12 个月内，部长为医疗保险和医疗救助服务中心提供一名药品和科技调查员，负责接收并回应以下投诉、不满、请求——

"（A）来自于已纳入保险覆盖的医药、生物技术、医疗器械或者诊断产品的生产实体，或根据本章正寻求纳入保险覆盖的上述产品生产实体；以及

"（B）与涉及本章规定的此类产品覆盖范围、编码或支付有关。

"（2）**申请**——第（c）（2）款第二句话适用于（A）款调查员，也同样适用于根据（c）款的 Medicare 受益人调查员（Medicare Beneficiary Ombudsman）。

第 4011 条　MEDICARE 服务单位价格透明

《社会保障法案》第 1834 条（42 U.S.C.1395m）经修订，结尾处增加新款：

"（t）服务单位价格透明——

"（1）**一般规定**——依本章，为了促进医院门诊部或门诊手术中心项目和服务价格的透明度，部长应在 2018 年及此后的每一年向公众提供有关项目和服务的适当数量的可检索的网站——

"（A）根据第 1833 条（t）款所列的门诊部收费项目以及该条第（i）款外科手术急救中心项目或服务支付系统的预算支付数额；以及

"（B）适用于项目或服务的受益人的预计负担额（beneficiary liability）。

"（2）**计算预计的受益人负担**——根据第（1）（B）条预计的受益人关于项目或服务负担额是指，第 1882 条或任何其他认证的 Medicare 补充保险政策或其他补充保险未覆盖支付的项目或服务量。

"（3）**实施**——为实施本款，部长——

"（A）应在第 1804（a）条做出的通知中包括根据（1）款预计负担额的可用性；以及

"（B）本款生效之日，可以利用现有机制公开依本段估计的负担额，例如通过 Medicare 和 Medicaid 中心网站中比较医生绩效（通常称为医生比较网站）部分。

"（4）**基金资助**——部长应将联邦补充医疗保险信托基金根据1842 条转拨至 Medicare 和 Medicaid 中心计划管理账户，2017 财年 6 000 000 美元，并保持支出前可用。"

第 4012 条　远程医疗服务

（a）Medicare 和 Medicaid 服务中心提供信息——本法案生效后一年内，Medicare 和 Medicaid 服务中心管理者应向众议院和参议院司法委员会提供以下信息：

（1）Medicare 受益人群体，例如具有参加根据《社会保障法案》第 18 章（42 U.S.C.1395 et seq. ）Medicare 计划及第 19 章（42 U.S.C. 1396 et seq. ）Medicaid 计划双重资格的群体以及患有慢性病的群体，其护理可以通过提高质量和效率得到最大程度改善，一定程度上满足或超过根据第 18 章下 Medicare 计划、本法案第 1834（m）（4）条 [（42U.S.C.1395m（m）（4）] 远程医疗服务的护理标准。

（2）Medicare 与 Medicaid 创新中心开展审核远程医疗服务模式、项目或根据本法案第 1115A 条（42U.S.C.1315a）项目资助的使用情况的活动。

（3）根据第 18 章的可能适用于提供远程医疗的大批量服务类型（和相关诊断）。

（4）除本法生效之日起已经有效提供的服务外，可能会阻止根据《社会保障法案》第 1834（m）（4）[42U.S.C.1395m（m）（4）] 条的远程医疗服务的障碍。

（b）**Medicare 支付咨询委员会提供的信息**——根据《社会保障法案》第 1805 条（42U.S.C.1395b-6）成立的 Medicare 支付咨询委员会（MEDPAC）应在 2018 年 3 月 15 日之前使用定性和定量研究方法向众议院和参议院司法委员会提供以下确认的信息——

（1）本法案生效之日起，根据本法案第 18 章 A 和 B 部分规定的可按项目付费的远程医疗项目；

（2）该日期起，私人健康保险计划可支付的远程医疗服务项目；以及

（3）对符合第（2）款而不符合第（1）段确定的服务项目，对这类服务项目的付款可纳入按项目付费计划。（包括任何对纳入计划的方式建议）。

（c）**国会意见**——国会意见指——

（1）合格的发起医疗服务地点（eligible originating sites）[43] 应扩充，超过《社会保障法案》第 1834（m）（4）条［42 U.S.C. 1395m（m）（4）（C）] 所述的发起医疗服务地点；以及

（2）根据本法案第 18 章的远程医疗服务的任何扩充都应该——

（A）意识到远程医疗是通过医疗保健提供方使用技术作为护理模式提供安全、有效、优质的医疗服务；

（B）如果个人提供服务，要满足或超过 Medicare 计划的覆盖范围或支付条件，包括护理标准，除非在后续法案中有具体说明；以及

（C）涉及提供该服务的临床治疗手段。

---

[43] 发起服务地点（An originating site）是合格的 Medicare 受益人在通过远程沟通系统接收医疗服务时候的地点。Medicare 受益人可以接收远程服务只要其发起服务地点在标准都市统计区域以外（Metropolitan Statistical Area, MSA）或在农村普查地段或在 MSA 以外的县。

第五章 | 储蓄

第 5001 条　Medicare 改善基金储蓄

《社会保障法案》第 1898（b）（1）条［42U.S.C.1395iii（b）（1）］，经 2016 年《综合成瘾于康复法案》第 704（h）条修订，删除"140 000 000 美元"，插入"270 000 000 美元"。

第 5002 条　各州对耐用医疗设备的医疗救助报销

《社会保障法案》第 1903（i）（27）条［42U.S.C.1396b（i）（27）］经修订，删除"2019 年 1 月 1 日"，插入"2018 年 1 月 1 日"。

第 5003 条　违反拨款、合同及其他协议的处罚

（a）一般规定——《社会保障法案》第 1128A 条（42 U.S.C. 1320a-7a）经修订，在结尾处增加新款：

"（o）任何个人［包括组织、机构或其他实体，不包括计划受益人，第（q）（4）款定义］就拨款，合同或其他协议，部长提供资金应——

"（1）个人故意提出或提出根据该拨款，合同或其他协议提出特定索赔［（r）款定义］的原因，该人应知道哪些是虚假的或欺骗性的；

"（2）故意做出，使用，或做出及使用虚假声明、遗漏或错误解读申请、计划、投标、进展报告或其他文件中的重要事实的理由，其目的是直接或间接地接受或保留由该部长提供的全部或部分资金；

"（3）在拨款、合同或其他协议下，为特定的虚假和欺骗性索赔故意做出虚假记录或声明材料，拨款索赔；

"（4）故意向［（s）款定义的］责任方做出，使用，或做出及使用虚假记录和声明材料的理由，该责任方按照拨款、合同及其他协议支付或划转资金或财产或者故意隐瞒或故意逃避或缩减向部长支付或划转资金的义务；或

"（5）在合理请求下，未能及时获得拨款，总检查长涉及拨款、合同或者其他协议的审计、调查、评估或者其他法定职能；

除法律规定其他处罚外，（1）段描述的情况，民事罚金不高于10 000美元，（2）段描述的情况，对每项实质性事实虚假陈述、遗漏、重要事实的错误解读处以不超过50 000美金罚款；（3）段描述的情况，对每个虚假记录或声明处以不超过50 000美金罚款；（4）段描述的情况，对每个虚假记录或陈述处以不超过

50 000美元罚款或者对故意隐瞒或故意逃避或减少支付义务的个人处以每天10 000美元罚款;(5)段描述的情况,处以每天不超过15 000美元罚款。除此之外,对于(1)段和(3)段描述的情况,应酌情给予该人不超过三倍(2)段和(4)段索赔款额的罚款,以补偿美国或特定州机构因该特定索赔而遭受的损失,该人酌情罚款数额不超过基金总额三倍,数额分别依据(2)段和(4)段描述的情况确定[或者根据第(4)段有义务将财产转移给部长时,该段所述的财产价值]以补偿美国或特定州机构因此而遭受的损失。除此之外,为排除参与联邦卫生保健计划的人[1128B(f)(1)条定义]以及指导相关州机构排除参与联邦保健计划的人,部长可用相同程序做出决定。

"(p)第(c)(d)及(h)段的规定适用于根据(o)款的民事罚款与评估,同样地适用于根据(a)款的罚款、评估或过程。执行(d)款时,根据该款的每项要求都应视为特定索赔的((r)款定义)参考。

"(q)根据本款和(o)和(p)款:

"(1)'部'指HHS。

"(2)'重要的'指影响、或者能够影响接受或支付资金或财产的特性。

"(3)'其他协议'包括合作协议、奖学金、学术奖金、贷款、补助、指定付款、捐赠协议、奖励或者分奖励(无论协议中的一人或多人是合同方还是分包商)。

"（4）'计划受益人'是指，当拨款、合同或者其他协议用作向个人奖励或者提供其他拨款，部长向申请人或者接受人提供来自拨款、合同或者其他协议的资金，拨款或援助。对于拨款、合同或者其他协议，计划受益人不包括接收授予或者签订该合同或其他协议的个人或实体的代理人、官员、雇员。

"（5）'接收人'包括分接收人或者分合同方。

"（6）'特定州机构'指设立或指定的监管或监督由部长全部或部分资助的拨款、合约或其他协议管理的州政府机构。

"（r）本条中，'特定索赔'是指依拨款、合同或者其他协议提出有关资金或财产的任何申请、要求或请求，无论美国或特定州机构是否拥有该款项或财产的所有权，以下不属于索赔［第（i）（2）款定义］——

"（1）提交或导致提交给官员、雇员、HHS 或机构代理，或者任何特定州机构代理的索赔；或

"（2）向合同方、受让人或者其他任何接收人提出索赔，如果该款项或财产将由 HHS 代表用于 HHS 或推动部门计划或利益，而且，如果 HHS——

"（A）提供或者已提供要求或请求的资金或财产；或

"（B）补偿合同方、受让人或其他接收人所要求或请求的任何部分资金或财产。

"（s）对于（o）款中，'义务'是指法定职责，由明确的或者隐晦的合同、授予人 – 受让人或者证书颁发者 – 证书获得者产生，以费用或相似关系为基础，依据法规，或者来自任何保留的超额支付。"

（b）**一致性修订**——《社会保障法案》第 1128A 条（42U.S.C.1320a–7a）经修订——

（1）（e）款，在第一句"声明"后插入"或特定声明"；以及

（2）（f）款中——

（A）（1）段前——

（i）在"声明区域"后插入"或特定声明 [（r）款定义]"；以及

（ii）"原告"后插入"[或对（o）款所述人而言]"；以及

（B）（4）段后，"或一个州机构"后插入（或，（o）款罚款或评估时，由"特定州机构进行 [（q）（6）款定义]。

第 5004 条　减少输液药品过度支付

（a）**通过耐用医疗设备（DME）提供输液药品治疗**——《社会保障法案》第 1842（o）（4）条 [42 U.S.C.1395u（o）（1）] 经修订——
（1）（C）分款，"2005"后插入"[包括 2017 年 1 月 1 日或之后提供的（D）（i）分款阐述的药品和生物制品]"；以及

（2）（D）分款——

（A）在输液药品出现的每一处，删除"输液药品"插入"输液药品或生物制品"；以及

（B）（i）中——

（i）删除"2004"插入"2004，及 2017 年 1 月 1 日前"；以及

（ii）删除"该药"。

（b）在 DME 竞争性收购计划下 DME 输注药品的不包括——

（1）**一般规定**——《社会保障法案》第 1847（a）（A）条［42 U.S.C. 1395w－3（a）（2）（A）］经修订——

（A）删除"以及排除"，插入"排除"；以及

（B）结尾句号前插入"，以及排除 1842（o）（1）（D）条所述的药品和生物制品"。

（2）**一致性修订**——《社会保障法案》第 1842（o）（1）（D）（ii）条［42 U.S.C.1395u（o）（1）（D）（ii）］经修订，删除"2007"，插入"2007，及《21 世纪治愈法案》颁布之日"。

第 5005 条　加强对 Medicaid 提供方终止的监管

（a）**加强监管和报告**——

（1）**州报告要求**——《社会保障法案》第 1902（kk）条［（42U.S.C.1396a（kk）］经修订——

（A）将原来的第（8）段改为第（9）段；以及

（B）第（7）段后插入如下新段：

"（8）Medicaid 提供方终止——

"（A）**一般规定**——自 2018 年 7 月 1 日起，根据第（a）（41）款对根据 CFR（2015 年 11 月 1 日生效）第 42 章的 455.101 条阐述的理由或部长阐述的其他理由，由医疗服务提供方或其他参与州计划的人（或豁免计划），在终止提供服务生效后 30 日内，应向部长提交有关提供方或个人的——

"（i）"提供方或个人的姓名；

"（ii）提供方或个人类型；

"（iii）提供方或个人执业的专业领域；

"（iv）出生日期，社会保险编号，国家提供者识别码（如果可用），联邦纳税人识别码，以及提供方或个人的许可证或认证号（如果适当）；

"（v）终止原因；

"（vi）发给提供方或个人终止通知的复印件；

"（vii）在通知中明确终止的生效日期；以及

"（viii）部长要求的任何其他信息。

"（B）*有效期定义*——本段中，'有效期'是指（A）段所述的终止，迟于——

"（i）通知中明确终止的生效日期；或

"（ii）终止相关的上诉的权利期已满或者超出上诉期。"

（2）**管理式医疗单位合同要求**——

《社会保障法案》第 1932（d）条［42U.S.C.1396u-2（d）］经修订，结尾处加入新段：

"（5）**管理式医疗单位合同要求**——

根据 1903（m）或 1905（t）（3）条与管理式医疗组织（Managed Care Organization）签订的合同（如适当），在 2018 年 7 月 1 日之前，该合同应包括依本章应终止根据本章、第 18 章、第 21 章的服务提供方或个人［1902（kk）（8）条定义］在任何实体网络中，为有资格获得医疗救助服务的个人提供服务。"

"（3）**终止通知数据库**——《社会保障法案》第 1902 条［42U.S.C1396a）］经修订，结尾处增加新款：

"（I）**终止通知数据库**——根据本章或第 18 章医疗服务提供方或

个人［（kk）（8）款所述］被终止服务时，部长应根据（a）（41）款（如果适用）被通知终止服务后 30 天内，经终止审核，如果部长认为适当，应根据《患者保护与平价医疗法案》第 640(b)（2）条（42U.S.C.1395cc note；Public Law 111-148）将终止通知列入数据库中或者任何其他类似的开发系统中。"

（4）被终止服务的提供方的项目及服务不使用联邦基金支付——

《社会保障法案》第 1903 条（42U.S.C1396b）经修订——

（A）（i）（2）款——

（i）（A）段，结尾处删除逗号插入分号；以及

（ii）（B）段，结尾处删除"或"；以及

（iii）结尾处增加新段：

"（D）2018 年 7 月 1 日起，服务提供方或个人参与的州计划在根据 1902（ll）条终止被纳入数据库或其他开发系统后 60 天后终止执行；或"；以及

（B）（m）款，在（2）段后插入新段：

"（3）根据本章不向州支付关于管理式医疗组织［1932（a）（1）条定义］根据本章的州计划（或放弃该计划）提供服务的费用，除非州——

"（A）自 2018 年 7 月 1 日起，与该管理式医疗组织签订符合 1932（d）（5）条规定的合同；以及

"（B）自 2018 年 1 月 1 日起，符合 1932（d）（6）（A）条规定。"

（5）**开发提供方终止原因的统一术语**——2017 年 7 月 1 日之前，HHS 部长与管理医疗补助计划的州机构负责人（或豁免计划）协商，建立一个统一术语规则，用于对终止［第（8）段所述］参加本法案第 21 章的儿童健康保险计划或本法案第 19 章的 Medicaid 提供方，根据《社会保障法案》第 1902（kk）条第 8 段第（A）（v）段［42U.S.C.1396a（kk）］的如第 1 段增加的特定原因说明。

（6）**一致性修订**——《社会保障法案》第 1902（a）（41）条（42U.S.C.1396a(a)（41））经修订，删除"提供当"插入"提供，按照(kk)（8）款（如适用），当"。

（b）**增加 Medicaid 提供方信息的可及性**——

（1）**按项目付费（Fee-for-Service, FFS）（提供方纳入）**——《社会保障法案》第 1902（a）条［42U.S.C.1396a（a）］经修订，（77）段后插入新段：

"（78）2017 年 1 月 1 日之前，如果各州根据州计划或放弃医疗援助计划以按项目付费方式支付医疗援助，则各州应要求每个提供方为符合该医疗救助计划的个人提供项目或服务，或为其采购、提供、咨询或认证资格服务，并纳入州机构名单中注册，并向州机构提供服务提供方的识别信息，包括姓名、专业、出生日期、

社会保险码、州提供方标识码（如适当），联邦纳税人识别码、提供方的州许可证或认证码（如适当）；"

（2）**管理医护人员登记**——《社会保障法案》第 1932（d）条［42U.S.C.1396u-2（d）］经修订，结尾处增加新段：

"（6）**参与的提供方登记**——

"（A）*一般规定*——各州应不迟于 2018 年 1 月 1 日，要求提供方为了参加管理医疗合同网络符合本章的州计划的医疗救助范围的个人，以及在实体内签约的个人提供服务、采购、处方、咨询或服务合格证明等，提供方应根据第 1902（kk）条规定，在管理州计划（或计划的豁免）的州代理机构内进行注册。注册包括提供给州机构提供方的识别信息，包括姓名，专业，出生日期，社会保险码，国家提供方识别码，联邦纳税人识别码，和州许可证或提供方的证书编号。

"（B）*规则解释*——（A）段不得解释为，要求本段所述的提供方向没有签约管理式医疗单位的个人提供服务。"

（c）**与 CHIP 协调**——

（1）**一般规定**——《社会保障法案》第 2107（e）（1）条［42U.S.C.1397gg（e）（1）］经修订——

（A）将原来的（B）（C）（D）（E）（F）（G）（H）（I）（J）（K）（L）（M）（N）及（O）分别改为（D）（E）（F）（G）（H）（I）（J）（K）（L）（M）（N）（O）（P）（Q）及（R）；

（B）第（A）段后插入新的段：

"（B）第 1902（a）（39）条（某些提供方参与相关的终止）。

"（C）第 1902（a）（78）条（与州计划提供医疗援助服务提供方登记有关）。"

（C）（K）段后插入［原来的（A）段］插入新段：

"（L）第 1903（m）（3）（关于管理监护方面的限制）。"；以及

（D）（P）段［原来的（A）段］，删除"（a）（2）（C）及（h）"，插入"（a）（2）（C）（与印度登记有关）、（d）（5）（与管理式医疗组织合同要求有关）、（d）（6）（与管理式医疗组织参与提供方的注册有关）、（h）（与印度参保、印度医护人员及印度管理式医疗单位的特定规则有关）"。

（2）排除不包含在儿童健康保险计划的 Medicaid 提供方——

《社会保障法案》第 1902（a）（39）条［42 U.S.C.1396a（a）（39）］经修订，删除"第 18 章或者本章下的其他州计划"，插入"第 18 章，依本章的其他州计划（或豁免计划），或依第 21 章的任何国家儿童健康保险计划（或豁免计划）以及由部长做出的终止包括在根据《患者保护和平价医疗法案》的第 6401（b）（2）条开发的数据库或其他相似开发系统"。

（d）解释规则——本款不可解释为改变或限制依《社会保障法案》提供方在各州上诉程序或上诉权利。

（e）**检查长办公室报告**——2010 年 3 月 31 日之前，HHS 总检查长应向国会提交一份关于经本条修订的规则实施情况报告，报告包括：

（1）评估依据《社会保障法案》第 1902 条（ll）款（42U.S.C.1396a）［添加（a）（3）款］的列入数据库或相似系统中的提供方［本条（kk）款第（8）段和增加（a）（1）款］依据本法案第 19 章参加所有州计划（或豁免计划）的程度。

（2）关于根据该法案第 1903 条支付给各州联邦财政拨款数额的信息是否违背本条第（m）款第（3）段以及本条第（i）（2）款第（D）段确定的支付限额，增加第（a）（4）款。

（3）评估与该法案第 19 章管理式医疗组织签订的合同符合本法案第 1932（d）条第（5）段特定要求的程度，增加（a）（2）。

（4）评估依据本法案（42U.S.C.1396a（a）（78），1396u-2（d）（6）（A））第 1932（d）（6）（A）条或第 1932（a）（78）条已注册的提供方签约第 19 章的州管理计划（或豁免计划）情况。

第 5006 条　要求公开按项目付费提供方目录

（a）**一般规定**——《社会保障法案》第 1902（a）条［42 U.S.C.1396a（a）］经修订——

（1）第（81）段，结尾处删除"以及"；

（2）第（82）段，删除句号，插入"；以及"；以及

（3）第（82）段后插入新段：

"（83）不迟于2017年1月1日前，州计划（或豁免计划）是以项目付费方式为基础提供医疗救助，或通过第1915（b）（1）条［除初级保健病例管理实体（部长定义）］初级保健病例管理系统提供服务时，各州应在各种机构管理州计划的机构的公共网站发布（至少每年更新一次）（mm）款所述的医生目录以及，以各州选择为基准，根据本款所述的其他提供方——

"（A）包括——

"（i）每一个医生或提供方——

"（I）医生或提供方的姓名；

"（II）医生或提供方的专业；

"（III）提供服务的医生或提供方的地址；以及

"（IV）医生或提供方的电话；以及

"（ii）参与初级保健病例管理系统的所有医生或提供方，以下相关信息——

"（I）医生或提供方是否正在接受本章所述的接受医疗救助的新患者；以及

"（II）医生或提供方的文化及语言能力，包括医生或提供方的语

言，或为医生或提供方办公室服务的专业医学翻译的语言；以及

"（B）可包括，按州选择的，每一个医生或提供方——

"（i）医生或提供方的网站；或

"（ii）医生或提供方是否正在接受本章所述的接受医疗救助的新患者。"。

（b）**医生或提供方目录**——《社会保障法案》第 1902 条，经第 5005 条修订（a）（3），再进一步修订，结尾处加入新款：

"（mm）**所述的医生或提供方目录**——本款所述的医生或提供方——

"（1）各州机构签约的医生或提供方的类型，对医生或提供方向有资格接受各州医疗救助的个人提供服务并按项目和服务收费为条件，要求医生或提供方在各州机构注册，医生或提供方——

"（A）各州机构根据第（a）（83）款发布或更新（如果适用）提供方目录时的日期即代表已经注册；以及

"（B）在该注册日期前 12 个月根据各州计划收费；以及

"（2）在医生或提供方属于各州机构不要求注册的提供方类型时，根据第（a）（83）款发布更新目录的日期前 12 个月内，医生或提供方根据州计划（或豁免计划）收费。"

（c）**解释规则**——

（1）**一般规定**——（a）款的修订，不适用于州（《社会保障法案》第19章定义），根据本章州计划（或豁免计划）所有签约的个人，但不包括第（2）段所述的签约管理式医疗机构的个人［本法案第1903（m）（1）（A）条定义（42U.S.C.1396b（m）（1）（A））］，包括预付住院健康保险计划和预付急救健康保险计划（HHS部长定义）。

（2）**个人的描述**——本段所述的个人是指印度人［《印度医保法改革法案》第4条定义（25U.S.C.1603）］或阿拉斯加本土人。

（d）**州立法例外**——《社会保障法案》第19章的州计划，为各自计划满足或超过本条所做修订增加的额外要求，HHS部长决定需要各州立法，各自的计划不得仅因其未能在本法生效后州立法机构第一次定期会议结束后首季度第一日之前满足附加要求而被视为不符合本章规定。对前一句，各州的两年立法会议的情况下，每一次会议可视为各州立法机构单独定期会议。

第5007条　Medicaid补充需求信托的公平性

（a）**一般规定**——《社会保障法案》第1917（d）（4）（A）条［42U.S.C.1396p（d）（4）（A）］经修订，"该个人利益"后插入"个人"。

（b）**有效期**——（a）款所做的修订适用于本法案生效或建立的信托。

第 5008 条 消除联邦财政参与关于用于化妆品或毛发生长所用药品的支出

（a）**一般规定**——《社会保障法案》第 1903（i）（21）条 [42 U.S.C. 1396b（i）（21）] 经修订，在"所述药品"后插入"第 1927（d）（2）（C）条（与用于化妆品或毛发生长药物有关），除非医学上是必要的，以及"。

（b）**有效期**——（a）款作的修订适用于本法案颁布之日当天或之后的季度。

第 5009 条 修订预防与公共健康基金

《患者保护与平价医疗法案》第 4002（b）条 [42U.S.C.300u‐11（b）] 经修订——

（1）第（3）段，删除"1 250 000 000 美元"，插入"900 000 000 美元"；以及

（2）第（4）段，删除"1 500 000 000 美元"插入"1 000 000 000 美元"；以及

（3）删除第（5）段并插入如下内容：

"（5）2022 财年，1 500 000 000 美元；

"（6）2023 财年，1 000 000 000 美元；

"（7）2014 财年，1 700 000 000 美元；以及

"（8）2025 财年以及之后的每一年，2 000 000 000 美元。"

第 5010 条　战略石油储备开采

（a）开采和销售

（1）**一般规定**——尽管《能源政策与保护法》第 161 条，除了第（b）和（c）条，能源部长应从战略石油储备开采并销售——

（A）2017 财年，原油 10 000 000 桶；

（B）2018 财年，原油 9 000 000 桶；以及

（C）2019 财年，原油 6 000 000 桶。

（2）**存储销售金额**——根据第（1）款销售金额存储到销售发生的财年的国库总基金中。

（b）**紧急保护**——部长不可依本条开采和出售根据《能源政策与保护法》第 161（h）条［42 U.S.C. 6241（h）］的限制出售石油产品。

（c）**战略石油开采限制**——
《能源政策与保护法》第 161（h）（2）条的第（C）和（D）段［42 U.S.C. 6241（h）（2）（C）和（D）］均经修订，删除"500 000 000"插入"450 000 000"。

第 5011 条　解除部分 ACA44 境内资金

根据《患者保护和平价医疗法案》[42 U.S.C. 18043(c)(1)]第 1323(c)
(1) 条所述的未承付金额，本法案生效之日起 464 000 000 美元
立刻撤销。

第 5012 条　医疗保险覆盖家庭输液治疗

（a）**一般规定**——《社会保障法案》第 1861 条（ 42 U.S.C. 1395x ）
经修订——

（1）第（s）（2）款——

（A）删除（EE）段结尾处的"以及"；

（B）删除（FF）段结尾处的"以及"；以及

（C）结尾处插入新段：

"（GG）家庭输液治疗［第（iii）（1）分款定义］；"；以及

（2）结尾处插入新款：

"（iii）**家庭输液治疗**——

（1）'家庭输液治疗'是指由合格家庭输液治疗提供方［第（3）（D）

44《Affordable Care Act》

定义］在个人家中［第（3）（D）款定义］提供的第（2）款所述的项目和服务，个人是指——

"（A）在适当提供方人员

［第（3）（A）段定义］照顾下；以及

"（B）由医生［第（r）（1）条定义］所定的计划，提供个人输液治疗服务类型、数目及持续时间，并由医生（如定义）定期审查家庭输液的医疗保险B部分覆盖药物［第（3）（C）段定义］。

"（2）本段所述的服务和项目指如下——

"（A）按照计划提供，专业服务，包括护理服务。

"（B）由合格的家庭输液治疗提供方提供培训和教育［不作为（第（n）款定义）］耐用医疗设备支付，远程监控，提供家庭治疗和家庭输液药物监测服务。

（3）出于本款的规定：

（A）'合适的提供方'指——

（i）医生；

（ii）护士；及

（iii）医生助理。

（B）'家庭'指个人居住的住所［同（n）款的定义］。

（C）'家庭输液药品'指以静脉或皮下方式给药的注射用药品或生物制品，给药时间大于等于 15 分钟，在个人家中通过耐用医疗设备中的泵系统给药［同(n)款的定义］。本条不包括以下情况：

（i）胰岛素泵系统。

（ii）在自我给药排除名单中的自我给药方式给药的注射用药品或生物制品。

（D）（i）'合格家庭输液治疗提供方'指药房、医生、其他服务提供方，或通过联邦认可的其他提供方，这些药房、医生、服务提供方或提供方在州内提供项目或服务，且——

（Ⅰ）向患有急性或慢性疾病的、需要使用家庭输液药品的个人提供输液治疗；

（Ⅱ）确保基于每天一次，每周七次的、家庭输液治疗的提供及管理是安全有效的；

（Ⅲ）已通过部长根据 1834（u）（5）条指定组织的认证；

（Ⅳ）满足部长制定的其他相关要求，并遵守医疗保险优良计划（Medicare Advantage plans）C 部分及前一章节中对家庭输液治疗制定的护理标准。

（ii）为满足本分段的要求，合格的家庭输液治疗提供方可与药房、医生、服务提供方或提供方签订分包合同。"

（b）支付及家庭输液治疗的相关要求——《社会保障法案》（42 U.S.C. 1395m）第 1834 条经第 4011 条修订，将作进一步修订在结尾处增加：

（u）支付及家庭输液治疗的相关要求——

（1）支付——

（A）单次支付——（i）一般规定——根据（iii）及（B）（C）分段，部长应开通支付系统，在此系统下可向合格的家庭输液治疗提供方支付用的单次支付，合格的家庭输液治疗提供方［如第 1861（iii）（3）（D）条所定义］应符合本部分提供家庭输液药品［如第 1861（iii）（3）（C）条所定义］的相关规定，且提供的是第 1861（iii）（2）条（A）和（B）分段所述项目及服务。

（ii）单次支付单元——根据本分段开通的支付系统中的单次支付单元是根据在个人家中每天每种注射用药品的给药量而确定的。部长应考虑不同治疗类型护理服务利用率的变化，合理地为每种类型的输液治疗制定单次支付金额。

（iii）限制——如果是在医生办公室中提供服务，在遵守（B）分段及（3）段的规定后，根据本分段制定的单次支付金额应不超过第 1848 条收费表中一个日历日内提供输液治疗服务的金额，单次支付费用不包含在一个日历日内的输液治疗时间超过 5 小时的情况。

"（B）*调整要求*——部长应调整向第 1861（iii）（1）条描述的家庭输液治疗服务根据（A）分段确定的单次支付金额，以反映以下因素——

"（i）地区工资指数及其他可能由于地区不同而带来的成本差异；

"（ii）患者敏感度及药物给药途径的复杂性。

"（C）*酌情调整*——

"（i）*一般规定*——根据（ii）款，部长可调整根据（A）分段确定的单次支付金额［在遵守（B）分段的规定后］，以反映所出现的异常状况及部长认为其他合理的因素。

"（ii）*预算平衡的要求*——任何根据本分段做出的调整都应保持预算平衡。

"（2）*考虑*——在开发本款的支付系统时，部长应考虑家庭输液治疗的成本，与家庭输液治疗提供方协商，考虑本部分及 Medicare A 部分中相同项目及服务的支付总额，并考虑 Medicare C 部分医疗保险优良计划的支付总额，以及家庭输液治疗的私人保险市场（包括每种家庭输液治疗类型平均每日支付的总额）。

"（3）*年度更新*——

"（A）*一般规定*——根据（B）分段，部长应从 2022 年起，对本分段制定的单次支付总额进行年度更新，以截止于上一年 6 月前的一年内所有城市消费者的消费者价格指数（美国城市平均数）

的增长百分比为增长比例，逐年增加单次支付的金额。

"（B）*调整*——对于第 1886（b）（3）（B）（xi）（Ⅱ）条描述的生产力调整，部长应每年以（A）分段描述的增长百分比减少单次支付金额。上述调整可能导致某一年的增长百分比低于 0 的情况，也可能导致实际支付低于上一年支付比例。

"（4）**使用优先批准的权限**——部长可酌情使用优先批准第 1861（ⅲ）（1）条下家庭输液治疗服务的权限。

"（5）**合格家庭输液治疗提供方的认证**——

"（A）*指定认证组织的因素*——部长在根据（B）分段指定认证组织时，以及在审查并修改根据（C）分段制定的认证组织名单时，考虑以下因素：

"（ⅰ）组织及时审查认证申请的能力。

"（ⅱ）组织认证时具备考虑在乡村地区［同第 1886（d）（2）（D）条的定义］提供方的服务容量的能力。

"（ⅲ）组织是否已制定向申请认证的提供方收取的合理费用的标准。

"（ⅳ）部长认为合理的其他相关因素。

"（B）*指定*——在 2021 年 1 月 1 日前，部长应指定认证组织，以对提供家庭输液治疗服务的提供方进行认证。部长应根据（C）

分段修改已指定的认证组织名单。

"（C）*审查并修改认证组织名单*——

"（i）**一般规定**——部长应审查（B）分段中已指定的认证组织名单时，考虑（A）分段中的因素。根据审查结果，部长可以根据规定修改（B）分段中已指定的认证组织名单。

"（ii）**对已认证组织在被移出名单前的特殊规定**——对于部长根据（B）分段将某组织移出认证组织名单时，从此组织根据（B）分段被指定为认证组织的日期开始，到被移出名单的日期截止，任何通过此组织认证的提供方都应被视为已通过认证，且此认证在剩余期限内仍生效。

"（D）*在指定前认证的规定*——对于提供方在 2021 年 1 月 1 日前已通过部长在 2019 年 1 月 1 日前根据（B）分段指定的认证组织认证的提供方，截止到 2023 年 1 月 1 日，这类提供方都应被视为是已经部长指定组织认证，且此认证在剩余期限内仍生效。

"（6）**家庭输液治疗前输液治疗选择通知**——在向个人提供家庭输液治疗前，为个人建立第 1861（iii）（1）条所描述治疗计划的医生，应为个人提供本部分输液治疗合理选择（如家中、医生办公室、医院门诊部等）的通知（以部长认为合理的形式、方式及频率）。"

（c）**一致性修订**——

（1）**支付参考**——修订《社会保障法案》第 1833（a）（1）条 [42

U.S.C. 1395l（a）（1）] ——

（A）删除"（AA）"前的"及"；及

（B）在分号前的结尾插入："，以及

（BB）关于家庭输液治疗，支付的金额应等于服务实际收费金额或根据第 1834（u）条确定的金额中较少者的 80%"。

（2）**直接支付**——修订《社会保障法案》[42 U.S.C. 1395u（b）（6）] 第 1842（b）（6）条的第一句——

（A）删除"（H）"前的"及"；并且

（B）在结尾的句号前插入："以及（I）关于家庭输液治疗，应支付给合格的家庭输液治疗提供方"。

（3）**家庭健康服务的排除情况**——修订《社会保障法案》[42 U.S.C. 1395x（m）] 第 1861（m）条的第一句，在结尾的句号前插入："以及家庭输液治疗 [同（iii）（i）款定义]"。

（d）**生效期**——本条的修订应用于 2021 年 1 月 1 日起提供的项目及服务。

B 部分
——帮助精神健康危机家庭

第 6000 条简略标题

此部分可被称作是"《2016 帮助精神健康危机家庭改革法案》"。

第六章 | 强化领导及职责

A 节——领导

第 6001 条　精神健康及物质使用部部长助理

（a）部长助理——对《公共卫生服务法案》第 501（c）条［42 U.S.C. 290aa（c）］作如下修订：

（c）部长助理及副部长助理——

（1）部长助理——当局[45]应由精神健康及物质使用部部长助理（Assistant Secretary for Mental Health and Substance Use）（本章内称为"部长助理"）领导，此部长助理由总统委任，接受参议院的建议，并通过参议院批准。

（2）副部长助理——当有必要管理当局所开展的活动时，通过部

---

[45]　当局是指精神健康及物质使用部。

长批准的部长助理可委任一名副部长助理，雇佣员工，包括律师，并规定这些官员或雇员的职能"。

（b）**权限的交接**——HHS 部长应授予精神健康及物质使用部部长助理所有职责及权限——

（1）在此法案生效前，这些职责及权限归属于物质滥用及精神健康服务管理局[46]（the Substance Abuse and Mental Health Services Administration）；及

（2）不随本法案的终止而终止；

（c）**一致性修订**——已通过本条之前规定进行修订的《公共卫生服务法案》第 5 章（42 U.S.C. 290aa et seq.），将作进一步修订——

（1）删除所有"物质滥用及精神健康服务管理局局长"，并插入"精神健康及物质使用部部长助理"；及

（2）删除所有"局长"（包括开头出现的"局长"），并插入"部长助理"，除非"局长"出现在——

（A）本法案第 501（e）及（f）款（42 U.S.C. 290aa）的"副局长"

---

[46] 物质滥用及精神健康服务管理局（SAMHSA）是美国 HHS 的一个内设机构，负责改善预防、治疗及康复服务的质量与可及，以降低患病率、死亡率、残障率及由于物质滥用及精神疾病社会的支出。SAMHSA 的局长直接向 HHS 部长汇报工作。

【Substance Abuse and Mental Health Services Administration [EB/OL]. (2016-12-05) [2017-01-08]. https://en.wikipedia.org/wiki/Substance_Abuse_and_Mental_Health_Services_Administration】

内，包括这两款的开头；

（B）本法案第 507（b）（6）条［42 U.S.C. 290bb（b）（6）］"健康资源及服务管理局（Health Resources and Services Administration）局长"内；

（C）本法案第 507（b）（6）条［42 U.S.C. 290bb（b）（6）］"医疗保险及医疗拨款服务中心（Centers for Medicare & Medicaid Services）局长"内；

（D）本法案第 519 条(c)（1）（B）条［42 U.S.C. 290bb‑25b(c)（1）（B）］"国家公路交通安全管理局（National Highway Traffic Safety Administration）局长"内；或

（E）本法案第 519 条（c）（1）（B）条、520C（a）条及 520D（a）条［42 U.S.C.290bb–25b（c）（1）（B），290bb–34（a），290bb–35（a）］"少年司法及犯罪预防办公室（Office of Juvenile Justice and Delinquency Prevention）局长"内。

（d）**参考**——在执行（a）（b）及（c）款后，针对物质滥用及精神健康服务管理局局长提出的任何与法条、法规或指南相关的参考，都将作为精神健康及物质使用部部长助理使用的参考。

第 6002 条　加强物质滥用及精神健康服务管理局的领导

已通过第 6001 条修订的《公共卫生服务法案》第 501 条（42 U.S.C. 290aa），现将作进一步修订——

（1）（b）款中——

（A）在此款的开头，删除"机构"，并插入"中心"；及

（B）删除（1）段前的"实体"，并插入"中心"；

（2）（d）款中——

（A）（1）段中——

（i）删除所有"机构"，并插入"中心"；并且

（ii）删除"相关机构"，并插入"相关中心"；

（B）（2）段中——

（i）删除"机构"，并插入"中心"；

（ii）删除"与物质滥用相关"，并插入"与物质使用（造成的精神）障碍相关[47]"；并且

（iii）删除"以及物质滥用者的个人"，并插入"以及患有物质使

---

[47] "物质使用障碍"与"物质滥用"的区别："物质使用障碍"指使用精神活性物质导致的任何精神障碍。"物质使用障碍"术语包含许多不同的物质和障碍数目（例如，滥用、依赖、中毒、截断以及由物质使用造成的精神病综合征和障碍）。物质滥用和物质依赖是我们经常遇到的两种障碍，而且它们的标准适用于多种物质。【王静，姚新民 . 美国精神病学会：物质使用障碍病人治疗指南（摘译）[J]. 中国药物滥用防治杂志 .2009,（1）.】

用障碍的个人";

（C）（5）段中，删除"物质滥用"，并插入"物质使用障碍"；

（D）（6）段中——

（i）删除"疾病控制中心（Centers for Disease Control）"，并插入"疾病控制与预防中心（Centers for Disease Control and Prevention）"；

（ii）删除"管理局制定"，并插入"管理局，制定[48]"；

（iii）删除"在物质滥用者及患有精神疾病个人之间患有 HIV 或肺结核的个人"，并插入"在患有精神疾病或物质使用障碍个人之间患有 HIV、肝炎、肺结核及其他传染性疾病的个人[49]"；并且

（iv）删除结尾的"疾病"，并插入"疾病或障碍"；

（E）（7）段[50]中，删除"滥用抗成瘾药物，包括美沙酮"，并插入

---

[48] 原法条：协商 NIH、ODC、健康资源及服务管理局（Health Resources and Services Administration），制定教育材料，并制定干预战略，以降低物质滥用者及患有精神疾病的个体罹患 HIV 或肺结核的风险，并为患有此疾病或障碍的个体提供相应的精神健康服务。

[49] 物质滥用者有使用共同注射器的行为，多人轮流注射，这种情况可能导致 HIV、肝炎等传染病经血传播。

[50] 原法条：协调联邦对物质使用障碍的治疗服务提出的规定，包括联邦对使用经 FDA 批准或许可、用于治疗物质使用障碍的药品或器械的服务所提出的规定。

"使用障碍，包括使用经 FDA 批准或许可、用于治疗物质使用障碍的药品或器械的服务"；

（F）（8）段中——

（i）删除"卫生保健政策研究机构（Agency for Health Care Policy Research）"，并插入"卫生保健研究及质量机构（Agency for Health Care Policy Research and Quality）"；及

（ii）删除"治疗及预防"，并插入"预防及治疗"；

（G）（9）段[51]中——

（i）在"制定"后，插入"并维持"；

（ii）删除"卫生保健政策研究机构"，并插入"卫生保健研究及质量机构"；及

（iii）删除"治疗及预防服务"，并插入"预防、治疗及康复支持性服务，并合理地与当局执行的计划合并"；

（H）（10）段中，删除"滥用"，并插入"使用障碍"；

---

[51] 原法条：与 NIH 合作，共同制定并维持某种系统，通过此系统可将国家药物滥用研究院（National Institute on Drug Abuse）、国家酒精滥用及酗酒研究院（National Institute on Alcohol Abuse and Alcoholism）、国家精神健康研究院（National Institute of Mental Health）的相关研究成果，酌情包括卫生保健研究及质量机构的研究成果，以某种已设计好的方式传递给服务提供者，提高预防、治疗及康复支持性服务的传递性及有效性，并合理地与当局执行的计划合并。

（Ⅰ）删除（11）段，并插入以下内容：

"（11）与 HHS 下属相关机构合作，将精神健康及物质使用障碍的预防与传统的健康促进及疾病预防相结合，并将精神及物质使用障碍治疗服务与身体健康治疗服务相结合"；

（J）（13）段 [52] 中——

（ⅰ）删除（A）分段前的"此章，确保"，并插入"本章或第 21 章的 B 部分，或由当局资助的拨款计划"；

（ⅱ）（A）分段中——

（Ⅰ）在"所有拨款"前，插入"要求"；并且

（Ⅱ）删除结尾的"以及"；

（ⅲ）将（B）分段改为（C）分段；

（ⅳ）在（A）分段后插入以下内容：

---

[52] 原法条：关于根据本章或第 21 章的 B 部分，或由当局资助的拨款计划——
　（A）要求所有由于提供服务而授予的拨款都应进行绩效及结果评估；
　（B）当授予拨款时，确保当局每个中心的主任都能够以记录标准一致地记载拨款申请，且在授予拨款后，能够持续监督接收者的行为；
　（C）要求所有授予实体而不是州的拨款都应仅在该实体在州内提供服务后进行——
　（ⅰ）应通知该实体有关拨款申请的结果；及
　（ⅱ）应提供给该实体陈述其递交申请的优势的机会；及
　（D）当以拨款的形式向联邦内任何实体授予基金时，应通知联邦；

"（B）当授予拨款时，确保当局每个中心的主任都能一致地记录标准的申请，且在授予拨款后，能够持续监督接受者的行为；"；

（v）已被重新命名的（C）分段中——

（I）在"所有拨款"前，插入"要求"；并且

（II）（ii）中，在结尾分号后，插入"及"；并且

（vi）结尾处增加：

"（D）当向州内任何实体授予拨款基金时，应通知联邦；"；

（K）（16）段[53]中，删除"滥用及精神健康信息"，并插入"使用障碍信息，包括为患有精神及物质使用障碍的个人提供的预防、治疗及康复支持性服务的以循证为基础的有前景的最优实践[54]，"；

（L）（17）段中——

（i）删除"物质滥用"，并插入"物质使用障碍"；及

---

[53] 原法条：建立交流中心，将物质使用障碍的信息，包括为患有精神及物质使用障碍的个体提供的预防、治疗及康复支持性服务的以循证为基础的有前景的最佳实践，大范围地传递给国家、州、教育机构及研究院、治疗的提供者及公众。

[54] 最优实践：是一种被普遍接受的、优于任何替代方法的方法或技术，因为效果优于通过其他方法的效果，或者因为其已成为标准治疗，例如遵循法律或道德要求的标准方式。【Best practice[EB/OL].（2016-10-10）[2017-01-08]. https://en.wikipedia.org/wiki/Best_practice】

（ii）删除结尾的"并且"；

（M）（18）段中，删除句号，并插入分号；及

（N）在结尾处增加以下内容：

"（19）与州、地方及部落政府，非政府实体及患有精神疾病的个人，特别是患有严重精神疾病的成年人，患有严重情绪障碍的儿童，以及这些成年人及儿童的家庭成员进行协商，提高社区精神健康服务质量，以及其他方面的精神健康服务质量；

"（20）与国防部（Department of Defense）部长及退伍军人事务部（Veterans Affairs）部长合作，共同完善由国防部及退伍军人事务部为海陆空三军、退伍军人及其家属制定的有关精神及物质使用障碍服务的规定，包括完善国防部及退伍军人事务部使用远程医疗能力提供服务的规定；

"（21）与相关联邦机构及其部门的领导、国家、团体及非政府专家合作，共同提高长期无家可归者精神及物质使用障碍服务的质量，包括通过制定战略，在支持性住房（supportive housing）中提供相关服务；

"（22）与国家及其他利益相关者共同制定并支持活动，以招募、挽留能够解决精神及物质使用障碍问题的人员；

"（23）与司法部部长（Attorney General）及刑事审判体系（criminal justice system）的代表合作，以提高向被逮捕者或监禁者提供的精神及物质使用障碍服务的质量；

"（24）为公众提供提出建议的机会，为本章的精神及物质使用障碍服务的拨款计划及预防计划建立标准，此标准应提出——

"（A）受让人实施获得拨款的能力；

"（B）描述拨款计划实施方式的要求；

"（C）受让人递交的作为申请中一部分的拨款计划，必须解释受让人怎样寻找到目标人群并陈述其对服务的需求程度，可包括受让人怎样增加服务可及性，并给出改善结果的可测量目标的描述；

"（D）受让人必须收集并报告所要求的绩效评估的程度；及

"（E）受让人提议使用以循证为基础的实践的程度；及

"（25）通过现有计划，包括 2016 年《帮助精神健康危机家庭改革法案》（Helping Families in Mental Health Crisis Reform Act of 2016）第 6021（d）条中部长助理对绩效测量标准使用的建议，推动绩效测量标准的使用。"；及

（3）（m）款中，在结尾处增加以下内容：

"（4）**应急措施**——执行本款的资金应保留至下个已收到拨款的财年年底。"。

第 6003 条　首席医疗官

已通过第 6001 及 6002 条修订的《公共卫生服务法案》第 501 条（42

U.S.C. 290aa），将进行进一步修订——

（1）将（g）到（j）款改为（h）款到（k）款,（k）款到（o）款改为（m）款到（q）款；

（2）（e）（3）（C）款中，删除"（k）款"，并插入"（m）款"；

（3）（f）（2）（C）（iii）款中，删除"（k）款"，并插入"（m）款"；以及

（4）在（f）款后插入：

"（g）**首席医疗官**（CHIEF MEDICAL OFFICER）——

"（1）**一般规定**——部长批准的部长助理应在当局内委任一名首席医疗官。

"（2）**符合资格的候选人**——部长助理应从以下个人中选任首席医疗官——

"（A）获得医学或骨科医学的博士学位；

"（B）具有提供精神或物质使用障碍服务的经验；

"（C）具有参与精神或物质使用障碍计划的经验；

"（D）对运用生物学、社会心理学及药剂学治疗精神或物质使用障碍有所了解；及

"（E）获得一个或多个州的行医执照。

"（3）**职责**——首席医疗官应——

"（A）作为当局与精神及物质使用障碍预防、治疗及康复服务提供方的联络员；

"（B）协助部长助理评估、组织、整合并协调当局运营的计划；

"（C）促进以循证为基础的有前景的治疗实践，包括为精神及物质使用障碍的预防、治疗及康复提供的文化及语言上的合理操作，包括精神疾病及严重情绪障碍；

"（D）参与当局常规战略计划的制定；

"（E）与计划及评估部部长助理（Assistant Secretary for Planning and Evaluation）合作，对评估当局内与精神及物质使用障碍相关活动的绩效测量标准进行评价；及

"（F）与部长助理合作，确保当局内的精神及物质使用障碍拨款计划一致地使用合理的绩效测量标准及评价设计。"。

第 6004 条　提高行为健康计划的质量

已通过第 6001（c）条进行修订的《公共卫生服务法案》第 505 条（42 U.S.C. 290aa-4），将进行进一步修订——

（1）删除本条的名称及开头，并插入：

"第 505 条 . 行为健康数据及质量中心";

（2）将（a）到（d）款改为（b）款到（e）款；

（3）在通过（2）段重新命名的（b）款前，插入以下内容：

"（a）**一般规定**——部长助理应在当局内成立行为健康数据及质量中心（Center for Behavioral Health Statistics and Quality）（本条中指的是"中心"）。中心应由部长委任的主任领导，部长应在对行为健康保健领域或相关领域的研究及分析拥有丰富经验并具有相关学历资质的个人中选任主任。";

（4）在通过（2）段重新命名的（b）款 [55] 中——

（A）将（1）及（2）段分别重新命名为（A）及（B）分段；

（B）删除"部长，执行"与"年度"之间所有的内容，并插入"主任应——

"（1）协调当局的数据整合战略，包括通过每年收集有关以下内

---

[55]（b）主任应——

（1）协调当局的数据整合战略，包括通过每年收集有关以下内容的数据——

（A）精神疾病及物质使用所有发病形式的全国发病率及流行率；及

（B）主任选择的几所大城市的精神疾病及物质使用所有发病形式的发病率及流行率。

（2）为当局的活动提供数据及分析支持；

（3）建议设立一套绩效标准，以评估当局所支持的活动；及

（4）协调部长助理、计划及评估部部长助理，以及根据 501（g）条被委任的首席医疗官，以提高由当局计划所提供服务质量，并提高对当局所执行活动进行评估的质量。

容的数据——";

（C）在通过（A）分段重新命名的（B）分段中，删除"部长助理"，并插入"主任"；及

（D）在结尾处加入新的段落：

"（2）为当局的活动提供数据及分析支持；

"（3）建议设立一套核心绩效标准，以评估当局所支持的活动；及

"（4）协调部长助理、计划及评估部部长助理，以及根据501（g）条任命的首席医疗官，以提高由当局计划支持所提供服务质量，并提高对当局所执行活动进行评估的质量。"。

（5）（c）款中——

（A）删除"与活动相关"，并插入"精神健康——与活动相关"；

（B）删除所有"部长助理"，并插入"主任"；及

（C）删除"（a）款"，并插入"（b）（1）款"；

（6）（d）款中——

（A）删除此款的名称，以及所有在"与活动相关"后的内容，并插入：

"（d）**物质滥用**——

"（1）**一般规定**——与活动相关"；

（B）（1）段中——

（i）在（A）分段前——

（I）删除"（a）款"，并插入"（b）（1）款"；及

（II）删除所有"部长助理"，并插入"主任"；

（ii）（B）分段中，在结尾的分号前，插入"协调疾病控制与预防中心"；及

（C）（2）段中，删除"年度调查"，并插入"年度调查；公众对数据的可及性——年度调查"；及

（7）（e）款中——

（A）删除"协商后"，并插入"协商——协商后"；及

（B）删除"部长助理应制定"，并插入"部长助理应使用现存标准及最优操作来制定"。

第 6005 条　战略计划

已通过第 6001 至 6003 条修订的《公共卫生服务法案》第 501 条

（42 U.S.C. 290aa），将进行进一步修订，在通过第 6003 条重新命名的（k）款后插入：

"（l）战略计划——

"（1）一般规定——部长助理应不迟于 2018 年 9 月 30 日，并在 2018 年后每 4 年，根据本款规定，为当局所开展活动的计划及运营，制定并执行战略计划，包括以循证为基础的计划。

"（2）协调——在制定并执行本款所规定的战略计划的过程中，部长助理应考虑 2016 年《帮助精神健康危机家庭改革法案》第 6021（d）条中计划及评估部部长助理的调查结果及建议，并考虑本法案第 6031 条中部门间严重精神疾病协调委员会（Interdepartmental Serious Mental Illness Coordinating Committee）的报告。

"（3）计划的公布——部长助理应不迟于 2018 年 9 月 30 日，并在 2018 年后每 4 年——

"（A）向能源及商务委员会、众议院拨款委员会、卫生教育劳工及养老金委员会以及参议院拨款委员会递交根据（1）款制定的战略计划；及

（B）在当局网站上公布此计划。

"（4）内容——根据（1）款制定的战略计划应——

"（A）识别由当局运营并支持的，针对精神及物质使用障碍活动及计划的战略优先事项、目标及可测量目标，包括预防或消除精

神及物质使用障碍负担的优先事项；

"（B）对于向患有精神及物质使用障碍的个人所提供的服务，识别提高这类服务质量的方法，并识别降低患有精神或物质使用障碍的无家可归者、被逮捕者、被监禁者、暴力者，包括自我导向暴力者，以及不需要住院的个人数量的方法，包括患有严重精神疾病的成年人或患有严重情绪障碍的儿童；

"（C）确保计划中包含描述获得有效的、循证的预防、诊断、干预、治疗及康复服务的方法，包括识别为患有精神或物质使用障碍的个人提供的文化及语言服务的途径；

"（D）识别与健康资源及服务管理局合作的机会，以制定或提高——

"（i）鼓励个人从事以下职业（尤其是农村地区，服务缺乏的地区，以及农村及服务缺乏的人群）：精神科医生，包括儿童及青少年精神科医生，心理学家，精神病学护士，医生助理，临床社会工作者，已认证的同行支持专家，经许可的专业顾问，或其他经许可或已认证的精神健康或物质使用障碍的专业人员，包括诊断方面的专业人员，评价或治疗患有严重精神疾病的成年人或严重情绪障碍的儿童的专业人员；及

"（ii）对于治疗患有精神或物质使用障碍或同时患有两种疾病个人的人员，制定提高招募、培训及挽留这类人员质量的战略；

"（E）识别增加与州、当地政府、团体及印第安部落［如《印第安民族自治和教育援助法案》（the Indian Self——Determination and

Education Assistance Act）第 4 条定义]、部落组织合作的机会；及

"（F）详细说明宣传与精神疾病的预防、诊断、早期干预、治疗及康复服务相关的，循证及承诺最优操作的战略，特别是与向患有严重精神疾病的成年人及严重情绪障碍的儿童，以及物质使用障碍者所提供服务相关的以循证为基础的有前景的最佳实践"。

第 6006 条　活动及进程双年度报告

（a）一般规定——已通过修订的《公共卫生服务法案》第 501 条（42 U.S.C.290aa），本条将对通过第 6003 条重新命名的（m）款 [原（k）款] 进行进一步修订：

"（m）与活动及进程相关的双年度报告——部长助理应不迟于 2020 年 9 月 30 日，并在 2020 年后每 2 年 1 次，向能源及商务委员会、众议院拨款委员会、卫生教育劳工及养老金委员会以及参议院拨款委员会递交至少包含以下内容的报告——

"（1）对当局执行或支持的活动进行审查，包括审查根据（1）款制定的战略计划中，识别战略优先事项、目标及目的进程；

"（2）对部长助理执行的计划及活动的评价，包括本章及第 21 章中的计划及活动应满足根据不同计划及活动制定的目标及绩效测量标准。

"（3）描述当局解决精神及物质使用障碍的预防、治疗及康复服务间差距问题的进程，并描述当局改善服务结果的方式，包括改善治疗

严重精神疾病、严重情绪障碍及同时患有两种疾病的服务结果；

"（4）描述当局同其他与精神及物质使用障碍相关的联邦机构及部门协调与合作的方式，包括与以下内容相关的活动——

"（A）将研究结果的实施与宣传合并进改进计划中，包括怎样将严重精神疾病及严重情绪障碍的研究进展与计划进行合并；

"（B）治疗精神及物质使用障碍人员的雇佣、培训及挽留；

"（C）精神障碍服务、物质使用障碍服务与物理健康服务的整合；

"（D）无家可归者；及

"（E）退伍军人；

"（5）描述当局通过本章中的受让人，及《联邦法规》第 21 章 B 部分，促进协调国家或地方机构的方式；及

"（6）描述根据第 501A（e）条所执行的与精神及物质使用障碍相关的活动，包括——

"（A）授予拨款的数量及类型；

"（B）授予拨款的总金额；

"（C）描述此拨款所支持的活动，包括所支持计划的结果；及

"（D）国家精神健康及物质使用政策实验室（National Mental Health and Substance Use Policy Laboratory）怎样与计划及评估部部长助理协商，以及怎样与物质滥用治疗中心（Center for Substance Abuse Treatment）、物质滥用预防中心（Center for Substance Abuse Prevention）、行为健康数据及质量中心，以及精神健康服务中心合作的相关信息；及

"（7）为完善当局的计划，计划及评估部部长助理根据2016年《帮助精神健康危机家庭改革法案》第6021（d）条提出的建议，以及为响应完善当局内计划而提出的相关建议，计划及评估部部长助理所采取的行动。

部长助理可通过提供含有以上内容的报告，作为根据本款建立的双年度报告的附录，满足本章的报告要求，尽管本章中存在其他报告要求的时间轴。本款中的任何规定都不可以被解释为是修改此报告的内容要求，或授权部长助理修改任何相关报告的时间轴，使其频率低于2年1次，除非本章中存在其他特殊规定。"

（b）**一致性修订**——修改《公共卫生服务法案》第508（p）条［42 U.S.C.290bb-1（p）］，删除"第501（k）条"，并插入"第501（m）条"。

第6007条 精神健康服务中心、物质滥用预防中心及物质滥用治疗中心授权

（a）**精神健康服务中心**（CENTER FOR MENTAL HEALTH SERVICES）——修订《公共卫生服务法案》第520（b）条［42 U.S.C.290bb-31（b）］——

（1）将（3）段至（15）段改为（4）段至（16）段；

（2）在（2）段后插入：

"（3）与国家精神健康研究所（National Institute of Mental Health）主任及根据第501（g）条委任的首席医疗官合作，确保与预防及治疗精神疾病相关的计划，以及促进精神健康及康复支持相关的计划是以可反映最优可获得科学及以循证为基础的实践执行的，包括适当的文化及语言服务"；

（3）（5）段[56]中，在分号前插入："，包括通过降低风险并促进弹性的计划"；

（4）（6）段49[57]中，在"制定"前插入："与国立精神健康研究所的主任合作"；

（5）（8）段[58]中，在"并保护合法权益"前插入："，加强患有精神疾病的个人对当局的计划及活动有价值地参与"；

---

[56] 原法条：（5）制定并协调联邦的预防政策及计划，并确保加大对精神疾病的预防及精神健康的促进的关注；

[57] 原法条：（6）与国家精神健康研究所的主任合作，制定治疗患有精神疾病个体的改进方法，并制定帮助此类个体家庭的改进方法；

[58] 原法条：（8）对于培养独立性（foster independence），加强患有精神疾病的个体对当局的计划及活动有价值地参与，并保护患有精神疾病个体合法权益的联邦、州、地方及私人部门，促进制定针对联邦、州、地方及私人部门的政策及计划，包括执行《三类精神病患者的保护及倡导法案》（the Protection and Advocacy of Mentally Ill Individuals Act）中的规定；

（6）（10）段中，删除"第303条规定的专业人员及辅助专职人员"，并插入"卫生辅助专职人员及卫生专业人员"；

（7）（11）段[59]中，在"农村精神健康"后，插入"以及电子精神健康"；

（8）（12）段[60]中，删除"为精神健康信息建立交流中心，以确保此信息的大范围宣传"，并插入"宣传精神健康信息，包括循证操作，"；

（9）（15）段中，删除结尾的"及"；

（10）（16）段中，删除句号，并插入"；及"；及

（11）结尾处加上：

"（17）当授予拨款时，确保以记录标准一致的方式记录拨款申请，且在授予拨款后，能够持续监督受让人的行为"。

（b）**物质滥用预防中心的主任**——修订《公共卫生服务法案》第505条（42 U.S.C.290bb-21）——

---

[59] 原法条：（11）开展与服务相关的评估，包括评估医疗护理的融资机构及组织、自助及消费者管理计划、精神健康经济、精神健康服务体系、农村精神健康以及电子精神健康，并提高国家执行评估由公共资助的心理健康计划的能力；

[60] 原法条：（12）向国家、州、教育机构及研究院、治疗及预防服务的提供者以及公众宣传循证操作在内的精神健康信息，包括国家精神健康研究所（the National Institute of Mental Health）支持的、适用于改进服务传递性的研究的实际应用信息；

（1）在此条开头，删除"办公室"，并插入"中心"；

（2）（a）款中——

（A）删除"办公室"，并插入"中心"；及

（B）删除"办公室"，并插入"预防中心"；及

（3）（b）款中——

（A）（1）段[61]中，在分号前插入"通过降低风险并促进弹性"；

（B）将（3）至（11）段改为（4）段至（12）段；

（C）（2）段后插入：

"（3）与国家药物滥用研究所（National Institute on Drug Abuse）主任、国家酒精滥用研究所（National Institute on Alcohol Abuse）主任及国家合作，共同促进物质滥用预防的研究，以及对于可提高物质滥用预防活动的有效性及传递性的研究结果，促进这类研究结果的宣传及实施；"；

（D）（4）段[62]中，删除"可卡因游离碱不良反应的宣传品"，并插

---

[61] 原法条：（1）通过降低风险并促进弹性，资助药物及酒精滥用预防的区域培训班。

[62] 原法条：（4）制定有效的关于药物及酒精滥用预防的宣传手册（关于个人滥用药物所产生后果的教育信息，包括暴露在滥用药物的药物的情况）。

入"关于个人滥用药物所产生后果的教育信息，包括暴露在滥用药物的药物的情况"；

（E）（6）段 [63] 中——

（i）删除"物质滥用顾问"，并插入"提供物质使用、滥用的预防及治疗服务的卫生专业人员"；及

（ii）删除"药物滥用教育、预防"，并插入"药物违法使用的教育及预防"；

（F）修改第（7）段：

"（7）与疾病控制与预防中心的主任合作，共同制作并发送教育材料，以增强个人对物质使用障碍具有高风险的意识，预防传染性疾病的传播，如 HIV、肺结核、肝炎及其他传染性疾病；"；

（G）（9）段 [64] 中——

（i）删除"阻止"，并插入"降低风险"；及

（ii）在分号前插入"并提高灵活性"；

---

[63] 原法条：（6）支持针对提供物质使用、滥用的预防及治疗服务的卫生专业人员，以及其他与药物违法使用的教育及预防相关的卫生专业人员制定的临床培训计划。

[64] 原法条：（9）支持制定模型式的、创新的、以团体为基础的计划，以降低年轻人滥用酒精及药物的风险，并提高灵活性。

（H）（11）段中，删除分号后的"及"；

（I）（12）段中，删除句号，并插入分号；及

（J）结尾处加上：

"（13）当授予拨款时，确保能够以记录标准一致地记载拨款申请，且在授予拨款后，能够持续监督受让人的行为；及

"（14）协助并支持国家预防药物的违法使用，包括暴露的药物违法使用问题。"。

（c）**物质滥用治疗中心主任**——修订《公共卫生服务法案》第507 条（42 U.S.C.290bb）——

（1）（a）款中——

（A）删除"物质滥用的治疗"，并插入"物质使用障碍的治疗"；

（B）删除"滥用治疗体系"，并插入"使用障碍治疗体系"；及

（2）（b）款中——

（A）（1）段中，删除"滥用"，并插入"使用障碍"；

（B）（3）段中，删除"滥用"，并插入"使用障碍"；

（C）（4）段中，删除"滥用药物的个人"，并插入"违法使用药

物的个人";

（D）（9）段中，删除"由主任执行"；

（E）删除（10）段；

（F）将（11）段至（14）段改为（10）段至（13）段；

（G）（12）段中，删除"；及"，并插入分号；及

（H）删除（13）段，并插入：

"（13）当授予拨款时，确保能够以记录标准一致的方式记录拨款申请，且在授予拨款后，能够持续监督受让人的行为；及

"（14）与国家、提供方、处于康复状态的个人及其家庭成员合作，共同促进扩大康复支持性服务的范围，并推广以康复为导向的护理体系。"。

第 6008 条　咨询委员会

修订《公共卫生服务法案》第 502（b）条 [42 U.S.C.290aa−1（b）] ——

（1）（2）段中——

（A）（E）分段中，删除分号后的"及"；

（B）将（F）分段重新指定为（J）段；及

（C）在（E）分段后插入：

"（F）根据第 501（g）条委任的首席医疗官；

"（G）根据（a）（1）（A）及（a）（1）（D）款，国家精神健康研究所咨询委员会的主任；

"（H）根据（a）（1）（A）、（a）（1）（B）及（a）（1）（C）款，国家药物滥用研究所咨询委员会的主任；

"（I）根据（a）（1）（A）、（a）（1）（B）及（a）（1）（C）款，国家酒精滥用及酒精中毒研究所咨询委员会的主任；及"；及

（2）（3）段中，结尾处加上：

"（C）不少于根据（a）（1）（D）款委任的咨询委员会人数的一半——

"（i）应——

"（I）具有医学学位；

"（II）具有心理学博士学位；或

"（III）具有经认证的高等院校授予的护理或社会工作专业的高学位，或是执业医师助理；及

"（ii）在精神健康领域具有专长。

"（D）不少于根据（a）（1）（B）及（a）（1）（C）款委任的咨询委员会人数的一半——

"（i）应——

"（I）具有医学学位；

"（II）具有心理学博士学位；或

"（III）具有经已认证的高等院校授予的护理、公共卫生、行为或社会科学或社会工作专业的高学位，或是执业医师助理；及

"（ii）在提供物质使用障碍服务方面，或在制定及执行预防物质滥用计划方面具有经验。"。

第 6009 条 同行评审

在《公共卫生服务法案》第 504（b）条 [42 U.S.C. 290aa‑3（b）] 结尾处加上："对于任何审查拨款、合作协议或与精神疾病治疗相关的合同的同行评审团队，团队中至少半数成员应获得许可，并具有在精神疾病或同时患有精神疾病及物质使用障碍的预防、诊断、治疗或康复方面的经验，并获得医学学位、心理学的博士学位，或具有经认证项目的护理或社会工作专业的高学位。部长应与部长助理协商，最大程度确保同行评审小组具有广泛的地区代表性，包括城市及农村的代表。"。

B 节——监管及职责

第 6021 条 通过计划及评估部部长助理，加强对精神及物质使用障碍计划的监管

（a）**一般规定**——通过计划及评估部部长助理开展行动的 HHS 部长，应确保快速有效地计划并评价精神及物质使用障碍的预防及治疗计划，以及相关活动。

（b）**评估战略规划**——为执行（a）款，计划及评估部部长助理应不迟于本法案生效后的第 180 天，对部长助理拟评估的优先计划，及其他 HHS 内的相关官员及机构评估的优先计划，制定实施持续评价的战略规划。此战略规划应——

（1）包含通过机构，对与精神及物质使用障碍相关计划进行评估的计划，包括精神和物质使用障碍双重诊断（co-occurring disorders），与精神及物质使用障碍相关的计划与以下内容相关——

（A）预防、干预、治疗及康复支持性服务，包括向患有严重精神疾病的成年人或患有严重情绪障碍的儿童提供的服务；

（B）降低患有精神或物质使用障碍的无家可归者及被监禁者的数量；

（C）公众卫生及健康服务；

（2）包含评估绩效标准使用的计划，绩效标准用来评估由接受拨款、合同或合作性协议的实体执行的活动，这些拨款、合同或合

作性协议与《公共卫生服务法案》第 5 章或第 21 章（42U.S.C.290aa et seq.；42U.S.C. 300w et seq.）精神及物质使用障碍的预防及治疗服务相关。

（c）**协商**——为执行本条规定，计划及评估部部长助理应与精神健康及物质使用部部长助理，根据《公共卫生服务法案》第 501（g）条［42U.S.C.290aa（g）］委任的物质滥用及精神健康服务局内的首席医疗官，HHS 下属的行为健康协调委员会（Behavioral Health Coordinating Council），HHS 内其他机构，及其他相关的联邦部门及机构协商。

（d）**建议**——为执行本条，计划及评估部部长助理应向 HHS 部长、精神健康及物质使用部长治理及国会提供建议，建议提高与精神及物质使用障碍相关的预防、治疗计划及活动的质量，包括提供绩效标准的使用建议。精神健康及物质使用部部长助理应将这些建议包含在根据《公共卫生服务法案》第 501（m）条规定的双年度报告中。

第 6022 条　保护及支持组织报告

（a）**报告的公开获得**——修订《精神疾病个人保护与倡导法案》（the Protection and Advocacy for Individuals with Mental Illness Act）第 105（a）（7）条[65]［42U.S.C.10805（a）（7）］，删除"所在报告"，

---

[65] 原法条：为保护并支持患有精神疾病个体的权利，根据本章第 10803 条在州内建立的系统应——

（7）在 1987 年 1 月 1 日，并在之后每年的 1 月 1 日，制定并向部长及公众可及的系统所在的州内国家精神健康机构递交一份描述这一财年的活动、绩效及支出的报告，包括由咨询委员会制定的描述委员会活动及其对系统运营的评估的报告；

并插入"所在报告，并使公众可及"。

（b）**详细账目**——修订《精神疾病个人保护及支持法案》第 114（a）条［42U.S.C.10824（a）］——

（1）（3）段中，删除结尾的"及"；

（2）（4）段中，删除结尾的句号，并插入："；及"；

（3）结尾处插入：

"（5）使用现存的、由每个受资助系统根据本章规定递交的年度计划进程报告中的数据，制定每个系统怎样使用拨款的详细账目，账目可根据拨款来自联邦政府、州政府、地方政府或私人实体进行区分。"

第 6023 条　GAO 研究

（a）**一般规定**——不迟于本法案实施的第 18 个月，美国总审计长（Comptroller General of the United States）应与 HHS 部长以及精神健康及物质使用部部长助理协商，开展独立评估，并向参议院的健康教育劳工及养老金委员会，及众议院的能源与商务委员会递交根据《精神疾病个人的保护及支持法案》（42U.S.C.10801 et seq.）制定的关于拨款资助方案的报告。

（b）**内容**——根据（a）款规定的报告及评估应包括——

（1）审查本款描述的、由州机构执行的计划，以及由私人、非营

利性组织执行的计划；及

（2）审查（a）款所描述计划在法律及监管层面上的合规性，
如——

（A）家庭参与相关的责任；

（B）与受资助系统的客户或潜在客户申诉程序相关的责任，以确
保已患有或正患有精神疾病的个人，以及患有精神疾病个人的家
庭成员，或此类个人或家庭成员的代表能够获得受资助系统提供
的服务，确保受资助系统合规运营符合根据本法案第105（a）（9）
条［42U.S.C.10805（a）（9）］建立的《精神疾病个人保护及支持
法案》的规定；

（C）调查精神疾病个人忽视物质滥用的情况；

（D）适当医疗及行为健康治疗的有效性；及

（E）剥夺精神疾病个人的权利；

（F）联邦禁止游说的合规性。

C 节——部门间严重精神疾病协调委员会

第 6031 条　部门间严重精神疾病协调委员会

（a）机构——

（1）**一般规定**——不迟于本法案生效后的三个月，HHS 部长，或部长指定的人员，应建立部门间严重精神疾病协调委员会（本条中指的是"委员会"）。

（2）**《联邦咨询委员会法案》**——除本条另有规定外，委员会应遵守《联邦咨询委员会法案》（5 U.S.C.App.）的规定。

（b）**会议**——委员会应举办每年不少于两次会议。

（c）**责任**——不迟于本法案生效后的 1 年，并在本法案生效后每 5 年一次，委员会应向国会及其他相关联邦部门或机构递交包含以下内容的报告——

（1）总结与严重精神疾病、严重情绪障碍的预防、诊断、干预及治疗相关的严重精神疾病及严重情绪障碍的研究进展，并总结患有严重精神疾病的成年人或严重情绪障碍的儿童接受服务及治疗支持的可及性进展；

（2）与严重精神疾病相关的联邦计划对公众健康影响的评估，包括公众健康结果，如——

（A）自杀率，自杀倾向率，严重精神疾病、严重情绪障碍及物质使用障碍的发病率及患病率、服药过量率，服药过量致死率，紧急住院率，急诊室访问率，可预防的急诊室访问率，与刑事司法系统的互动率，无家可归及失业率；

（B）教育及职业计划的雇用及注册增加率；

（C）精神及物质使用障碍治疗服务的质量；或

（D）部长认为合理的其他任何标准；及

（3）对患有严重精神疾病的成年人或严重情绪障碍的儿童所提供的精神健康服务的管理，机构采取的能够更好协调精神健康服务管理行动的特殊规定。

（d）**委员会的延期**——作为根据（c）款规定所递交报告后的第二份报告，部长应向委员会递交一份包含是否延长委员会运营期限建议的报告。

（e）**成员**——

（1）**联邦成员**——委员会应由以下联邦代表或代表指定的人员组成——

（A）应作为委员会主席的 HHS 部长；

（B）精神健康及物质使用部部长助理；

（C）首席检察官；

（D）退伍军人事务部部长；

（E）国防部部长；

（F）住房与城市发展部部长；

（G）教育部部长；

（H）劳动部部长；

（I）医疗保健及医疗服务中心主任；及

（J）社会安全局局长。

（2）**非联邦成员**——委员会同时也应由 HHS 部长委任的不少于 14 名非联邦成员组成——

（A）至少 2 名成员已接受严重精神疾病的诊断治疗；

（B）至少 1 名成员是曾患有严重精神疾病的成年人，或曾患有严重情绪障碍的儿童的家长或法定监护人；

（C）至少 1 名成员是为患有严重精神疾病的成年人组织而成的研究、支持或服务组织的代表；

（D）至少 2 名成员是——

（i）有治疗严重精神疾病经验的执业精神病学家；

（ii）有治疗严重精神疾病或严重情绪障碍经验的执业心理学家；

（iii）有治疗严重精神疾病或严重情绪障碍经验的执业临床社会工作者；或

（iv）有治疗严重精神疾病或严重情绪障碍经验的执业精神科护士、执业护师或医生助理；

（E）至少1名成员是专业治疗患有严重情绪障碍的儿童及青少年的执业心理健康专业人员；

（F）至少1名成员是对少数族裔有研究或临床精神健康经验的心理健康专业人员；

（G）至少1名成员是对医疗服务不足人群有研究或临床精神健康经验的心理健康专业人员；

（H）至少1名成员是州执业的精神健康同行支持专家；

（I）至少1名成员是具有审理与刑事司法或严重精神疾病相关案件经验的法官；

（J）至少1名成员是与患有严重精神疾病的成年人、严重情绪障碍的儿童或精神健康危机的个人有大量接触的执法官员或狱警；及

（K）至少1名成员具有为无家可归者提供服务，并与患有严重精神疾病的成年人，严重情绪障碍的儿童或精神健康危机的个人合作的经验。

3）**期限**——根据（e）（2）款规定委任的委员会成员的任期为3年，并可再获得1次或1次以上的3年任期。任何被任命填补未满任期成员空缺的成员，其任期为该任期的剩余期限。成员可在任期届满后继续接任工作，直到下一个任命继任者为止。

（f）**工作小组**——为执行委员会的职能，委员会应建立工作小组。此工作小组应由委员会成员或其委任的人员组成，并在需要时举办会议。

（g）**终止**——委员会将在其根据（a）（1）款成立日期的六年后终止。

第七章 | 确保精神和物质使用障碍的预防、治疗和康复项目与科技同步

第7001条 鼓励创新和以循证为基础的项目

《公共卫生服务法案》第5章（U.S.C. 290aa et seq.），经本条修订，在第501条（U.S.C. 290aa）结尾处增加新款：

"第501A条国家精神健康和物质使用政策实验室

"（a）**一般规定**——在精神健康和物质使用部建立国家精神健康和物质使用政策实验室（简称为实验室）

"（b）**职责**——该实验室应——

"（1）继续实施政策、计划和创新办公室 [66] 的授权和活动，该办公室在 2016 年《帮助精神健康危机家庭改革法案》实施之前就已存在；

"（2）确定、协调和促进对精神健康、精神疾病、康复支持以及物质使用障碍服务的预防和治疗有重大影响的政策变化的实施；

"（3）必要时与行为健康统计和质量中心 [67] 作，收集国家精神健康和物质使用政策实验室开展的项目的受助者受助人信息，以评估和传播以循证为基础的实践信息，包括恰当的文化和语言服务以及服务提供模式（service delivery models）；

"（4）为精神和物质使用障碍以循证为基础的项目有关政策和项

---

[66] 政策，规划和创新办公室（Office of Policy, Planning, and Innovation, OPPI）为药品滥用及精神健康服务管理局（SAMHSA）的下属部门之一，主要为 SAMHSA 提供一种综合的和结构化的方法，以识别和采用改善行为健康服务结果的政策和创新实践。具体职责包括代表 SAMHSA 出席会议并在健康研究中提出 SAMHSA 的概要文件；通过与其他部门包括 NIH、CDC、医疗保险和医疗补助服务中心和机构在行为健康方面的合作，促进采用数据驱动的政策和实践；鼓励合作伙伴和盟国实施政策支持和改善行为健康；响应《信息自由法案》的要求。（SAMHSA. Office of Policy, Planning and Innovation[EB/OL].https://www.samhsa. gov/about-us/who-we-are/offices-centers/oppi.[2017-1-9]）

[67] 行为健康统计和质量中心（Center for Behavioral Health Statistics and Quality, CBSHQ）为药品滥用及精神健康服务管理局（SAMHSA）的下属部门之一，是政府行为健康统计的领导机构，主要职责包括在行为健康统计和流行病学方面领导各州；促进行为健康数据系统和统计方法学的基础和应用研究；设计并执行特殊数据收集和分析项目，以检查 SAMHSA 和其他联邦机构的问题；与其他联邦机构一起参与制定州健康统计政策；就统计问题向 SAMHSA 署长和 HHS 部长提供咨询和建议。（SAMHSA.Center for Behavioral Health Statistics and Quality [EB/OL].https://www.samhsa.gov/about-us/who-we-are/offices-centers/ cbhsq.[2017-1-9]）

目的确定与协调提供指导；

"（5）定期审查国家精神健康和物质使用政策实验室开展的与精神和物质使用障碍的诊断或预防、治疗以及康复有关的项目和活动，为了——

"（A）识别与国家精神健康和物质使用政策实验室开展的重复项目或活动；

"（B）识别任何未基于证据的、无效率或无效益的项目或活动；以及

"（C）为协调、消除或提高（A）或（B）分段中提到的项目或活动提供建议，并将这些项目或活动整合到其他成功的项目或活动中；以及

"（6）实施其他被认为有必要继续的活动，以鼓励创新并传播以循证为基础的项目和实践。

（c）**以循证为基础的实践和服务提供模式**（service delivery models）

"（1）**一般规定**——为实施（b）（3）分节的职责，实验室——

"（A）可能优先考虑服务提供模式，这些模型可提高——

"（i）对精神健康和身体健康提供者的协调；

"（ii）对这些提供者与司法及矫正体系的协调；以及

"（ⅲ）提供给患有严重精神疾病的成人、患有严重情绪障碍的儿童或有精神健康危机个人的健康保健服务的成本效益、质量、有效性和效率；以及

"（B）可能包括解决患有早期严重精神疾病个人所需要的临床研究方案和规范（practices）。

"（2）**咨询**——为实施本节要求，实验室应向以下人员进行咨询——

"（A）第501（g）条中任命的首席医学官；

"（B）国家精神健康研究所、国家药物滥用研究所和国家酒精滥用与酒精中毒研究所的代表；

"（C）其他合适的联邦机构；

"（D）精神病医疗保健、临床心理保健、健康保健管理、教育、健康保健纠正和精神健康法庭系统的分析专家；

"（E）部长助理（Assistant Secretary）决定的其他合适的个人和机构。

"（d）**开始实施的截止期限**——实验室于2018年1月1日之前开始实施本节的相关规定。

"（e）**创新激励**——

"（1）**一般规定**——部长助理，与实验室协调，向州、当地政府、印第安部落或部落组织（这些术语在《印第安自治和教育援助法案》第 4 节有定义）、教育机构和非营利性组织拨款，开发以循证为基础的干预，包括合适的文化或语言服务，为了——

"（A）评估经过科学证实有潜力的服务模式，而且进一步的应用可以更受益，为——

"（i）加强精神疾病、严重情绪障碍、物质使用障碍和精神和物质使用障碍双重诊断的预防、诊断、干预、治疗和康复；或

"（ii）整合或协调身体健康服务及精神和物质使用障碍服务；以及

"（B）扩大、复制或调整以循证为基础的项目的应用范围，加强精神疾病、严重精神疾病、严重情绪障碍和物质使用障碍的有效监测早期诊断、干预和治疗，主要通过——

"（i）将以循证为基础的项目应用于医疗保健的提供（delivery of care），包括培训医疗人员有效的以循证为基础的治疗；或

"（ii）在专业和司法范围内将以循证为基础的项目与医疗保健模式整合。

"（2）**咨询**——根据本款，授予拨款，必要时，部长助理应与第 501（g）条任命的首席医学官、第 502 条规定的咨询委员会、国家精神健康研究所、国家药物滥用研究所和国家酒精滥用与酒精中毒研究所共同协商。

"（3）**拨款授权**——以下情况满足授权拨款——

"（A）为执行（1）（A）段，从 2018 至 2020 财年拨款 700 万美元；

"（B）为了实施（1）（B）段，从 2018 至 2020 财年拨款 700 万美元。"

第 7002 条　促进以循证为基础的项目和实践信息的获得

《公共卫生服务法案》第 5 章 D 节（U.S.C. 290dd et seq.），经本条修订，在第 543 条（U.S.C. 290dd-2）结尾处增加新款：

"**第 543A 条　促进以循证为基础的项目和实践信息的获得**

"（a）**一般规定**——部长助理在必要时，通过国家精神健康和物质使用政策实验室官网，发布部长助理按照本条要求审批的以循证为基础的项目和实践信息，提高各州、当地社区、非营利性组织和其他利益相关者获得以循证为基础的项目和实践的可靠及有效信息，包括与精神和物质使用障碍有关的以循证为基础的项目及实践的有力证据信息。

"（b）**申请**—

"（1）**申请期限**——为实施（a）款，部长助理制定公布（a）款中以循证为基础的项目和实践申请的期限。

"（2）**通知**——为制定（1）段提到的申请期限，部长助理应在联邦公报上向公众公布申请期限。这些通知会征求以循证为基础的项目及实践申请人的意见，解决部长助理和根据第 501A 条建立的国家心理健康和物质使用政策实验室或者部长助理计划和评估部门之间的信息鸿沟（gaps in information），包括 2016 年《帮助精神健康危机家庭改革法案》第 6021 条的评估和建议或者第 501（I）条战略计划的优先事项。

"（c）**要求**——部长助理可能对（b）款递交的申请制定最低要求，包括提交的研究和审评资料要求。

"（d）**审评和分级**——

"（1）**一般规定**——部长助理应在根据（a）款向公众公布申请之前，审评所递交的申请，并可能会优先审评符合（b）（2）款要求的以循证为基础的项目和实践的申请。

"（2）**系统**——为实施第（1）段，部长助理可能使用分级审评系统，即基于以循证为基础的项目及实践证据的有利程度以及支持申请的研究方法的严谨程度，采用不同的审评等级。

"（3）**评估申请指标和等级公开**——部长助理应向公众公布评估申请的指标和申请等级划分的结果。

第 7003 条 国家重点区域精神健康优先需求

《公共卫生服务法案》第 520A 条（U.S.C. 290bb-32）经本条修订——

（1）（a）段——

（A）（4）段，在句号之前插入"，可能包括技术援助中心"；以及

（B）（4）段之后紧接着的另一段——

（i）在"或合作协议"前插入"，合同"；以及

（ii）删去"印第安部落或组织"，插入"印第安部落或部落组织（这些术语在《印第安自治和教育援助法案》第4条有定义）、健康设施或根据合同或印第安健康服务拨款开展的项目，或"；以及

（2）按如下要求修订（f）款：

"（f）**授权拨款**——从2018至2022财年每年拨款394 550美元，以实施本条"

第7004条　国家重点区域物质使用障碍优先治疗需求

《公共卫生服务法案》第509条（U.S.C. 290bb-2）经本条修订——

（1）（a）段——

（A）（1）段前面紧接的一段中，删去"滥用"并插入"使用障碍"；

（B）（3）段，在句号之前插入"允许各州、当地政府、社区和印第安部落及组织（'印第安部落'和'部落组织'在《印第安自治和教育援助法案》的第4条有相关定义）关注物质滥用和物质滥用及精神疾病双重诊断或其他疾病状态的新趋势"；以及

（C）（3）段之后紧接着的另一段——

（i）在"或合作协议"前面插入"，合同，"；以及

（ii）删去"印第安部落或组织"，插入"印第安部落或部落组织（这些术语在《印第安自治和教育援助法案》第4条有定义）、健康设施或根据合同或印第安健康服务拨款开展的项目，或"；以及

（2）（b）款中——

（A）（1）段，删去"滥用"，并插入"使用障碍"；并

（B）（2）段，删去"滥用"，并插入"使用障碍"；

（3）（e）款，删去"滥用"，并插入"使用障碍"；以及

（4）（f）款，删去"3亿美元"以及之后的内容和句号，并插入"从2018至2022财年，每一财年拨款333806000亿美元。"

第7005条　国家重点区域物质使用障碍预防需求

《公共卫生服务法案》第516条（U.S.C. 290bb-22）经本条修订——

（1）本条的标题中，删去"滥用"，插入"使用障碍"；

（2）（a）款——

（A）（1）段前面紧接的一段，删去"滥用"，并插入"使用障碍"；

（B）（3）段，在句号之前插入"，包括关注新出现的药物滥用问题"；以及

（C）（3）段之后紧接的一段——

（i）在"或合作协议"前面插入"，合同，"；以及

（ii）删去"印第安部落或组织"，插入"印第安部落或部落组织（这些术语在《印第安自治和教育援助法案》第4条有定义）、健康设施或根据合同或印第安健康服务拨款开展的项目，或"；以及

（3）（b）款——

（A）（1）段，删去"滥用"，并插入"使用障碍"；并

（B）（2）段——

（i）（A）分段，删去"；以及"，并在结尾处插入"；"；

（ii）（B）分段——

（I）删去"滥用"，并插入"使用障碍"；以及

（II）删去句号，并插入"；以及"；以及

（iii）在结尾处插入如下内容：

"（C）预防高风险人群物质使用障碍。"；

（4）（e）款，删去"滥用"，并插入"使用障碍"；以及

（5）（f）款，删去"3亿美元"以及之后的内容和句号，并插入"从2018 至 2022 财年，每一财年 211148000 美元。"

第八章 | 支持国家预防活动和应对精神健康和物质使用障碍需求

第8001条 社区精神健康服务整体拨款

（a）**拨款方案**——《公共卫生服务法案》第1911（b）条［U.S.C. 300x（b）］，经本条修订——

（1）将（1）至（3）段分别重新指定为（2）至（4）段；以及

（2）（2）段（按照重新指定的）前面插入如下内容：

"（1）为根据《公共卫生服务法案》第1912（c）条定义的患有严重精神疾病的成人和患有严重情绪障碍的儿童提供社区精神健康服务；

（b）**州计划**——《公共卫生服务法案》第1912（b）条［U.S.C. 300X-1（b）］，经本条修订——

（1）（3）段，将（A）至（C）分段分别重新指定为（i）至（iii），并相应地重新调整边距；

（2）将（1）段至（5）段分别重新指定为（A）至（E）分段，并相应地重新调整边距；

（3）（A）分段前面紧接的一段（按照重新调整后的段落）中，删去从"关于"至"如下"，并插入"根据（a）款，州应至少每2年向部长提交州计划，计划应包括如下内容："；

（4）（A）分段前（按照重新指定后的段落）插入如下内容：

"（1）**保健系统**——州保健系统包括如下内容："；

（5）删去（A）分段（按照重新指定后的段落），并插入如下内容：

"（A）*全面基于社区的健康系统*——计划应——

"（i）确定一个州机构负责管理拨款的项目，包括任何精神健康服务的管理，以及遵照有关拨款要求的第三方；

"（ii）为患有精神疾病的个人提供有组织的基于社区的保健系统，并全面描述保健系统可用的服务和资源，包括为双重诊断的患者提供的服务；

"（iii）包括州和地方实体协调基于社区服务的方法说明，使服务和项目的效率、有效性、质量和成本效益最大化，以产出最佳结果（包括健康服务、康复服务、就业服务、住房服务、教育服务、物质使用障碍服务、法律服务、执法服务、社会服务、儿童福利服务、医疗和牙科护理服务以及向联邦、州和当地公共和私人资源提供的其他支持性服务）与其他机构合作，使接受服务的个人能够在住院期间或医院机构外发挥作用，最大化发挥个人能力，这些服务包括根据《残疾人教育法》由当地学校提供的服务；

"（iv）包括说明该州如何促进以循证为基础的实践，包括解决患有早期严重精神疾病患者的需求，无论患者患病时的年龄大小、提供全面的个人治疗或整合精神及身体健康服务；

"（v）包括说明基于社区服务的项目管理；

"（vi）包括说明寻求解决患有严重精神疾病的成人或患有严重情绪障碍的儿童和护理人员的健康护理决策的活动，包括加强个人、家庭、护理人员以及治疗提供者之间的沟通活动；以及

"（vii）适当的反映各州整体拨款的用途，包括——

"（Ⅰ）说明使用整体拨款减少住院治疗和住院时间的活动；

"（Ⅱ）说明使用整体拨款减少自杀事件的活动；

"（Ⅲ）说明州如何使用整体拨款整合精神健康和初级保健，包括对于精神和物质使用障碍双重诊断的个人，在初级保健机构提供服务或在基于社区的精神和物质使用障碍机构提供初级和特殊保健服务；以及

"（Ⅳ）说明患有严重精神疾病的成人和患有严重情绪障碍儿童的康复和康复支持服务；

（6）（B）分段（按照重新调整后的段落）——

（A）删去"计划包括"，并插入"计划应包括"；以及

（B）删去"提出在实施（1）段中描述的系统要实现的量化指标"，并插入"根据本分章提供的项目及服务的量化指标和结果测量指标；"

（7）（C）分段（按照重新指定的段落）——

（A）删去（i）前面紧接的一段中（按照重新指定后的段落）从"严重情绪障碍"到"物质滥用服务"，并插入"严重情绪障碍［根据（c）分条中的定义］，计划应提供整合社会服务、教育服务、儿童福利服务、少年司法服务、执法服务和物质使用障碍服务的系统；"

（B）删去"《教育法案》)；"，并插入"《教育法案》)。"；以及

（C）删去（ii）以及（iii）（按照重新指定的段落）；

（8）（D）分段（按照重新指定的段落），删去"计划说明"，并插入"计划应说明"；

（9）（E）分段（按照重新调整的段落）——

（A）删去本分段标题中的"系统"，并插入"服务"；

（B）在第一句中，删去从"计划说明"到"并提供"，并插入"计划应说明可用的财政资金、目前的精神健康服务人员，并培训对精神和物质使用障碍双重诊断的个人的治疗服务，并应提供"；以及

（C）在第二句中——

（i）删去"进一步描述"，并插入"应进一步描述"；以及

（ii）删去"涉及。"，并插入"涉及，以及州遵守本分章和第三分章的基金协议的方式。"；

（10）删去结尾处的一段内容；并

（11）在结尾处加入如下内容：

"（2）**目标和目的**——制定阶段计划要达成的目标和目的，包括旨在实现的目的和里程碑，以及为实现这些目标而开展的活动。"

（c）**早期严重精神疾病**——《公共卫生服务法案》第1920条（U.S.C. 300x-9）经本条修订，在结尾处插入如下内容：

"（c）**早期严重精神疾病**——

"（1）**一般规定**——除第（2）段另有规定外，为实施本条规定，州每财年应花费不少于整个州拨款总额的10%，旨在支持满足患有早期严重精神疾病患者的需求，包括精神分裂症患者，无论患者发病年龄的大小。

"（2）**州自由裁量权**——与本条（1）段中，州每财年应花费不少于整个州拨款总额的 10% 的要求不同，在连续的财政年末，州可以选择花费不少于拨款总额的 20%。"

（d）**附加条款**——《公共卫生服务法案》第 1915（b）条 ［U.S.C. 300X-4（b）] 经本条修订——

（1）（3）段——

（A）删去"部长"，并插入如下内容：

"（A）**一般规定**——部长；"

（B）删去"（1）段如果"，并插入"（1）段如果全部或部分"；

（C）删去"州证明豁免"，并插入"州在本财年或前一财年证明豁免"；以及

（D）在结尾处插入如下内容：

"（B）**应要求行动日期**——部长应在豁免申请递交的 120 天内，批准或拒绝豁免申请。

"（C）**豁免申请**——部长根据本段所规定的符合豁免的情况，应仅适用于本财年。"以及

（2）（4）段——

（A）（A）分段——

（i）在（A）分段后插入如下指定的内容："一般规定——"；

（ii）删去"为拨款"，并插入如下内容：

"（i）**决定**——拨款"；以及

（iii）在结尾处插入如下内容：

"（ii）**选择**——未能遵守（1）款规定并在其他情况下符合第 1911 条减少国家拨款的州可能同意遵守部长批准的谈判协议，并按照部长发布的指南实施。如果州未能达成或未遵守谈判达成的协议，部长可根据本款或谈判达成协议中的条款采取行动。"以及

（B）（B）分段——

（i）（B）分段后插入如下指定的内容"递交给部长的信息——"；以及

（ii）删去"（A）分段"，并插入"（A）（i）分段"。

（e）**拨款申请**——《公共卫生服务法案》第 1917（a）条 ［U.S.C. 300X-6（a）］经本条修订——

（1）（1）段，删去"1941"，并插入"1942（a）"；以及

（2）（5）段，删去"1915（b）（3）（B）"，并插入"1915（b）"。

（f）资金——《公共卫生服务法案》第 1920 条（U.S.C. 300X-9）经本条修订——

（1）（a）款——

（A）删去"第 505 条"，并插入"第 505（c）条"；以及

（B）删去从"450 000 000 美元"到句号的内容，并插入"从 2018 至 2022 每财年 532 571 000 美元。"；以及

（2）（b）（2）款，删去"第 505 条和"，并插入"第 505（c）条和"。

第 8002 条　物质滥用 68 预防和治疗整体拨款

（a）**拨款方案**——《公共卫生服务法案》第 1921（b）条［U.S.C. 300x-21（b）条］，经本条修订——

（1）在"目的是"后插入"实施根据《公共卫生服务法案》第 1932（b）条制定的计划"；以及

（2）删去"滥用"，并插入"使用障碍"。

（b）**扩大吸毒的定义**——《公共卫生服务法案》第 1923（b）条［U.S.C. 300x-23（b）］，经本条修订——

---

68 根据《公共卫生服务法案》第 290cc-34（4），物质滥用是指过度使用酒精或其他药物。具体是指违反社会常规或与公认的医疗实践不相关或不一致地间断或持续过度使用精神活性物质的现象。这种滥用远非尝试性使用、社会娱乐或随处境需要的使用，而是逐渐转入强化性的使用状态，从而导致依赖的形成。

（1）删去本款标题"**静脉物质滥用**"，并插入"**注射毒品的人**"；以及

（2）删去"**静脉物质滥用**"，并插入"**注射毒品的人**"。

（c）**对结核病和 HIV 的要求**——《公共卫生服务法案》第 1924 条（U.S.C.300x-24），经本条修订——

（1）（a）（1）款——

（A）（A）分段前紧接的一段，删去"物质滥用"，并插入"物质使用障碍"；以及

（B）（A）分段，删去"滥用"，并插入"障碍"；

（2）（b）款——

（A）（1）（A）段，删去"物质滥用"，并插入"物质使用障碍"；

（B）（2）段，在"疾病控制"后插入"和预防"；

（C）（3）段——

（i）本段标题，删去"**滥用**"，并插入"**使用障碍**"；以及

（ii）删去"**物质滥用**"，并插入"**物质使用障碍**"；以及

（D）（6）（B）段，删去"物质滥用"，并插入"物质使用障碍"；

（3）删去（d）款；以及

（4）将（e）款重新调整为（d）款。

（d）**群体家庭**——《公共卫生服务法案》第 1925 条（U.S.C. 300x-25），经本条修订——

（1）本条标题中删去"**物质滥用的康复**"，并插入"**物质使用障碍康复者**"；以及

（2）（a）款，（1）段前紧接的一段，删去"物质滥用康复"，并插入"物质使用障碍康复者"。

（e）**附加协议**——《公共卫生服务法案》第 1928 条（U.S.C. 300x-28），经本条修订——

（1）（a）款，删去"（与 1992 财年有关）"；

（2）删去（b）款，并插入"（b）**专业人员专业技能开发**——第 1921 条州拨款协议确保州物质使用障碍预防、治疗和康复系统中的专业人员有机会得到持续培训，培训重点——

"（1）目前本州物质使用障碍发展趋势；

"（2）提高旨在提供物质使用障碍预防和治疗服务的方法及以循证为基础的实践；

"（3）绩效制度；

"（4）资料收集和报告要求；以及

"（5）本州内其他任何有助于进一步提高物质使用障碍预防和治疗服务的项目。"；以及

（3）（d）（1）款，删去"物质滥用"，并插入"物质使用障碍"[69]

（f）**废除**——废除《公共卫生服务法案》第 1929 条（U.S.C. 300x-29）。

（g）**保持州支出**——《公共卫生服务法案》第 1930 条（U.S.C. 300x-30），经本条修订——

（1）（c）（1）款，删去"在本州对证明的豁免"，并插入"在本州或本州的任何一部分证明豁免"；以及

（2）（d）款，在结尾处插入：

"（3）**选择**——未能遵守（1）款规定并在其他情况下符合第 1911 条减少州拨款规定的州可能根据州的申请，同意遵守部长批准的谈判协议，并按照部长发布的指南实施，以代替第 1921 条规定的减少州拨款分配。如果州未能达成或遵守谈判协议，部长可根据本款或谈判达成的协议的条款采取行动。"。

（h）**支出限制**——《公共卫生服务法案》第 1931（b）（1）条 [U.S.C.

---

[69] 物质使用障碍（Substance Use Disorder，SUD）是指使用精神活性物质导致的任何精神障碍。临床症状和综合征包括急性中毒、有害使用、成瘾综合征、戒断综合征、伴有谵妄的戒断状态、精神病性障碍、迟发的精神病性障碍及遗忘综合征。（贾东明. 物质使用障碍治疗进展 [J]. 精神医学杂志，2014，06:478-480.）。

300x-31（b）（1）]，经本条修订，删去"物质滥用"，并插入"物质使用障碍"。

（i）**申请**——《公共卫生服务法案》第 1932 条（U.S.C. 300x-32），经本条修订——

（1）（a）款——

（A）（1）段前紧接的一段，删去"（c）和（d）（2）款"，并插入"（c）款"；以及

（B）（5）段，删去"第 1929 条和第 1930（c）（2）条要求的信息，以及"；

（2）（b）款——

（A）删去（1）段，并插入如下内容：

"（1）**一般规定**——根据（a）（6）款的规定，州应向部长递交计划，该计划至少包括以下内容：

"（A）说明州保健服务体系——

"（i）确定唯一机构负责管理州保健服务体系，包括任何管理物质使用障碍服务，并遵照有关拨款要求的第三方；

"（ii）提供州物质使用障碍预防和治疗服务需要的信息，包括估计需要治疗的人、孕妇、单亲家庭、精神和物质使用障碍双重诊

断个人、吸毒的人以及无家可归者的数量；

"(iii) 提供在本州内获得治疗的个人综合信息，包括孕妇、单亲家庭、精神和物质使用障碍双重诊断者、吸毒者以及无家可归者的数量；

"(iv) 提供说明获得保健系统服务的相关程序，包括康复支持服务的规定；

"(v) 提供说明整个州全面的预防工作，包括获得服务的患者数量、目标人群、优先的需求以及说明初级预防的花费；

"(vi) 说明可利用资金；

"(vii) 说明目前的物质使用障碍专业人员数量以及对经过培训的治疗精神和物质使用障碍双重诊断专业人员；

"(viii) 包括说明州如何促进以循证为基础的实践；以及

"(ix) 说明州如何整合精神健康和初级保健，包括对于精神和物质使用障碍双重诊断者，在初级保健机构提供服务或在基于社区的精神和物质使用障碍机构安排提供初级和特殊保健服务。"

"(B) 制定计划将达成的目标和目的，包括旨在实现的目的和里程碑，以及为实现这些目标而开展的活动。

"(C) 说明州如何遵守第 1921 条规定的拨款协议，包括说明州计划如何花费拨款。以及

（B）（2）段——

（i）本段的标题中，删去"**部长权利简化**"，并插入"**简化**"；

（ii）删去"作为条件"，并插入如下内容：

"（A）**部长权利**——作为条件；"；以及

（iii）在结尾处加入如下内容：

"（B）*州的简化计划请求*——如果州确定简化计划是必要的，可以向部长请求批准简化。任何简化计划应符合（1）段和第 1941 条的规定。"；以及

（C）（3）段，在"（a）（6）款"后插入"，包括任何（2）段的简化"；以及

（3）（e）（2）款，删去"第 1922（c）条"，并插入"第 1922（b）条"。

（j）**定义**——《公共卫生服务法案》第 1934 条（U.S.C. 300x-34），经本条修订——

（1）（3）段，删去"物质滥用"，并插入"物质使用障碍"；以及

（2）（7）段，删去"物质滥用"，并插入"物质使用障碍"。

（k）**资金**——《公共卫生服务法案》第 1935 条（U.S.C. 300X-35 条）经本条修订——

（1）（a）款——

（A）删去"第 505 条"，并插入"第 505（d）条"；以及

（B）删去"2001 财年，20 亿美元，以及如果 2002 和 2003 财年这些资金是必要的"，并插入"2018 至 2022 财年，每财年 1 858 079 000 美元。"；以及

（2）（b）（1）（B）款，删去"第 505 条和"，并插入"第 505（d）条和。"

第 8003 条　整体拨款的附加规定

《公共卫生服务法案》第十九章 B 节第 III 分节（U.S.C. 300X-51 et seq.）经本条修订——

（1）第 1943（a）（3）条［U.S.C. 300X-53（a）（3）条］，删去"第 505 条"，并插入"第 505 条（c）和（d）款"；

（2）第 1953（b）条［U.S.C. 300X-63（b）条］，删去"物质滥用"，并插入"物质使用障碍"；以及

（3）在结尾处插入如下内容：

"第 1957 条　突发公共卫生事件"

"在应对突发公共卫生事件（根据第 319 条定义）的情况下，部长基于州的基本情况，合理地要求突发事件期间扩大根据第 521

条、第 1911 条、第 1921 条或根据《公法》第 99–319 条（U.S.C. 10801 et seq.）授权拨款的范围或放弃申请截止日期或其他需要遵守的要求。"

"**第 1958 条 联合申请**

部长，通过精神健康和物质使用部长助理采取行动，允许按照州的要求递交联合申请 I 分节和 II 分节规定的拨款。部长根据拨款的规定，结合拨款项目的目的，可能联合审评并批准这些申请。州提交的联合申请应满足各部分的其他要求。"

第 8004 条 物质滥用预防和治疗整体拨款以及社区精神健康服务整体拨款资金的分配研究

（a）**一般规定**——HHS 部长，通过精神健康和物质使用部长助理采取行动，通过拨款或合同或与第三方的协议，对物质滥用预防和治疗整体拨款以及社区精神健康服务整体拨款资金的分配开展研究，如果有必要的话，要求变更拨款数量或形式，这些拨款是根据《公共卫生服务法案》第十九章 B 节（U.S.C. 300x et seq.）授权。

这些研究应包括——

（1）分析整体拨款是否准确反映州拨款服务的需求；

（2）审查整体拨款的分配指标是否合适，如果不合适的话，由部长提出建议；

（3）（2）段中的建议，说明确定指标时的变化和资料来源；

（4）评价指标设计的变化和资料来源，并判断这些变化和资料来源是否准确体现了服务的需求，提供这些服务的费用，以及州提供这些服务的能力；

（5）每个整体拨款的最低限度分配要求对州最后分配的影响以及如果有，这些要求对州基于方案分配的影响；

（6）简化最低限度分配规定的要求，确保资金的合理分配；以及

（7）部长确定的其他合适的信息。

（b）**报告**——自该法案生效之日起 2 年内，HHS 部长应向参议院卫生教育劳工及养老金委员会和众议院能源和商务委员会递交报告，该报告包括根据（a）款和第 9004（g）条所开展研究的发现以及建议。

第九章 | 促进精神健康和物质使用障碍保健的可及

A 节——资助个人和家庭

第 9001 条　无家可归者的治疗和康复拨款

PHSA 506 条（42U.S.C. 290aa–5）经本条修订—

（1）（a）款，删除"物质滥用"并插入"物质使用障碍"；

（2）（b）款中—

（A）（1）段和（3）段中，删除每处出现的术语"物质滥用"，并插入"物质使用障碍"；

（B）（4）段中，删除"物质滥用"，并插入"物质使用障碍"；

（3）（c）款中—

（A）（1）段中，删除"物质滥用"并插入"物质使用障碍"；以及

（B）（2）段中——

（ⅰ）（A）分段中，删除"物质滥用"并插入"物质使用障碍"；

（ⅱ）（B）分段中，删除"物质滥用"并插入"物质使用障碍"；以及

（4）（e）款中，删除"2001 财年 5000 万美元"以及"2002 和 2003 财年各自必要的款项"，并插入"2018 到 2022 财年每年 41 304 万美元"。

第 9002 条 监狱转移计划拨款[70]

PHSA 第 520G 条（42 U.S.C.290bb‐38）经本条修订——

（1）删除每处出现的术语"物质滥用"，并插入"物质使用障碍"；

（2）（a）款中——

（A）删除"印第安人部落，部落组织"，并插入"以及印第安人部落和部落组织"（这些术语在《印第安自治和教育援助法案》第 4 节有定义）；以及

---

[70] 监狱转移是非暴力毒品和滥用酒精罪犯的替代判刑计划。监狱转移计划包括以下原则：①为罪犯提供有效的毒品减少方案；②提供抵制毒品和酗酒的教育；③防止住院治疗复发；④只有非暴力毒品和酒精罪犯才有资格（Jail Diversion Program. Jail Diversion Program[EB/OL].2013[2017-01-23]. http://www.jaildiversionprogram.com/.)

（B）"实体"后插入"根据《印第安健康服务法》规定的拨款或根据合同所建立的健康设施或经营的项目"；

（3）（c）（2）（A）（i）分款中，删除"已熟知的"，并插入"以循证为基础的"；

（4）将（d）至（i）款分别重新调整为（e）至（j）款；

（5）（c）款后插入以下新款：

"（d）退伍军人的特殊考虑"——

根据（a）款规定拨款时，部长须在适当的情况下对使用拨款支援退伍军人监狱转移服务的实体给予特殊考虑。

（6）（e）款中，对以下进行重新指定——

（A）（3）段中，删除"；以及"并插入"；"；

（B）（4）段中，删除"。"并插入"；以及"；

（C）在末尾处增加以下内容：

"（5）制定计划，使在登记或逮捕个人之前将其转移"；以及

（7）（j）款中，按照重新调整后的段落，"2001财年的1000万美元，以及2002和2003财年各自必要的款项"修订为"2018到2022每财年429.9万美元"。

第 9003 条　促进初级以及行为医疗保健的一体化

PHSA 第 520 K 条（42U.S.C.290bb-42）经本条修订——

"第 520K 条　整合激励基金[71]与合作协议"

"（a）定义——在本条：

"（1）**合格实体**——术语"合格实体"是指与第 1913（b）（1）节中所描述的一个或更多有资格的社区项目或在第 330 条中所述的一个或更多的社区卫生中心合作的州或其他适当的州级机构。

"（2）**综合护理**——术语"综合护理"是指提供精神及身体健康服务的协作模式或实践，包括在同一设施中共享相同空间的实践。

"（3）**特殊人群**——术语'特殊人群'指——

"（A）同时患有身体疾病或长期慢性疾病和精神疾病的成年人；

"（B）同时患有身体疾病或长期慢性疾病和严重精神疾病的成年人；

---

[71] 激励基金于 1993 年创立，主要针对药学服务实践者创立，是 APhA 基金会迄今运行最长的项目。基金总额超过 50 万美元，促进了 500 多个基于药物项目的研发，改善了全国数千名患者的健康结果。

该激励基金主要为药剂师、学生以及社区药房住院医师提供资金，以在其药房实践中实施或支持现有患者创新护理服务。

（APhA Foundation. Incentive Grants[EB/OL]. [2017-01-23].http://www.aphafoundation.org/incentive-grants.）

"（C）同时患有身体疾病或长期慢性疾病和严重情绪障碍的儿童以及青少年；

"（D）患有物质使用障碍的个体。

"（b）**拨款以及合作协议——**

"（1）**一般规定——**根据第（2）段，部长可向合格实体进行拨款和签订合作协议，以促进初级医疗保健及行为医疗保健一体化水平的提高。

"（2）**目的——**根据本条所授予的拨款和合作性协议应被认定为——

"（A）促进初级以及行为医疗保健在临床实践的全面整合与协作；

"（B）支持初级医疗保健以及行为医疗保健综合护理模式的改善，以改善患有严重精神疾病成年人或严重情绪障碍儿童的整体健康以及身体健康状况；

"（C）促进与精神及物质使用障碍的监测、诊断、预防、治疗相关的综合护理服务，以及伴随发生的其他身体状况与慢性疾病。

"（c）**申请——**

"（1）**一般规定——**根据此条，寻求拨款或合作协议的合格实体，须向部长提交申请，在合适的时间以规定的方式提交包括第（2）段所述内容的资料。

"（2）**内容**——在本段中所述的内容有——

"（A）描述充分实现为特殊人群提供服务的合作性协议计划；

"（B）概述这些政策文件，政策包括为排除综合护理障碍以及排除这些障碍所采取的明确步骤；

"（C）描述当地医护人员与其提供服务的特殊人群之间的关系或其他安排；

"（D）向部长报告评估患者结果和促进参与项目评估所需措施的协议和计划；

"（E）根据（e）款，在拨款或合作协议期之后的可持续性计划；

"（d）**拨款和合作协议金额**

"（1）**目标金额**——根据本条，通过拨款或合作协议，合格实体每年可接收的目标金额为 200 万美元。

"（2）**允许调整**—考虑到申请的质量和根据本节在 2016 年《帮助精神健康危机家庭改革法案》颁布之前获得拨款的合格实体数量，部长可以根据本条，调整合格实体每年通过拨款或合作协议所获得的目标金额。

"（3）**限制**——根据本条，接受拨款的合格实体，不得将超过拨款金额的 10% 用于管理，同时应将其余金额分配给提供综合护理的卫生设施机构。

"（e）**期限**——根据本条的拨款或合作协议，期限不得超过 5 年。

"（f）**项目结果报告**——根据本条，获得拨款或合作协议的合格实体，须向部长提交年度报告，包括——

"（1）实体根据（c）款提出的申请中所述的在减少综合护理障碍方面取得的进展；

"（2）对特殊人群功能性结果的描述，包括——

"（A）对于有严重精神疾病的成年人，支持性住房或独立生活项目、社会和康复项目的参与度，工作培训机会以及在工作中令人满意的表现、参加预定的医疗与心理健康预约以及遵守规定用药制度等情况的描述；

"（B）对于患有精神疾病、身体健康症状和慢性疾病的双重诊断个人，参加医疗和精神健康预约、遵守规定的用药制度以及参与改善健康和生活方式的学习机会等情况的描述；

"（C）对于严重情绪障碍、患有身体健康状况和慢性疾病双重诊断的儿童和青少年，参加医疗和精神健康预约，遵守规定用药制度，以及参与学校和课外活动的学习机会等情况的描述；

"（g）**初级以及行为健康综合护理的技术援助**——

"（1）**一般规定**——部长可以向根据本条接受拨款或合作协议的合格实体提供适当的信息、培训以及技术援助，帮助这些实体满足本节的要求，这些帮助包括——

"（A）综合护理模型的开发与选择；

"（B）在综合护理中宣传基于证据的干预措施；

"（C）开展有组织的实践，以支持业务的运营和有效的管理；

"（D）部长认为其他适当的活动

"（2）**额外信息技术的传播**——部长根据第（1）段提供的资料和资源，酌情为各州、各州行政组织机构、印第安部落或部落组织（这些术语在《印第安自治和教育援助法案》第 4 节有定义）、门诊心理健康和戒毒治疗中心、符合第 1913（c）条标准的社区心理健康中心、2014 年《保护医疗保险获得法案》第 223 条所述的认证社区行为健康诊所、初级保健组织、如《社会安全法案》第 1861（aa）条中所定义的联邦资格保健中心或农村保健诊所及其他社区组织或从事综合护理活动等实体可及。

"（h）**拨款授权**——为实施本条，2018 至 2022 每财年拨款 5187.8 万美元。

第 9004 条　帮助无家可归者过渡的援助项目

（a）**各州拨款方案**——PHSA 第 521 条（42 U.S.C. 290cc‐21），经本条修订，删除"1991 年至 1994 年"，并插入"2018 年至 2022 年"。

（b）**拨款目的**——PHSA 第 522 条（42 U.S.C.290cc‐22）经本条修订——

（1）在（a）（1）（B）款中，删除"物质滥用"，并插入"物质使用障碍"；

（2）（b）（6）款中，删除"物质滥用"并插入"物质使用障碍"；

（3）（c）款中，删除"物质滥用"并插入"物质使用障碍"；

（4）（e）款中——

（A）（1）段，删除"物质滥用"并插入"物质使用障碍"；

（B）（2）段，删除"物质滥用"，并插入"物质使用障碍"；

（5）删除（g）款，相应地将原（h）和（i）款重新调整为（g）和（h）款；

（6）（g）款，按照（5）段中重新调整的（g）款，删除每处出现的"物质滥用"，并插入为"物质使用障碍"。

（c）拨款预计支出说明—

PHSA 第 527 条（42U.S.C. 290cc‐27）经本条修订，删除每处出现的"物质滥用"，并插入"物质使用障碍"。

（d）技术援助—PHSA 第 530（42U.S.C.290cc‐30）经本条修订，删除"通过国家精神健康研究所、国家酒精滥用和酗酒研究所、国家物质滥用研究所"并插入"通过部长助理采取行动"

（e）**定义**——PHSA 第 534（4）条［42U.S.C.290cc-34（4）］经本条修订：

"（4）**物质使用障碍**——第 330 条（h）（5）（C）款中，已将术语"物质使用障碍服务"替代"物质滥用服务"。

（f）**资金**——PHSA 第 535（a）条［42U.S.C. 290cc‐35（a）］经本条修订，删除"2001 至 2003 每财年 7500 万美元"并插入"2018 至 2022 每财年 6463.5 万美元"。

（g）**关于方案的研究**——

（1）**一般规定**——自本法案生效之日起 2 年内，精神健康研究所以及物质使用研究所的部长助理（在本节中称为"部长助理"）应对根据 PHSA 第 524 条（42U.S.C.290cc-24）使用的方案进行研究，目的是根据《公共卫生服务法案》第 524 条（42U.S.C.290cc-24）对各州进行资金分配。该研究应包括评价需求的质量指标，通过修订方案，以决定每财年拨款数额。

（2）**报告**——根据第 8004（b）条，部长助理须向该条所述的国会各委员会提交关于根据第（1）段进行研究的结果报告。

第 9005 条　美国预防自杀生命线项目

PHSA 第五章 B 部分的第（3）分部分（42 U.S.C.290bb-31 et seq.）经本条修订，在第 520E-2 条（42 U.S.C. 290bb-36b）之后插入以下内容：

"**第 520E-3 条　美国预防自杀生命线项目**

"（a）**一般规定**——部长通过部长助理采取行动，维持美国预防自杀生命线项目（在本节中称为"项目"），该项目由第 520A 条授权，并于 2016 年《帮助患有精神健康家庭危机改革法案》生效之日起生效。

"（b）**任务**——维持这个项目，部长的任务应包括——

"（1）协调美国各地危机中心网络，在任何时候不论白天或夜晚向寻求帮助的个人提供防自杀和危机干预服务；

"（2）保持预防自杀热线，以便能通过当地急救、精神健康以及社会服务等资源与求救者进行联系；

"（3）与退伍军人事务局局长磋商，确保拨打预防自杀热线的老人能够使用退伍军人专门预防自杀热线。

"（c）**拨款授权**——为实施本条，将授权在 2018 至 2022 财年拨款 719.8 万美元。

第 9006 条　连接个人以及家庭护理

PHSA 第五章 B 部分的第（3）分部分（42 U.S.C.290bb-31 et seq.）按照第 9005 条经本条修订，在第 520E-2 条之后插入以下内容：

"**第 520E-4 条　治疗转诊服务**

"（a）**一般规定**——部长通过部长助理采取行动，应保持国家治疗转诊服务（National Treatment Referral Routing Service）（在本节中称为"转诊服务"），以帮助个人和家庭查找精神以及物质使用障碍治疗医护人员。

"（b）**部长的任务**——维持转诊服务，部长助理执行的任务包括——

"（1）全国性的电话号码，提供全年的信息访问，该信息是以保密的方式定期更新关于本地行为医疗专业人员和社区组织的信息，而不要求个人确认自己，其语言至少包括英语和西班牙语两种，并且使用转诊服务的个人是免费的；

"（2）网站能够提供行为医疗专业人员和社区组织可搜索的在线治疗服务定位器，该网站应包括由这些专业人员和组织所提供的有关名称、地点、联系信息以及基本服务。

"（c）**删除开处方者联系信息**——如第（b）（2）款所述的互联网网站包含所有资格从业者的信息，这些有资格从业者是根据《受控物质管理法案》第 303 条（g）款第（2）段（B）分段认证的，具有开阿片类等具有依赖性物质的处方权。部长助理——

"（1）应给予开处方者一个机会，使开处方者按其要求从网站上删除相应的联系信息；以及

"（2）可以评估其他方法并定期更新在该网站上显示的信息。

"（d）**法规解释**——本条任何条文不得解释为阻止部长助理使用任何未承付的款额，而该等款额是以其他方式提供给行政当局以维持该转诊服务。

第 9007 条　强化社区危机应对系统

PHSA 第 520F 条（42 U.S.C. 290bb-37）经本条修订：

"**第 520F 条　强化社区危机应对系统。**

"（a）**一般规定**——部长应将竞争性拨款授予——

"（1）州政府和当地政府以及印第安人部落和部落组织，以强化社区危机应对系统；

"（2）各州以发展，维持或加强住院精神病设施，危机稳定部门和居住社区精神健康和住宅物质使用障碍治疗设施的床位数据库，用于有严重精神疾病的成人、有严重情绪障碍的儿童或患有物质使用障碍的个体。

"（b）**申请**——

"（1）**一般规定**——根据（a）款，为获得拨款，实体应在适当的时间，以规定的方式，向部长提交申请，该申请中应包含部长需要的信息。

"（2）**社区危机应对系统**——根据（a）（1）款，拨款的申请应包含一个计划以——

"（A）促进从事危机应对的地方公共和私人实体之间的一体化和协调，包括急救者、紧急医疗保健人员、初级医疗保健人员、执法与法院系统、医疗保健支付者、社会服务提供者以及行为保健提供者；

"（B）开发公共和私人实体实施危机响应服务谅解备忘录；

"（C）解决社区资源在危机干预以及预防方面的差距；

"（D）开发模型以使再入院量最小化，包括通过适当的出院计划。

"（3）**床位数据库计划**——根据第（a）（2）款，对于该拨款的申请，应包括开发、维持或加强实时互联网床位数据库计划，目的是收集、汇总并显示在精神科住院设施的床铺以及危机稳定部门的信息，同时收集、汇总并显示居住社区精神健康以及居民物质使用障碍处理设施信息，以便对精神或物质使用障碍危机个体应用临时治疗和设施的识别和确认。

"（c）**数据库要求**——在本条中所述的数据库——

"（1）既包括精神病住院设施、危机稳定部门、居住社区精神健康以及住宅物质使用障碍设施的信息，也包括设施或部门的联系信息；

"（2）提供关于在每个设施或部门可用床位数量的实时信息，以及对于每个可用床所接纳患者类型、提供的安全级别以及可能需要的任何其他信息，以便对精神或物质使用障碍危机个体所使用设备做出恰当的识别。

"（3）数据库搜索能够识别可用的床位，以适合进行精神或物质使用障碍危机中的个人治疗。

"（d）**评估**。——根据第（a）（1）款接受拨款的实体，须在适当的时间以要求的方式向部长提交一份报告，报告应包括部长合理要求的信息以及拨款用于以下几方面的实施效果评估——

"（1）当地危机应对服务和针对接受危机规划以及早期干预支持的个人的措施；

"（2）个人功能性结果改善报告；

"（3）在危机后接受定期随访护理的个体。

"（e）**拨款授权**——为执行本条，授权 2018 到 2022 财年拨款 1250 万美元

第 9008 条　加勒特李史密斯纪念法案[72] 重新授权

（a）预防自杀技术援助中心。——根据第 6001 条，对 PHSA 第 520C 条（42U.S.C.290bb-34），经本条修订——

---

[72] GLSMA 于 2004 年 10 月签署成为法律，是第一个专门为青少年预防自杀计划提供资金的立法。根据这项立法，为学校、各州、印第安部落以及美国其他领地划拨资金，以开发、评估和改善早期干预和预防自杀计划。这项资金拨款授权 GLS 自杀预防计划，由 SAMHSA 管理。
　（SPDC. GARRETT LEE SMITH MEMORIAL SUICIDE PREVENTION EVALUATION[EB/OL]. [2017-01-23]. https://www.suicideprevention-datacenter.com/spdc/login/login.cfm/.）

（1）将第 520C 条的标题由"**青年机构间研究、培训以及技术援助中心**"修订为"**预防自杀技术援助中心**"

（2）（a）款中，删除"通过部长助理对精神健康以及物质使用采取行动"以及"一直到第（2）段末尾这一时期的其他相同内容"并插入"通过部长助理执行，应建立研究、培训以及技术资源援助中心，向各州以及各州行政组织机构、经联邦承认的印第安人部落、部落组织、高等教育机构、公共组织或私人非营利组织等组织机构提供适当的信息、培训以及技术援助，特别是有自杀倾向的高危人群"；

（3）删除（b）款以及（c）款；

（4）将原（d）款重新调整为（b）款；

（5）将（b）款作如下的再设计——

（A）将（b）款的标题由"**其他中心**"修订为"**中心职责**"

（B）（1）段之前紧接的一段，删除"额外的研究"以及"非营利性组织"，并插入"根据（a）款建立的中心所进行活动目的是"；

（C）删除每处出现的"青年自杀"，并插入"自杀"；

（D）（1）段——

（i）删除"发展或持续"并插入"发展以及持续"（ii）在该段末尾的分号前插入"对于所有年龄段特别是有自杀倾向的高危人群"；

（E）（2）段末尾的分号前插入"对于所有年龄段特别是有自杀倾向的高危人群"；

（F）（3）段的"全州范围内的"之后插入"以及部落的"；

（G）（5）段的"干预"之后插入"以及阻止"；

（H）将（8）段中的"对于青年"删除；

（I）在（9）段中，将"行为健康"修订为"健康以及物质使用障碍"；

（J）在（10）段的"别的"之前插入"进行 / 引导"；

（6）删除（e）款，并且插入以下内容：

"（c）**拨款授权**——为实施此条，在 2018 到 2022 每财年授权拨款 598.8 万美元。

"（d）**年度报告**——在本条生效之日起 2 年内，部长应向国会提交一份报告，说明根据（a）款设立的中心在该年度内所开展的活动，包括这些活动的潜在影响，以及与该中心合作的州、组织和机构。"

（b）**青少年早期干预以及预防战略。**——PHSA 第 520E 条（42U.S.C.290bb–36）经本条修订——

"（1）删除（1）段中（a）款和（c）款中出现的"物质滥用"，并插入"物质使用障碍"；

"（2）（b）款——（A）（2）段中——

"（i）删除"确保每个州根据本款被授予一项拨款或合作协议"，并插入"确保每个州不得在任何时候获得超过一项根据本款发放的拨款或合作协议"；

"（ii）删除"被授予"，并插入"获得"；

（B）在（2）段之后插入以下内容：

"（3）**考虑**。——根据本条授予拨款时，部长应考虑申请人的需要程度，包括在此州和重点人群中自杀的发生率以及流行率，同时也包括疾病控制中心对此州或重点人口所确定的自杀率。

（3）（g）（2）款中，删除"本条款自生效之日起两年"并插入"2016年《帮助患有精神健康危机家庭改革法案》生效之日起两年，"；

（4）删除（m）款，并插入"（m）**拨款授权**——为实施此条，在**2018 到 2022 每财年授权拨款 3000 万美元**。"。

第 9009 条　预防成年人自杀

PHSA 第五章 B 部分第（3）分部分（42U.S.C.290bb-31 et seq.）在其末尾增加以下内容：

"第 520L 条　预防成年人自杀。

"（a）**拨款**——

"（1）**一般规定**——部长助理应将拨款授予那些如第（2）段所描述的为25岁或25岁以上人群实施自杀预防和干预项目的合格实体，目的是提高对自杀的认识、建立转诊流程以及改善护理和有自杀风险个人的结果。

"（2）**合格实体**——根据本条款有资格获得拨款的实体应是基于社区的初级保健或行为保健机构、急诊部门、州级精神健康机构（或具有精神或行为健康功能的州级卫生机构）、公共卫生机构、美国其他领地或印第安人部落或部落组织（这些术语在《印第安自治和教育援助法案》第4节有定义）。

"（3）**资金使用**——根据第（1）段的规定，所授予的拨款应用于实施项目，这些项目包括以下组成中的一个或多个：

"（A）监测自杀风险、自杀干预服务以及为有自杀风险倾向的个体提供转诊治疗服务。

"（B）实施基于证据的实践，为有自杀风险的个体提供治疗，包括适当的后续服务。

"（C）提高认知并减少自杀污名。

"（b）**评估以及技术援助**——部长助理应——

"（1）评估根据（a）款授予拨款所支持的活动，并酌情公布评估结果；

"（2）酌情向根据本节接受拨款的合格实体提供适当的信息、培训以及技术援助，以帮助这些实体满足本节的要求，包括协助选择以及实施基于循证的干预措施和框架来预防自杀。

"（c）**期限**——根据本条，拨款期限应在五年之内。

"（d）**拨款授权**——为实施此条，授权在 2018 到 2022 每财年拨款 3000 万美元。"

第 9010 条 精神健康认知培训拨款

PHSA 第 520J 条（42U.S.C.290bb-41）经本条修订——

（1）在本条标题"培训前"插入"精神健康认知"；

（2）（b）款中——

（A）本条的标题，删除"疾病"并插入"健康"；

（B）（1）段，在"应急服务人员"之后插入"由部长决定的退伍军人、执法人员以及其他类别的个人"；

（C）（5）段——

"（i）在（A）的分段之前紧接的一段，删除"对于"，插入"根据第（1）段提供训练及教育的基于证据的项目，包括"；

"（ii）删除（A）至（C）段，并插入以下内容：

"（A）识别精神疾病的特征以及症状；

"（B）（i）精神病患者在社区可获得的资源或其他相关资源；

"（ii）安全地减少精神疾病个人的危机情况；

"（D）（7）段中，删除"2500 万美元"以及"这一时期的其他款项"并插入"2018 到 2022 每财年 1469.3 万美元"。

第 9011 条 国会对美国印第安人以及阿拉斯加土著青年优先预防自杀计划的意见

（a）**发现**——国会有如下的发现：

（1）自杀是造成美洲印第安人以及阿拉斯加土著人死亡的第八大原因。

（2）在 10 至 34 岁的美国印第安人和阿拉斯加原住民中，自杀是死亡的第二大原因。

（3）美国印第安人、阿拉斯加土著青少年以及 15 至 34 岁的年轻人（每 10 万人中有 17.9 人）的自杀率约为该年龄组全国平均水平（13.3/100，000）的 1.3 倍。

（b）**国会的意见**——国会认为，HHS 在执行预防以及干预自杀计划时，对美国印第安人以及阿拉斯加土著人等自杀率极高人群的方案和活动应给予优先考虑。

第 9012 条　针对老年人基于循证的实践

PHSA 第 520A（e）条［42U.S.C-32（e）］在其末尾处须增加以下：

"（3）老年精神障碍——

部长应酌情向受助人提供技术援助，帮助老年患者预防和治疗老年精神障碍、精神健康以及物质使用障碍的基于循证的实践，同时向美国各州及未受助人宣传关于此类基于循证实践的消息。

第 9013 条　美国暴力死亡报告系统

HHS 部长，通过疾病控制与预防中心主任采取行动，特别是鼓励通过其他各州来改善国家暴力死亡报告系统，由 PHSA 第三章（42U.S.C.241 et seq）授权。各州自愿参与此系统。

第 9014 条　门诊辅助治疗

2014 年《保护医疗保险获得法案》第 224 条（42U.S.C.241 et seq.）经本条修订——

（1）在（e）款中，删除"以及 2018,"并插入"2018、2019、2020、2021 以及 2022,"；

（2）（g）款中——

（A）（1）段中，删除"以及 2018"并插入"2022"；

（B）（2）段中，删除"为了实施本条，授权 2015 到 2018 每财年拨款 1500 万美元"，并插入"为了实施本条，授权 2015 到 2017 每财年拨款 1500 万美元，2018 财年拨款 2000 万美元，2019 到 2020 每财年拨款 1900 万美元以及 2021 到 2022 每财年拨款 1800 万美元"。

第 9015 条　确定社区治疗拨款计划

PHSA 第五章 B 部分（42U.S.C.290bb et seq.），经第 9009 条修订，在其末尾处做出进一步的修订：

"第 520M 条　确定社区治疗拨款计划

"（a）**一般规定**——部长助理应将拨款授予合格实体——

"（1）为患有严重精神疾病的成人建立确定的社区治疗计划；或

"（2）维持或扩大此计划。

"（b）**合格实体**——根据本条有资格获得资助的实体，应是州以及州各级组织机构、印第安部落或部落组织（《印第安自治和教育援助法案》第 4 条对这些术语作了定义）、精神健康系统、保健设施以及部长助理认为任何其他适当的实体。

"（c）**特殊考虑**——部长助理在根据本条选择申请人进行拨款时，可特别考虑申请人对于减少住院及无家可归者计划的潜力，以及改善患者的健康和社会成果时刑事司法制度的涉及程度。

"（d）**额外活动**。——部长助理应——

"（1）在 2021 年财年结束之前，根据本条向拨款计划的相关国会委员会提交报告，包括对以下内容的评估——

"（A）任何费用节省以及公共卫生结果，如死亡率、自杀、物质使用障碍、住院及服务使用；

"（B）患者涉及刑事司法制度的比例；

"（C）患者中无家可归者的比例；以及

"（D）患者及家庭对计划参与的满意度；

"（2）根据本条对受助人提供适当的信息、培训以及技术援助，以帮助这些受助人建立、维持或扩大其确定的社区治疗计划。

"（e）**拨款授权**——

"（1）**一般规定**——为实施此条，授权 2018 到 2022 财年拨款 500 万美元。

"（2）**专项资金的使用**。——为实施此条，任一财年内用于实施（d）款的资金不得超过其专项资金的 5%。"

第 9016 条　预防未成年人饮酒的严峻事实重新授权

PHSA 第 519B 条（42U.S.C.290bb–25b）经本条修订——

（1）（3）款中，删除"2007财年"以及"这一时期的其他款项，并插入"2018到2022每财年"；

（2）（d）（4）款中，删除"2007财年"以及"这一时期的其他款项"并插入"2018到2022每财年"；

（3）（e）（1）（I）款中，删除"2007财年"以及"这一时期的其他款项"，并插入"2018到2022每财年"；

（4）（f）（2）款中，删除"2007财年的600万美元"以及"这一时期的其他款项"，并插入"2018到2022每财年300万美元"；

（5）第519B条末尾处增加以下新款——

"（g）通过监测以及简单干预减少未成年人饮酒。——

"（1）向减少未成年人饮酒的儿科医疗保健人员拨款——部长助理可向合格实体进行拨款，以加强执行减少21岁以下个人包括大学生在内的酒精使用率的实践。

"（2）目的——根据本款给予的拨款用于改善——

"（A）监测儿童以及青少年对酒精的使用；

"（B）为儿童以及青少年提供简单干预，以阻止酒精的使用；

"（C）针对酒精的危害以及使儿童和青少年戒酒的方法向家长进行教育；

"（D）诊断和治疗酒精使用障碍；以及

"（E）必要时将患者转诊以得到其他适当的护理。

"（3）**资金的使用**——根据本款收到拨款的实体可以使用这项资金用于由（2）段所确定的目标——

"（A）对医护人员提供培训；

"（B）宣传最佳实践，包括文化和语言上的，以及制作并分发材料；

"（C）支持由部长助理确定的其他适当活动。

"（4）**申请**。——根据本款获得拨款的合格实体，应在适当的时间，以所要求的方式向部长助理提交申请以及部长助理可能需要的其他信息。每份申请应包括——

"（A）实体的描述；

"（B）对所完成活动的描述；

"（C）描述如何执行（2）和（3）款中规定的服务，以及提供此类服务的资格；

"（D）完成此类活动的时间表。

"（5）**定义**——此条的目的：

"（A）*简要干预*——术语"简要干预"是指在监测患者之后，向患者提供简要的建议以及其他简要的激发性增强技术，旨在增加患者对酒精使用的认识以及这种使用所造成的潜在后果，从而影响相关期望行为的改变。

"（B）*儿童以及青少年*——术语"儿童以及青少年"是指 21 岁以下的任何人。

"（C）*合格实体*——术语"合格实体"是指由儿科医护人员组成的有资格支持或提供（2）段所列活动的实体。

"（D）*儿科医护人员*——术语'儿科医护人员'是指为 21 岁以下个人提供医疗保健的医护人员。

"（E）*监测*——术语'监测'是指使用经过验证的患者访谈技术鉴定并评估患者饮用酒精的存在性以及程度。

第 9017 条 中心及计划废除

PHSA 第五章 B 部分（42U.S.C.290bb et seq.）经本条修订，删除第 506B 条（42U.S.C.290aa-5b）、第 514 条（42U.S.C.290bb-9）中关于甲基苯丙胺和安非他明治疗的倡议、第 514A 条、第 517 条、第 519A 条、第 519C 条、第 519E 条、第 520B 条、第 520D 条以及 520H 条（42U.S.C.290bb-8、290bb-23、290bb-25a、290bb-25c、290bb-25e、290bb-33、290bb-35 以及 290-39）。

B 节——加强医疗保健人力资源

第 9021 条　精神及行为健康教育以及培训拨款

PHSA 第 756 条（42U.S.C.294e–1）经本条修订——

（1）（a）款中——

（A）（1）段之前紧接的一段，删除"高等教育"；

（B）删除（1）段至（4）段，并插入以下内容：

"（1）经认可的高等教育机构或经认可的职业培训计划正建立或扩大实习或在其他区域布置项目，包括在精神病学、心理学、学校心理学、行为儿科学、精神病护理（包括硕士和博士水平的课程）、社会工作、学校社会工作、物质使用障碍的预防和治疗、婚姻家庭治疗、职业治疗、学校培训或专业咨询等方面的项目，也包括对儿童和青少年的精神健康以及对过渡期青年等方面关注的项目；

"（2）（包括临床心理学、咨询以及学校心理学）的博士学位、实习以及博士后驻留计划，用于开发和实施心理学研究生的跨学科培训，以提供行为保健服务，包括物质使用障碍预防和治疗服务，以及健康服务心理学教师的培养；

"（3）经认可的社会工作硕士以及博士学位课程，用于开发和实施社会工作研究生的跨学科培训、提供行为健康服务，包括物质使用障碍预防和治疗服务，以及社会工作教师的培养；

"（4）经国家许可的精神健康非营利性组织以及营利性组织，使这些组织能够支付在行为健康相关专业区域中的服务或在职培训计划，优先考虑专业儿童以及青少年精神健康服务或在职培训工人。"

（2）（b）款中——

（A）删除（5）段；

（B）将原（1）至（4）段分别重新指定为（2）至（5）段；

（C）（2）段之前紧接的一段插入重新指定的以下内容：

"（1）招聘并将（a）款所述学生安排在需求高以及需求量高地区的能力

（D）（3）段中，进行重新修订，删除"（a）款"，并插入"第（2）段，尤其是患有精神障碍症状或诊断为患有精神障碍的个体，特别是儿童和青少年，以及处于过渡期的青年，"；

（E）（4）段，做出重新修订，删除"；"并插入"；以及"；

（F）（5）段，做出重新修订，删除"；以及"并插入"。"；

（3）（c）款，删除"根据（a）（1）许可"并插入"根据（a）款第（2）和（3）段获得"；

（4）对（d）款经本条修订：

"（d）**优先事项**。——根据此条选择拨款接受者时，部长应该优先——

"（1）根据（a）款（1）、（2）以及（3）段证明有能力培训心理学、精神病学以及从事综合护理设施社会工作专业人员的项目；

"（2）强调家庭作用的辅助专业人员计划，以及根据（a）（4）款规定的以接受者为目的有生活经验的消费者和家庭辅助专业伙伴关系的计划。"；

（5）删除（e）款，并插入以下内容：

"（e）**向国会报告**——自 2016 年《精神健康危机改革法案》生效之日起的 4 年内，部长应在根据第 501（m）条向国会提交两年期报告，其应包括根据本条提供的拨款对以下内容实施有效性的评估——

"（1）为研究生提供体验式培训支持（实习或实地安置）；

"（2）招募对行为健康实践感兴趣的学生；

"（3）按照（b）（1）款招募的学生；

"（4）开发并实施跨专业培训以及初级保健的一体化；

"（5）开发并实施经认证的实地安置以及实习；

"（6）收集关于在行为保健方面接受培训学生数量的数据以及现

有认可实习和实地安置数量的数据。

"（f）**拨款授权**——为实施本条，授权在 2018 至 2022 每财年拨款
5000 万美元，具体分配如下：

"（1）对（a）（1）款所述项目拨款 1500 万美元。

"（2）对（a）（2）款所述项目拨款 1500 万美元。

"（3）对（a）（3）款所述项目拨款 1000 万美元。

"（4）对（a）（4）款所述项目拨款 1000 万美元"。

第 9022 条　加强精神以及物质使用障碍劳动力

PHSA 第七章 D 部分（42U.S.C.294 et seq.），经本条修订，在其末
尾增加以下内容：

"**第 760 条　培训示范项目**。

"（a）**一般规定**——部长应建立培训示范项目，向合格实体授予
拨款以支持——

"（1）对处于缺医少药社区机构内的住院医师以及研究人员进行
精神病学和成瘾性医学培训，促使精神疾病以及物质使用障碍的
预防和治疗一体化；

"（2）对在缺医少药社区机构内的护士、医生助理、健康服务心

理学家以及社会工作者提供心理和物质使用障碍服务培训，促使初级保健和物质使用障碍服务一体化；

"（3）建立、维持或改进包括以下内容的学术部门或计划——

"（A）通过临床经验与研究，为学生或教师提供培训，以提高识别、诊断和治疗精神及物质使用障碍的能力，同时提高对成瘾性的特别关注；

"（B）制定基于循证的实践或建议，以设计（A）分段所述的包括课程内容标准部门或项目。

"（b）**活动**——

"（1）**对住院医师以及研究人员进行培训**——根据（a）（1）款拨款的接受者——

"（A）**应将这些拨款用于**——

"（i）（I）在（c）（1）款所述合格实体，计划、发展及实施医学精神病住院医师及成瘾医学执业人员的训练；或者

"（II）培养成瘾医学区域中新的精神病住院医师以及研究人员，以提供并扩大综合精神和物质使用障碍服务的可及性；

"（ii）提供至少1个培训路径——

"（I）虚拟训练路径包括在教学健康中心或基于社区机构的轮训，

在虚拟训练路径中，住院医师或研究人员继续支持在教学健康中心或通过使用卫生信息技术以及酌情采用远程保健服务社区的患者保健；

"（Ⅱ）包括在教学健康中心或社区机构中，住院医师或研究员轮流训练路径；

"（Ⅲ）住院医师在以专门治疗婴儿、儿童、青少年、怀孕或产后妇女的社区机构中的轮流训练路径；

"（B）可以使用此项拨款为项目管理或支付建立、维持或提高师资发展或部门或其他必要的部门来实施此类培训提供额外的支持。

"（2）**培训或其他提供者**——根据（a）（2）款，拨款的接受者——

"（A）应将这些拨款用于计划、开发并实施培训项目，为缺医少药的社区机构提供精神以及物质使用障碍服务，促使初级医疗以及精神和物质使用障碍的干预及治疗服务一体化；

"（B）可以使用此项拨款为项目管理或支付建立、维持或提高师资发展或部门或其他必要的部门来实施此类培训提供额外的支持。

"（3）**学术部门或项目**——根据（a）（3）款，拨款的接受者应该与教育认可机构（如医学教育联络委员会、研究生医学教育认可委员会、骨科学院认可委员会、护理教育认证委员会、大学护理教育委员会、药学教育认证委员会、社会工作教育委员会、美国心理协会委员会认证委员会或助理医师教育认证评审委员会）建立合作关系以实施（a）（3）款所规定的活动。

"（c）**合格实体**——

"（1）**培训住院医师以及研究员**——根据（a）（1）款，有资格接受拨款的实体应该——

"（A）是一个共同体，包括——

"（i）至少一个教学健康中心；以及

"（ii）由以下部分构成的主管机构（或主管机构的母机构），包括——

"（I）研究生医学教育认证委员会（或该计划的母体机构）认可的精神病学住院医师项目；或

"（II）经部长决定的在成瘾物质方面适当的团体；或

"（B）根据（A）（ii）所述实体，能够为在社区机构工作的住院医师以及研究人员提供培训机会，促使初级医疗保健以及精神和物质使用障碍的干预及治疗服务一体化。

"（2）**对其他提供者的培训**——根据（a）（2）款，有资格接受拨款的实体应该是——

"（A）健康教育中心［如第 749A（f）条所定义］；

"（B）经联邦认可的健康中心［如 SSA 第 1905（1）（2）（B）条所定义］；

"（C）社区精神健康中心［如 SSA 第 1861（ff）（3）（条）所定义］；

"（D）农村卫生诊所［如 SSA 第 1861（aa）条所定义］；

"（E）由印第安卫生服务部门、印第安部落、部落组织或印第安人在城市组织所经营的健康中心（如《印第安卫生保健促进法案》第 4 条所定义）；或

"（F）为护士、医师助理、健康服务心理学家以及社会工作者提供培训方面成绩突出的实体。

"（3）**学术部门或项目**——根据（a）（3）款，有资格接受拨款的实体应该是医学院或整骨疗法医学院、护理学校、医生助理培训项目、药学院、社会工作学校、经认可的公共或非营利私人医院、经认可的医疗驻留项目或经部长决定的有能力落实此拨款的公共或私人非营利实体。

"（d）**优先事项**——

"（1）**一般规定**——根据（a）（1）款或（a）（2）款，对于拨款，部长应优先给予以下合格实体——

"（A）证明有足够的规模、范围以及能力，保证每年为适当数量的精神病住院医师、研究人员、护士、医师助理或在成瘾物质方面的社会工作者提供必要的培训以满足服务地区的需要；

"（B）证明在培训基于团队医疗实践的医护人员方面具有经验，促使精神和物质使用障碍干预及治疗服务和社区机构的初级医疗一体化；

"（C）证明在使用健康信息技术以及适当时使用远程健康信息技术方面有经验，另外，远程健康信息技术用以支持——

"（i）精神和物质使用障碍服务在如（c）（1）和（c）（2）款中所述合格实体中的使用；以及

"（ii）促进社区健康中心初级保健与精神及物质使用障碍治疗的一体化；或

"（D）有能力扩大精神及物质使用障碍服务在经部长确定的被证明有需要地区的获得，例如部落、农村或其他缺医少药的社区机构。

"（2）**学术部门或项目**——根据（a）（3）款，对于拨款，部长应优先给予以下合格实体——

"（A）对进入并留在这些区域或初级保健和精神以及物质使用障碍干预和治疗服务区域的经过培训的精神及物质使用障碍提供者的最大百分比的记录；

"（B）对代表性不足的少数群体的培训记录，这些少数群体包括本地人口，或来自农村或处于不利背景的个人；

"（C）对弱势群体的保健提供培训，如婴儿、儿童、青少年、怀孕和产后妇女、老年人、无家可归者、被虐待或有创伤的受害者、残疾人以及部长所确定的其他群体；

"（D）通过医疗专业人员之间的合作，对培训学员传授专业一体化的护理技能；或

"（E）提供在文化能力以及健康素养方面的培训。

"（e）**期限**——根据本条，授予的拨款应至少为 5 年。

"（f）**研究及报告**——

"（1）**研究**——

"（A）**一般规定**——根据本条，部长通过健康资源与服务局局长采取行动，对示范项目的结果进行研究。

"（B）**提交时间**——在培训项目第一年完成后的 90 日之内，以及该项目在有效期之内的每一年，根据（a）款，拨款的接受者应向部长提交可用于对部长要求的在第（2）段所述的报告进行分析的数据。

"（2）**向国会报告**——在收到第（1）（B）段所述数据之后一年内，部长应向国会提交一份报告，包括——

"（A）根据本条，分析示范项目对精神以及物质使用障碍服务的质量、数量以及分布的影响；

"（B）分析示范项目对参与示范项目的保健中心社区中未经治疗的精神以及物质使用障碍患病率的影响；以及

"（C）对于该示范项目是否需要扩大的建议。

"（g）**拨款授权**——为实施本条，授权在 2018 至 2022 每财年拨款 1000 万美元"。

第 9023 条　明确现行贷款偿还项目资格

健康资源及服务局局长应根据 PHSA 第 338B（b）（1）（B）条明确儿童以及青少年精神科医师是否符合该法案第三章 D 部分第三子部分（42U.S.C.2541 et seq）所述的国立卫生服务团贷款偿还项目的资格。

第 9024 条　少数族裔奖学金计划

PHSA 第五章（42U.S.C.294aa et seq）经本条修订，在其末尾增加以下内容：

"**K 部分—少数族裔奖学金计划**

"**第 597 条奖学金**

"（a）**一般规定**——部长应维持一项少数族裔奖学金计划，部长颁发的奖学金其中可包括津贴，用于——

"（1）增加精神以及物质使用障碍从业者的知识，涉及来自少数群体以及具有精神或物质使用障碍个人的预防、治疗以及恢复支持等相关问题；

"（2）提高对少数种裔精神以及物质使用障碍的预防和治疗服务质量；

"（3）增加在精神以及物质使用障碍方面专业人员的数量，这些专业人员传授知识、管理服务、进行研究以及向少数群体提供直接的精神或物质使用障碍服务。

"（b）**培训覆盖面**——根据（a）款授予的奖学金应用于精神及物质使用障碍治疗专业人员的继续基础教育培训（包括硕士和博士学位），包括在精神病学、护理、社会工作、心理学、婚姻及家庭治疗、心理健康咨询、物质使用障碍以及成瘾性疾病咨询。

"（c）**拨款授权**——为实施此条，授权在 2018 至 2022 每财年拨款 1266.9 万美元"。

第 9025 条　社区健康中心专业健康志愿者的责任保护

PHSA 第 224 条（42U.S.C.233）经本条修订，在其末尾增加以下内容：

"（q）（1）就本条而言，（g）（4）款所述被视为实体的专业健康志愿者在根据第 330 条提供专业健康服务时，根据第（4）（C）款在财年转移开始的一个日历年，其被视为 HHS 的雇员。前一句须遵守本款的规定。

"（2）为个人提供健康服务时，如果满足以下条件，则卫生保健从业人员在本款中被认为是在(g)(4)款所述实体的专业健康志愿者：

"（A）对个人提供服务，可通过如（g）（4）款所述实体的设施或由此实体所执行的非现场项目或事件。

"（B）该实体根据（3）（B）款赞助医疗保健从业者。

"（C）医疗保健从业人员不得接受个人、（g）（4）款所述实体或任何第三方支付者（包括根据任何保险政策或健康计划的偿还，或根据任何联邦或州健康福利计划）的任何补偿，但医疗保健从业人员可以从向个人提供服务所产生的合理费用中收到（g）（4）款所述实体的补偿除外，其中可能包括差旅费或现场服务费用。

"（D）在提供服务之前，医疗保健从业人员或（g）（4）款所述实体在提供服务的地点发布明确且明显的通知，说明根据本款医疗保健从业人员的法律责任是有限的。

"（E）按照适用的联邦以及州法律对该服务的相关规定，在提供服务时，医疗保健服务人员应是经许可的或被认可的。

"（F）在提供服务时，(g)(4)款所述实体应保存相关文件，以证明医疗保健从业者符合本款的要求。

"（3）（g）［（3）及（5）段除外］(h)(i)及（1）款在同等程度上适用于本款所要求的医疗保健从业人员，这些条款也同样适用于如（g）（4）所述实体中的官员、管理委员会成员、雇员或承包商，除第（4）段另有规定外，并在以下情况下适用：

"（A）用（1）段第一句代替（g）（1）（A）款中第一句。

"（B）如（g）（4）款中所述的实体赞助的医疗保健从业人员才能称为该实体的专业保健志愿者。就本款而言，该实体被视为赞助该医疗保健从业人员，如果——

"（i）关于保健护理从业人员，该实体须向部长提交符合（g）（1）（D）款规定的申请；以及

"（ii）根据（g）（1）（E）款，部长确定的医疗保健从业人员被视为 HHS 的雇员。

"（C）对于部长根据（g）（1）（E）款所确定的医疗保健从业人员在该实体中是专业保健志愿者，本款适用于，在部长做出该决定之日或之后，医疗保健从业人员［就代表根据（b）款赞助医疗保健从业人员的实体所执行的服务而言］的作为或不作为引起的诉讼。

"（D）（g）（1）（F）款适用于医疗保健从业人员，就本款而言，仅限于为个人提供健康服务时，符合第（2）段所规定的每个条件。

"（4）（A）根据（c）（2）款设立的基金可根据第（c）分段的转让，以便执行本款。

"（B）（i）在每财年的 5 月 1 日之前，总审计长应与部长协商，向国会提交一份报告，提供由于专业健康志愿者作为或不作为所产生索赔数额的估计数（连同相关费用以及证人费用），将在下一财年开始之时根据本款支付。

"（ii）（k）（1）（B）款适用于第（i）条有关专业保健志愿者的估计，这些条款也同样适用于如（g）（4）所述实体中的官员、管理委员会成员、雇员以及承包商。

"（iii）报告应包括根据第（i）款中估计数的数据所进行的总结，包括上一个日历年提交并支付的索赔数。

"（C）在每财年的 12 月 31 日之前，部长须将（k）（2）款下的资金转至财政部的适当账目中，其款额应与该财年开始时依据（B）分段所估计的款额相等，但须视资金的数额而定。

"（5）（A）本款自 2017 年 10 月 1 日起生效，但除（B）分段以及（6）段另有规定外。

"（B）自本款颁布之日起生效——

"（i）部长可发布执行本款的条例，以及部长可接受并考虑根据（3）（B）款递交的申请；

"（ii）根据（4）（b）款的报告可提交至国会。

"（6）自 2022 年 10 月 1 日起，本款不再具有任何法律效力。

第 9026 条　报告

（a）劳动力发展报告——

（1）一般规定——自本法案生效之日起 2 年内，健康资源与服务管理局局长应与精神健康与物质使用部的部长助理磋商，进行研究并在 HHS 适当的网站上公布一份关于成人以及儿童心理健康与物质使用障碍劳动力的报告，以便通知联邦、各州以及地方要增强与劳动力相关的努力。

（2）**报告内容**——根据本款，该报告应包含——

（A）对国家级以及州级精神健康与物质使用障碍卫生人员供给与需求的预测，且须按职业分类；

（B）截至报告提交日期，对精神健康与物质使用障碍劳动力的能力、优势以及弱项进行评估，包括初级医疗保健医护人员在预防、监测或咨询精神及物质使用障碍服务的程度；

（C）关于精神健康与物质使用障碍劳动力趋势的信息，包括预计在未来 5 年内进入精神健康领域的服务人员数量；

（D）由健康资源及服务管理局局长与精神健康及物质使用部部长助理协商确定的与精神健康及物质使用障碍提供者相关的任何资料。

（b）**同行支持专家计划**——

（1）**一般规定**——美国总审计长[73] 应对超过 10 个州的同行支持专

---

[73] 美国总审计长是美国政府责任署（GAO，前称为总会计办公室）的主任，该局是 1921 年由国会成立的立法分支机构，以确保联邦政府的财政和管理问责制。
（Wikipedia. Comptroller General of the United States[EB/OL].
[2017-01-23]. https://en.wikipedia.org/wiki/Comptroller_General_
of_the_United_States.）

家计划进行研究，并且这些州都获得过物质滥用与精神健康服务管理局的资金。

（2）**研究内容**——根据（1）段所进行的研究，美国总审计长须在依据本段指定的州中，审查并确定与同行支持专家计划培训以及证书要求有关的最佳实践，例如——

（A）进行此类计划时，涉及精神及物质使用障碍的正式工作或志愿者所经历的时间；

（B）在指定的州中，实施此类计划，所需进行的同行支持专家考试的类型；

（C）在指定的州中，实施此类计划，所采用的道德准则；

（D）在指定的州中，实施此类计划，所需要或建议需要的技能；

（E）继续教育的必要性。

（3）**报告**——自本法案生效之日起2年内，美国总审计长应将依据（1）段所进行研究的相关报告提交至参议院卫生教育劳工和养老金委员会以及众议院能源和商业委员会。

C 节——促进校园精神健康

第 9031 条　校园精神健康及物质使用障碍服务

PHSA 第 520E-2 条（42U.S.C.290bb-36b）经本条修订——

（1）在本条标题中，删除"**以及行为健康**"，并插入"**健康及物质使用障碍**"；

（2）（a）款中——

（A）删除"服务"，并插入"服务以及"；

（B）删除"以及行为健康问题"，并插入"健康或物质使用障碍"；

（C）删除"物质滥用"，并插入"物质使用障碍"；

（D）在"自杀未遂"之后，增加"预防精神及物质使用障碍、减少污名以及提高具有自杀风险学生的认定与治疗"；

（3）（b）款中——

（A）（1）段前紧接的一段，删除"对于——"，并插入"对于以下内容中的一个或更多"；

（B）删除（1）段，并插入以下内容：

"（1）教育学生、家庭、教职工以及工作人员要增强精神及物质使用障碍的认知。

"（2）热线电话的操作。

"（3）准备信息材料。

"（4）提供外延服务，告知学生有关精神及物质使用障碍服务。

"（5）实施自愿的精神及物质使用障碍监测及评估。

"（6）支持学生、教职工以及工作人员的培训，以有效地对患有精神及物质使用障碍的学生做出反应。

"（7）创建网络基础设施，将高等教育机构与治疗精神及物质使用障碍的医疗保健医护人员相联系。

"（8）向学生提供精神与物质使用障碍预防以及治疗服务，包括恢复支持服务、规划以及早期干预、治疗和管理，包括通过使用远程保健服务。

"（9）通过高等教育机构的咨询或健康中心进行研究，涉及通过临床服务、外延服务、预防或学术上成就来改善学生的行为健康，其方式符合所有适用的个人隐私法。

"（10）支持校园内的学生团体，包括运动队，参与此活动可教育学生；也包括那些减少对精神及行为障碍污名并促进精神健康的活动。

"（11）雇用受过适当培训的工作人员。

"（12）制定并支持基于证据的以及新兴的最佳实践，包括侧重文化与语言方面的适当的最佳实践"；

（4）（c）（5）款中，删除"物质滥用"，并插入"物质使用障碍"；

（5）（d）款中——

（A）（1）段之前紧接的一段，删除"根据本条款请求拨款的高等教育机构"，并插入"根据本条款有资格获得拨款的高等教育机构"；

（B）删除（1）段，并插入——

"（1）描述应用此拨款来实施项目的目标人群，包括尽可能多的适当的退伍军人，以及高等教育机构中确定需要精神及物质使用障碍服务的学生。"；

（C）（2）段中，在末尾之前插入"可酌情并根据（b）（7）款制定计划，寻求社区利益相关者，包括适当的公共和私营实体，以便实施该拨款项目"；

（D）（5）段之后增加以下新段：

"（6）根据该拨款所实施项目的目标概述。

"（7）对于意图使用拨款开展（b）款（8）或（9）段所述活动的高等教育机构，说明与获得或共享校园精神健康中心或合作组织的学生治疗记录所适用法律有关的高等教育机构的政策和程序，包括监管治疗记录被用于非治疗目的获得和共享的政策和法律，并说明高等教育机构通知学生这些政策和程序的过程，包括书面同意的范围。

"（8）确保拨款将用于补充而非取代其他任何联邦、州或地方的可用资金，以开展该拨款所要实施的各类型活动"；

（6）（e）（1）款中，删除"以及行为健康"，并插入"精神及物质使用障碍"；

（7）（f）（2）款中——

（A）删除"以及行为健康"，并插入"精神及物质使用障碍"；

（B）删除"自杀与物质滥用"，并插入"自杀与物质使用障碍"；

（8）将（h）款重新调整为（i）款；

（9）（g）款之后插入以下新款：

"（h）**技术援助**——部长可以向实施本条款的拨款接受者提供技术援助"；

（10）（i）款（8）段经本条修订，删除"2005 财年 500 万美元"以及"该时期的相应款项"，并插入"2018 至 2022 每财年 700 万美元"。

第 9032 条 大学生精神健康跨机构工作组

（a）**目的**——此条款的目的是建立大学校园工作组，以研究高等教育机构校园中精神及行为健康问题。

（b）**建立**——HHS 部长（指本条款中的"部长"）应建立大学校园工作组，以研究高等教育机构校园中精神及行为健康问题。

（c）**成员**——大学校园工作组应该由来自每个联邦机构的代表（由该机构的领导指定）组成，且该代表应该对精神健康及教育政策和项目有管辖权或受其影响，机构包括——

（1）教育部；

（2）HHS；

（3）退伍军人事务部；以及

（4）由精神健康及物质使用部部长与部长助理磋商确定的其他适当的联邦机构。

（d）**职责**——大学校园工作组应——

（1）作为协调全国力量的集中机构以——

（A）商讨并评估美国高等教育机构各年龄段学生精神及行为健康服务可获得性以及精神疾病流行率的证据和知识；

（B）确定改善高等教育机构校园精神及行为健康有效、可行和全面行动的范围；

（C）检测并更好地满足高等教育机构各年龄段学生处理精神疾病的需要；

（D）调查各联邦机构，以确定哪些政策能有效鼓励与促进精神及行为健康相关的努力，以及如何在无重复的情况下最佳地促进外延服务；

（E）在联邦机构内部和跨联邦机构间建立促进精神健康的具体目标，包括确定实现这些目标的问责制；

（F）制定战略来分配责任和确保促进参与精神及行为健康，尤其在机构优先权竞争的情况下；

（G）协调各计划，沟通关于高等教育机构各年龄段学生精神及行为健康的研究结果，以使报告和外延活动能够产生更有用且及时的信息；

（H）提供基于循证的实践、示范项目、有效指南以及其他促进高等教育机构校园精神及行为健康战略的描述；

（I）提出建议，提高联邦在促进高等教育机构校园精神及行为健康方面的努力，并确保联邦的努力符合自本法生效之日起已经存在的现行标准、证据以及其他事项；

（J）监督联邦政府在满足高等教育机构具体精神及行为健康促进目标方面所取得的进展；

（K）审查并宣传校园间治疗记录共享的最佳实践；

（2）咨询具有精神及行为健康专业知识的国家级组织机构，特别是从事高等教育机构各年龄段学生工作的组织机构；以及

（3）向在高等教育机构校园内工作的专业精神健康人士酌情咨询

并寻求意见。

（e）**会议**——

（1）**一般规定**——大学校园工作组应每年至少召开三次会议。

（2）**年度会议**——部长应发起关于高等教育机构精神及行为健康的年度会议，加强协调并建立伙伴关系，并分享在促进精神及行为健康、数据收集和分析以及服务等方面的最佳实践。

（f）**定义**——在本条款中，术语"高等教育机构"的定义已在1965年《高等教育法案》第101条（20U.S.C.1001）中给出。

（g）**拨款授权**——为实施本条款，授权在2018至2022财年期间拨款100万美元。

第9033条 促进大学校园精神健康

PHSA第五章D部分（42U.S.C.290dd et seq.）经本条修订，在其末尾处增加以下内容：

"第549条 大学校园精神及行为健康外延服务与教育

"（a）**目的**——此条款的目的是增加精神健康服务的获得，同时减少与精神卫生服务相关的污名，确保高等教育机构的学生获得成功完成学业所需的支持。

"（b）**国家公共教育活动**——部长通过部长助理采取行动，并与

CDC 主任合作，召集跨机构的公私合营部门工作组，以规划、建立并开始协调和评估具有针对性的公共教育活动，旨在专注于高等教育机构校园精神及行为健康。这项活动旨在——

"（1）提高对精神健康及精神障碍的总体认识；

"（2）鼓励并促进与精神健康、预防精神障碍以及治疗此类障碍有关的帮助行为；

"（3）将精神及行为健康与学术成果相联系；

"（4）协助公众识别早期预警信号，以减少精神疾病污名。

"（c）**组成**——根据（b）款召集的工作组应包含——

"（1）学生以及家庭成员在内的精神健康患者；

"（2）各高等教育机构的代表；

"（3）国家精神及行为健康协会和高等教育机构协会代表；

"（4）高等教育机构健康促进与预防组织机构代表；

"（5）包括社区精神健康中心在内的精神健康服务提供者代表；

"（6）具有发起有效公共卫生教育活动经验的私人以及公共部门团体的代表。

"（d）**计划**——根据（b）款，该工作组应制定一个计划——

"（1）针对高等教育机构各年龄段学生以及在高等教育机构工作的个人进行宣传和教育，包括召开圆桌会议；

"（2）开发并倡导基于研究的公共卫生信息以及活动的实施；

"（3）通过使用国家健康信息中心作为信息、出版物以及服务计划推介的主要联络平台，为当地减少污名的工作提供支持；

"（4）提议以及发起社会宣传活动，活动主要针对高等教育机构中的学生以及在高等教育机构工作的个人。

"（e）**定义**——本条款中，术语"高等教育机构"的定义已在1965年《高等教育法案》第101条（42U.S.C.1001）中给出。

"（f）**拨款授权**——为实施本条，授权在2018至2022财年期间拨款100万美元"。

第十章 | 加强对儿童和青少年精神疾病和药物使用障碍的关注

第 10001 条　针对具有严重心理障碍儿童的计划

（a）为有严重心理障碍儿童提供综合性社区精神健康服务——《公共卫生服务法案》561（a）（1）条［42 U.S.C.290ff（a）（1）］经修订，在句号之前增加"，包括为识别和服务有严重心理障碍潜在风险的儿童做出努力"。

（b）为拨款的使用目的设定要求——《公共卫生服务法案》561（b）条［42U.S.C.290ff–1（b）］删去"如果个人年龄超过 21 岁则该个人不具有获得拨款的权利"，并插入"21 岁以上个人有权可获得拨款"。

（c）附加条款——《公共卫生服务法案》564（f）条［42 U.S.C.290 ff–3（f）］经本条修订，在"向部长"后增加"并且向涉及的州提供副本"。

（d）一般规定——《公共卫生服务法案》565 条（42 U.S.C.290ff–4）

作如下修订：

（1）第（b）（1）款——

（A）删去 A 分段之前"根据 561（a）条获得拨款"，并且插入"，不论这些公众实体是否依据 561（a）条获得拨款"；以及

（B）B 分段中，删去"根据"，并插入"所描述的"；

（2）第（d）（1）款，删去"不超过 21 岁"，并且插入"超过 21 岁"；以及

（3）第（f）（1）款，删去"2001 财年为 100 000 000 美元，并且该款项亦为 2002 年和 2003 年财年所必需的"，并且插入"2018 至 2022 年的每财年拨款为 119 026 000 美元"。

第 10002 条　增强对儿童的精神健康护理

经本条修订，在《公共卫生服务法案》第三章 330L 条（42 U.S.C. 254c–18）结尾处增加新款：

"330M 节获得儿童精神健康护理拨款

"（a）**一般规定**——部长，通过 HHS 部长，与相关联邦机构合作，应向州、州政府分支机构以及印第安部落和部落组织［为便于该段理解，在《印第安自治和教育援助法案》第 4 节（25 U.S.C.450b）给出相应定义］给予拨款，以促进在儿童初级医疗保健过程行为健康整合，通过——

"（1）支持全州或地区儿童精神健康护理远程服务项目的开发；以及

"（2）促进现存的全州或地区儿童精神健康护理远程访问项目的发展"。

"（b）**程序要求**——

"（1）**一般规定**——（a）中所提到的儿童精神健康远程访问项目，在以下情况下符合获得拨款的条件——

"（A）是儿科精神健康小组的全州或者地区网络，健康小组作为一个综合团队向儿科初级保健中心提供支持；

"（B）为已建立的儿童精神健康小组全州或者地区网络提供支持和进一步发展，为儿科初级保健中心提供咨询支持；

"（C）儿科医生中关键行为咨询需求及其倾向获得相关咨询、培训以及技术援助的最佳机制开展评估；

"（D）建立在线数据和沟通机制，包括远程医疗，以促进对儿科实践的咨询支持；

"（E）当儿童精神健康小组和儿童保健提供方之间需要时，要提供快速的全州或者地区的临床电话或者远程医疗咨询；

"（F）向儿童初级保健提供方进行培训和提供技术援助，便于尽早识别、诊断、治疗和转诊患有行为健康疾病儿童；

"（G）向上述儿科医生、儿科精神健康提供方提供并协助其获得信息。儿童精神健康保健提供方包括儿童和青少年精神科医生和执业精神健康专家，例如心理学家、社会工作者或精神健康辅导员；

"（H）帮助推荐特殊护理和社区或者行为健康资源；以及

"（I）建立评价机制，测量和监测儿童初级保健提供方的儿童精神健康护理服务可及性增长以及儿童初级保健提供方识别、治疗和转诊精神健康障碍儿童的能力提升"；

"（2）**儿童精神健康小组**——该款中，术语"儿科精神健康小组"是指由至少一名病例协调员，至少一名儿童和青少年心理医生和至少一名执业临床精神健康专业人员，例如心理学家、社会工作者或精神健康顾问组成的小组，这样一个团队可以地区为基础组建"。

"（c）**申请**——一个州，或者一个州的政治分区，印第安部落或者部落组织在申请拨款时，可以这种方式向部长提交一份申请，申请中包含要求提供的资料包括拟使用获得的拨款开展活动计划的综合评估"。

"（d）**评估**——一个州，或者一个州的政治分区，印第安部落或者部落组织在申请拨款时，可以这种方式准备并向部长提交一份接受拨款开展活动的评价，包括活动实施过程和结果评价"。

"（e）**宽带接入**——对根据本条拨款进行管理，部长和其他机构协调确保拨款资助能支持儿童医疗提供方获得可靠的、高速互联网"。

"（f）**匹配要求**——除非州或者州的政治分区，印第安部落或者部落组织同意，部长才能根据本条规定提供拨款，为确保非联邦捐赠（现金或实物）的获得以匹配相关成本，州或者州的政治分区，印第安部落或者部落组织实施该部分产生的成本的匹配额不得少于拨款所提供的联邦基金的 20%"。

"（g）**拨款授权**——为了该部分内容的实施，2018 至 2022 年每财年授权拨款 900 万美元"。

第 10003 条　儿童和青少年药物使用障碍治疗和早期干预服务

《公共卫生服务法案》第 514 条（42U.S.C. 290bb‑7），涉及为儿童和青少年提供的药物滥用治疗服务，修订如下：

（1）在标题栏中，删去"**滥用治疗**"，并插入"**使用障碍治疗和早期干预**"；

（2）删除（a）款，并且插入以下内容：

"（a）**一般规定**——基于以下目的，部长可以向公共和私人非营利性实体授予拨款、签订合同和合作协议，非营利性实体包括印第安部落或者部落组织（这些术语在《印第安自治和教育援助法案》第四部分给出定义）或者卫生设施和程序操作者，或者依据合同和授权向印度健康服务中心授予拨款、签订合同和合作协议，为了——

"（1）为有药物使用障碍风险的儿童和青少年提供早期识别和服务以满足他们的需求；

"（2）向儿童提供药物使用障碍治疗服务，包括精神疾病和药物使用障碍双重诊断的儿童和青少年；以及

"（3）向孕妇提供帮助，教导有药物使用障碍正获得治疗服务的妇女如何教育子女，将妈妈们绑定到社区资源中以支持独立的家庭生活、稳定家庭环境，因此孩子能够获得安全、稳定的家庭环境并且获得合适的健康护理服务"；

（3）第（b）款中——

（A）删去第（1）段，并插入以下条款：

"（1）应用以循证为基础和成本效益的方法"；

（B）第（2）段中——

（i）删去"治疗"；以及

（ii）在"儿童福利"后增加"药物滥用"；

（C）第（3）段中"药物滥用障碍"替换为"药物使用障碍"，包括精神疾病和药物使用障碍双重诊断的儿童和青少年；

（D）第（5）段中"治疗"替换为"服务"；以及

（E）第（6）段中删去"药物滥用治疗"，并插入"治疗"；以及

删去第（7）段；以及

（4）（f）款中，删去"400万美元"及到句号之间的所有内容，并插入"2018~2022每财年29 605 000美元"。

第 10004 条　儿童精神损伤康复

《公共卫生服务法案》第582条（42U.S.C. 290hh - 1）关于用于解决经历暴力相关压力问题人员的拨款，修订如下：

（1）第（a）款中，删去"开发程序"及到结尾处句号之前的所有内容，并插入"开发维护程序以提供——"

"（1）国家儿童创伤应激倡议（该节中缩写为NCTSI）的持续运行包括与协调中心的合作协议，重点关注心理、行为、心理创伤生物学反应，防止儿童因创伤引起的长期反应，通过早期干预和治疗解决儿童因创伤引起的长期反应；以及

（2）促进对识别和治疗儿童和青少年由于目睹或经历创伤性事件而导致的精神、行为和生物学疾病的基于循证实践的知识认知"；

（2）（b）款中——

（A）"上述（a）款"变更为"上述（a）（2）款"；

（B）删去"治疗心理创伤相关障碍"，并插入"治疗心理创伤相关精神、行为和生物学障碍"；以及

（C）删去"已经建立临床和基础研究的精神健康机构和项目组"，

并插入"已经建立临床专业、开展临床研究的大学、医院、精神健康机构以及其他项目组";

第（c）至（g）款序号依次变更为（g）至（k）

（4）（b）款后增加如下内容：

"（c）**儿童结果数据**——（a）（1）所述的 NCTSI 协调中心将收集、分析、报告并公开 NCTSI 内所有儿童早期识别以及患者和儿童以循证为基础的治疗和服务的治疗过程和结果数据"。

"（d）**培训**—— NCTSI 协调中心应促进 NCTSI 受赠方、提供商和合作伙伴在以循证为基础的创伤知情的治疗、干预措施和实践培训计划的协调"。

"（e）**传播和合作**——NCTSI 协调中心应酌情与以下机构合作——

（1）"部长，向利益相关方恰当传递以循证为基础和创伤知情同意的干预、治疗、产品和资源；以及

（2）HHS 内开展研究或赞助研究的适当机构，以分享 NCTSI 经验、评估数据以及其他行动"。

"（f）**审查**——部长的行为要符合同行评审程序，确保 NCTSI 申请经过相关领域专家评审，作为合议评审过程的一部分。部长应明确儿童创伤和以循证为基础的实践中专业知识和经验的评审标准"；

（5）修订后的（g）款，"各地区平均配备卓越中心"修订为"在美国各地区内平均分配"；

（6）修订后的（i）款，"受访人不得超过 5 年"变更为"受访人不得少于 4 年，不超过 5 年"；以及

（7）修订后的（j）款，"2006 年后 50 000 000 美元"修订为"2018~2022 年每财年 46 887 000 美元"。

第 10005 条　产后抑郁症的筛查和治疗

在《公共卫生服务法案》第三章 B 节（42 U.S.C.243 et seq.），经本条修订，在 317L 款（42 U.S.C.247b‑13）后增加如下内容：

"317L‑1. 产后抑郁的筛查和治疗"

"（a）**拨款**——部长可以向各州发放拨款，建立、完善或维护孕妇或生产 12 月内的妇女产后抑郁症的筛查、评估和治疗服务，包括适当的文化和语言服务"。

"（b）**申请**——未获得拨款，该州可在合适的时间以合适的方式向部长提交一份申请，包括部长所需材料要求。任何此类申请至少应包括以下解释：

"（1）一个或多个项目如何提高在一个或多个社区中产后抑郁症妇女接受筛查和治疗的比例；以及

"（2）如何扩大一个或者多个项目增加产妇获得产后抑郁症筛查

和治疗服务的机会"。

"（c）**优先权**——根据本条授予拨款时，部长可向建议在初级保健环节下改进或加强产后抑郁症筛查服务获得性的州提供优先拨款权利"。

"（d）**基金使用**——申请（a）款所述拨款的活动——

"（1）必须包括——

"（A）向医疗卫生提供方提供适当的培训；以及

"（B）向健康护理提供方提供信息，包括抑郁症产妇筛查、治疗以及后续支持服务信息并且提供以社区为基础的资源；并且

"（2）可能包括——

"（A）确保医疗保健提供方（包括妇产科医生、儿科医生、精神科医生、心理护理提供方和成人初级保健临床医生）能实时提供和接收心理咨询（线下或者远程），以帮助孕妇或生育妇女治疗；

"（B）建立各社区间的资源链接，包括精神卫生资源、初级保健资源和支持团队；以及

"（C）使用远程医疗服务为农村地区和医疗服务不足的地区提供服务"。

"（e）**拨款授权**——为促进本条内容的实施，授权 2018~2022 财

年每年拨款 500 万美元"。

第 10006 条　婴幼儿精神健康促进、干预和治疗

《公共卫生服务法案》第三章 Q 节（42 U.S.C.280h et seq.）经本条修订后，在结尾处增加：

"**第 399Z-2 条　婴幼儿精神健康促进、干预和治疗**"

"（a）**拨款**——部长应——

"（1）向符合条件的实体发放拨款，用于开发、维护或提高婴幼儿精神健康保护、干预和治疗行动，包括——

"（A）用于呈现早期症状或者已经诊断患有精神疾病严重风险，包括严重心理障碍的婴幼儿的救助项目；以及

"（B）多基因疗法或者支持护理关系的其他服务；以及

"（2）确保获得救助基金的项目是基于事实和证据、以循证为基础、实践和方法适当且符合语言和文化背景，并且可在其他适当场所下复制"。

"（b）**符合条件的儿童和实体**——本条中：

"（1）**符合条件的儿童**——术语"符合条件的儿童"指从出生到年龄不超过 12 岁的儿童，并且——

"（A）有早期迹象显示或者已诊断患有精神疾病风险，包括具有严重心理障碍；以及

"（B）会从基于循证的婴幼儿干预和治疗、专门化的学前教育或者小学项目中获益，项目的有效性已得到科学证明，并将从进一步应用开发中获益"。

"（2）**符合条件的实体**——是指符合下列条件的人群服务机构或者非营利性机构——

"（A）具有执业资格的精神健康专家，在婴幼儿精神健康评价、诊断和治疗方面经过专业培训和具有相关经验，或者经过相关国家机构认可或者批准的，能为从出生到 12 岁以下婴幼儿提供精神健康保护、干预或者治疗服务的机构；并且

"（B）提供（a）款种所述服务或者项目，这些服务或者项目要以循证为基础或者已被科学证实有显著作用，并将在后期应用开发中获益。

"（c）**申请**——（a）款中所述寻求拨款的符合条件的实体可在合适的时间，通过合适的方式向部长提交一份申请，申请中包含部长所需信息"。

"（d）**早期干预和治疗项目基金的使用**——一个符合条件的实体可以使用（a）款所述拨款资金开展以下活动：

"（1）提供适龄儿童精神健康促进和早期干预服务或者精神疾病治疗服务，其中包括向显露出早期迹象或者已诊断为心理疾病，

包括严重心理障碍的适龄儿童提供专门化服务项目，包括社会和行为服务，以及多基因治疗和其他支持护理关系的服务。

"（2）向卫生保健专业人员提供婴幼儿精神健康保健相关培训，并且与其他专家适当整合，例如初级保健医生、早期干预专家、儿童福利提供方、家庭指导员、早期护理和教育提供方以及其他为幼儿和其家庭服务的工作者。

"（3）向早期护理和教育项目（包括执业或正规基于中心和基于家庭的儿童护理、家庭访问、学前特殊教育和早期干预计划）的所有人员提供精神健康咨询。

"（4）向婴幼儿精神健康临床医生提供基于循证实践的以及婴幼儿精神健康治疗和早期干预的培训，包括识别治疗婴幼儿心理疾病以及行为障碍的实践，这些婴幼儿病因多为接触或反复接触不良的儿童经历或者童年创伤。

"（5）向符合条件儿童提供适龄评估、诊断和干预服务，包括早期精神健康促进、干预和治疗服务"。

"（e）**基金匹配**——部长不能根据本条对合格实体不授予拨款，除非合格实体同意在开展第（d）款所描述的活动时产生的成本由非联邦基金（现金或实物）以不低于联邦拨款总额的 10% 予以匹配"。

"（f）**可准预算拨款**——为促进本条内容的实施，2018~2022 每财年授权拨款 20 000 000 美元"。

第十一章 | 《健康保险携带和责任法案》的同情沟通

第 11001 条 国会意见

（a）**调查结果**——国会发现以下问题：

（1）根据 2015 年全国药物使用和健康调查，美国约有 980 万成年人患有严重精神疾病。

（2）物质滥用和精神健康服务管理局将术语"严重心理疾病"定义为"在过去一年的任何时间点，具有可诊断的心理、行为或情感障碍，影响 18 岁及以上年龄个人，并产生严重的功能障碍，以及对一个或多个主要生命活动造成极大干扰和限制的疾病。

（3）在报告严重精神疾病的发生率时，物质滥用和精神健康服务管理局将导致严重损伤的重度抑郁症、精神分裂症，双相情感障碍和其他精神障碍纳入其中。

（4）患有严重精神疾病的成年人具有较高的慢性身体疾病和过早死亡风险。

（5）根据世界卫生组织研究，患有严重精神疾病的成年人的寿命要比精神健康成年人少 10~25 年。这些死亡的绝大多数是由于自身慢性疾病所致，例如心血管疾病、呼吸道疾病、传染病，以及糖尿病和高血压。

（6）根据 WHO，大多数具有严重精神疾病成年人，由于身体医疗状态的死亡是可以预防的。

（7）患有严重精神疾病能影响个人对治疗疗程决策的能力，对于任何允许患者个人决定治疗疗程的情况，支持决策能促进做出合理医疗决策。

（8）应向患有严重精神疾病的成年人提供帮助，治疗急、慢性身体疾病，做出知情同意，理解并依从适当的治疗。

（9）1996 年《健康保险携带和责任法案》（通常称为"HIPAA"）条款规定的可允许医疗实践在卫生保健领域引起混淆。这种混淆影响了与看护人关于健康护理信息或者治疗偏好的适当沟通。

（b）**国会意见**——国会认为需要对 1996 年《健康保险携带与责任法案》（HIPAA）第 264（c）条（42 U.S.C.1320d–2 注）中关于隐私规则的条款做出澄清，当前允许卫生保健专业人员向患有严重精神疾病成年人的看护人使用和公开健康信息，以便于治疗。

第 11002 条　档案保密性

在 HHS 部长（本章被称为"部长"）首次更新 CFR 第 42 章第 2 节，关于酒精滥用和药物滥用患者档案的保密期 1 年内，在该更新完成后的 1 年内以及该法案生效后，部长将召集利益相关方开会以确定上述规定对患者服务、健康结果以及患者隐私的影响。

第 11003 条　受保护健康信息的特许使用和公开声明

（a）**一般规定**——部长通过与民权办公室主任协作，应确保卫生保健提供方、专家、患者及其家属，以及参与到精神或物质使用障碍治疗中的其他人员拥有充足、易获得、易理解的，恰当的根据 1996 年《健康保险携带与责任法案》（HIPAA）第 264（c）条（42 U.S.C.1320d-2 注）的受保护健康信息使用和公开的资源

（b）**指南**——

（1）**发布**——在（a）款实施过程中，在本条生效之日起 1 年内，部长应发布指南声明为符合 1996 年《健康保险携带与责任法案》第 264（c）条的规定，卫生保健提供方或者覆盖的其他实体可以使用和公开的受保护的健康信息。

（2）**需解决问题**——根据本条发布的指南应解决以下几个问题——

（A）要求得到患者同意；

（B）要求给患者提供反对的机会；

（C）基于专业判断经验，由于患者自身能力或者处于紧急治疗状况下，不能提供反对机会时患者是否能反对；以及

（D）基于专业判断经验，当患者不能到现场或者丧失行为能力，确定患者的最佳治疗获益。

（3）**与家庭成员和看护人沟通**——为解决（2）款中所述状况，根据本条发布的指南应该基于以下目的对受保护的健康信息允许使用或者公开的情况做出明确规定：

（A）与患者家属、患者看护人或者其他个人沟通，在某种程度上，家庭成员、看护人或个人参与患者护理；

（B）患者是成年人时，与患者家庭成员、患者看护人或者其他参与看护人进行沟通；

（C）患者是未成年人时，与患者的父母或看护人沟通；

（D）将患者家庭成员或者看护人，或者参与到患者护理或者护理计划的其他人员纳入沟通范围，以促进治疗和保证坚持用药；

（E）倾听来自患者的声音，从患者家属或者看护人处接收患者信息；

（F）当患者或者他人处于严重、紧急的风险中时，与患者家属、患者看护人、执法人员及时沟通；以及

（G）与执法部门和患者家属或者看护人针对患者在精神急救设施

或者非自愿治疗入院治疗、出院等问题进行沟通。

第 11004 条　模式训练计划的开发和传播

（a）**初步计划和材料**——该法案生效之日起 1 年内，部长与相关专家协商后，应确定以下训练模式计划和材料，或者（此类计划和材料不存在的情况下）部长确定由私人或公共实体开发和传播以下内容：

（1）卫生保健提供方（包括医生、急救医务人员、精神科医生、儿童和青少年心理医生、心理学家、指导顾问、治疗师、护士、医生助理、行为健康设备和诊所、护理管理者、医院，例如负责建立提供方隐私政策的法律总顾问或者合规人员等个人）训练所需训练模式计划和材料，在符合《社会保障法案》（42 U.S.C. 1320d et seq.）第 11 章 C 节以及 1996 年《健康保险携带与责任法案》264（c）条（42 U.S.C.1320d-2 注）及 C 节要求下，培训内容是关于寻找或经历精神或者物质使用障碍治疗的患者受保护健康信息准许使用和传播。

（2）根据（1）段规定，患者及其家庭维护自身权利、保护和获得信息相关培训所需模式计划和材料。

（b）**定期更新**——部长应——

（1）根据（a）款确定或开发的训练模式计划和材料，进行定期审查和更新；以及

（2）向（a）款所述个人散发已更新的训练模式计划和材料。

（c）**协调**——部长应与 HHS 民权办公室主任、精神健康和物质使用部助理部长、卫生资源和服务管理局局长以及 HHS 内相关机构领导协商合作，顺利开展本条所述内容。

（d）**获得帮助**——在识别、审查或者更新（a）款所述训练模式计划和材料时，部长可能征求相关州、州立和地区协会、医学会、许可委员会、精神和物质使用障碍治疗提供方，研究家庭暴力、性侵犯、虐待老人、虐待儿童问题的组织机构，患者、消费者及其家属代表团们的帮助。

（e）**资助**——为实施本条内容，授予拨款——

（1）2018 财年 400 万美元；

（2）2019 和 2020 财年每年 200 万美元；以及

（3）2021 和 2022 财年每年 100 万美元。

第十二章 | Medicaid 对精神健康的覆盖范围

第 12001 条　关于同一天提供精神健康服务和基础医疗保健的 Medicaid 覆盖范围解释

《社会保障法案》第十九章（42 U.S.C. 1396 et seq.）中的任何规定均不得解释为，在州计划下根据本章（或根据豁免计划）的条款，禁止对个人接受有关精神健康服务或基础医疗保健服务进行单独支付，因为该服务是——

（1）由医疗设施内的提供方向个人提供基础医疗保健服务，该机构内的提供方（或另一个提供方）在同一天向该个人提供精神健康服务；

（2）由医疗设施内提供方向个人提供精神健康服务，该设施内的提供方（或另一个提供方）在同一天向该个人提供基础医疗保健服务；

第 12002 条　Medicaid 管理医疗法规研究和报告

（a）**研究**——HHS 部长应通过医疗保险和医疗救助服务中心负责人，根据《社会保障法案》第十九章（42 U.S.C.1396 et seq.）条对 MEDICAID 计划通过管理医疗组织［如该法案第 1903（m）条（42 U.S.C.1396b（m）定义］提供的服务或针对 21 岁以上 65 岁以下的个人在精神疾病医疗机构治疗精神健康障碍［如该法案 1905（i）条（42 U.S.C.1396d（i））定义］的预付住院医疗计划［如《联邦法规》第 42 章第 438.2 节（或其他后续法规）定义］对 Medicaid 的覆盖范围进行研究。此类研究应包括以下信息：

（1）各州，包括哥伦比亚特区和美国的所有领土或属地，向精神疾病医疗机构或加入计划的签约者提供按人头付款的程度。

（2）根据第十九章规定的州计划中接受医疗援助的人数，或放弃该计划，通过该组织和计划接受精神疾病医疗机构服务的人数。

（3）上述接受精神疾病治疗的人在精神疾病医疗机构中住院的月份范围和平均月数，以及在这些月份期间的实际住院停留时间。

（4）根据《社会保障法案》第 19 章，这些组织或计划如何根据其与各州管理州计划的机构签订的合同，决定何时通过精神疾病医疗机构提供服务以代替其他福利（包括全覆盖社区服务），或何时放弃该计划，以解决精神或物质使用障碍治疗问题。

（5）这些机构内提供的服务在多大程度上影响了医疗管理组织或保险计划按人头付费。

（6）**报告**——HHS部长应在本法生效之日起3年内向国会提交关于根据（a）款进行研究的报告。

第 12003 条 创新机会指南

在本法生效之日起1年内，医疗保险和医疗救助服务中心负责人应向州 Medicaid 负责人致信，说明设计创新服务提供体系的机会，包括根据《社会保障法案》第十九章（42 U.S.C. 1396 et seq.），为接受医疗援助的患有严重精神疾病的成年人或有严重情绪障碍的儿童提供社区服务体系。该信函应包括根据该法案第1115条（《美国法典》第42编第1315条）对于示范项目的机会，以改善对上述成人和儿童的护理。

第 12004 条 紧急精神疾病 Medicaid 示范项目研究与报告

（a）**收集信息**——HHS部长通过医疗保险和医疗救助服务中心负责人采取行动，在实际和可获得的数据范围内，对参与根据《患者保护与平价医疗法案》第2707条设立的示范项目的州，收集以下信息：

（1）与州内精神疾病医疗机构和病床总数相比，通过每个州的示范项目，建立的精神疾病医疗机构数量［如《社会保障法案》第1905（i）条（42 U.S.C. 1396d（i）条）所定义的］和这些机构的床位数量，该机构通过向根据《社会保障法案》第十九章（42 U.S.C. 1396 et seq.）州计划下的 Medicaid 项目获得医疗援助的个人提供服务并收费。

（2）《社会保障法案》第十九章（42 U.S.C.1396 et seq.）下的

Medicaid 项目支出减少的程度，或个人在示范项目下的精神疾病医疗机构中接受全面连续的身体或精神保健服务，包括门诊、住院、紧急和非卧床护理产生的其他开支的减少程度。支出的减少是因为这些个人在示范项目下接受的精神疾病医疗机构的治疗。

（3）由中心负责人根据最新数据和实际操作确定的该州法医精神病医院的数量，床位数以及其他医院的法医精神病床的数量。

（4）在 2012 年 7 月 1 日至 2015 年 6 月 30 日期间该州的精神疾病医疗机构收到的《社会保障法案》第 1923 条（42 U.S.C. 1396r‑4）规定的医院支付金额失调份额，以及示范项目减少此类支付金额的程度。

（5）关于各州所有设施或场所的最新数据，其中根据《社会保障法案》第十九章（42 U.S.C. 1396 et seq.）的州 Medicaid 项目（或根据豁免计划）接受医疗援助的任何严重精神疾病成年患者所用设施或所在场所的数据，在负责人决定的实际可行范围内，在第（4）段所述期间内予以处理，包括：

（A）该设施或场所类型（如精神病院、医院急诊室或其他住院医院）；

（B）按照设施类型分类的个体患者在此类设施或场所的平均停留时间；以及

（C）在示范项目运行期间根据州计划（或此类豁免计划）为按照设备类型接受治疗的个体患者提供服务的支付率。

（6）在示范项目运行期间，医院急诊部门的使用程度，与根据《社会保障法案》第十九章（42 U.S.C. 1396 et seq.）下的州 Medicaid 项目（或根据豁免计划），个人患者接受的医疗援助在以下方面的不同——

（A）在示范项目下接受精神疾病治疗的人；

（B）符合示范项目资格要求但是没有在示范项目下的精神疾病医疗机构接受治疗的人；以及

（C）患有严重精神疾病的成年人，这些成年人不符合示范项目的资格要求，并且在精神疾病医疗机构中没有接受这种疾病的治疗。

（b）**报告**——HHS 部长应在本法颁布之日后 2 年时间内，向国会提交一份报告，总结和分析根据（a）款收集的资料。此报告可作为《患者保护与平价医疗法案》第 2707（f）条（42 U.S.C. 1396a 注）要求的报告的一部分提交或单独提交。

第 12005 条　向 IMDS 儿童提供早期和定期普查、诊断和治疗服务

（a）**一般规定**——《社会保障法案》第 1905（a）（16）条［42 U.S.C. 1396d（a）（16）］修订如下：

（1）删除"自 1973 年 1 月 1 日起生效"，并插入"（A）自 1973 年 1 月 1 日起生效"；以及

（2）在分号之前插入以下内容："，并且（B）对于接受（A）项所述服务的个人，其所接受的早期和定期筛查、诊断和治疗服务［如（r）款所述］，无论此类筛选、诊断和治疗服务是否由（A）分段所述服务的提供方提供"。

（b）**有效日期**——第（a）款所做的修订适用于在 2019 年 1 月 1 日或之后开始的日历季度提供的条款或服务。

第 12006 条　Medicaid 下的个人护理服务和家庭医疗服务所需的电子访问验证系统

（a）**一般规定**——《社会保险法案》第 1903 条（《美国法典》第 42 编第 1396b 条）经修订，在第（k）款之后插入以下新款：

"（1）（1）除第（3）及（4）段另有规定外，根据本章的州计划（或根据该豁免计划），应当提供就个人护理服务和家庭医疗服务的提供方进行家访所需的任何费用，并在 2019 年 1 月 1 日或之后的日历季度（或就家庭医疗服务，于 2023 年 1 月 1 日或之后）开始提供，除非国家对在该计划或此类豁免的情况下于该季度提供的服务使用电子访问验证系统，那么联邦医疗援助百分比应减少——

"（A）在个人护理服务的情况下——

"（i）2019 年和 2020 年的日历季度分别下降 0.25 个百分点；

"（ii）2021 年的日历季度，下降 0.5 个百分点；

"（iii）2022 年的日历季度，下降 0.75 个百分点；以及

"（iv）2023 年及以后的日历季度，每年下降 1 个百分点；以及
"（B）在家庭医疗服务的情况下——

"（i）2023 年和 2024 年的日历季度，下降 0.25 个百分点；

"（ii）2025 年的日历季度，下降 0.5 个百分点；

"（iii）2026 年的日历季度，下降 0.75 个百分点；以及

"（iv）2027 年及以后的日历季度，每年下降 1 个百分点。

"（2）除第（3）及（4）段另有规定外，在根据第（1）段实施使用电子访问验证系统时，该州应当——

"（A）与提供州计划（或豁免计划）规定的个人护理服务，家庭医疗服务或两者都提供的机构和实体协商，以确保——

"（i）负担最轻；

"（ii）电子访问验证系统在该州使用的最佳实际操作方法；

"（iii）根据《健康保险携带和责任法案》中隐私和安全法律（如《公共卫生服务法案》第 3009 条定义）的要求进行；

"（B）应当考虑到利益相关者的程序，包括受益人，家庭照顾者，提供个人护理服务或家庭医疗服务的个人以及国家按照部长的指导确定的其他利益相关者的意见；以及

"（C）确保根据州计划（或根据豁免计划）使提供个人护理服务，家庭医疗服务或两者都提供的机构能够获得关于使用电子访问验证系统的培训机会。

"（3）第（1）段和第（2）段规定不适用于自制定之日起，只要国家继续要求使用电子访问验证系统进行访问，则要求各州使用任何此类系统进行的访问都应作为个人护理服务和家庭医疗服务的一部分。

"（4）（A）如（B）分段所描述的州的情况，根据第（1）段做出的联邦医疗援助百分比不适用于——

"（i）如果属于个人护理服务，则为 2019 年的日历季度；以及

"（ii）如果属于家庭医疗服务，则为 2023 年的日历季度；

"（B）就（A）分段而言，本节所述的州是向部长证明该州——

"（i）已努力遵守第（1）和第（2）段的要求（包括按步骤采用用于电子访问系统的技术）；并且

"（ii）在实施这样一个系统的过程中，遇到了不可避免的系统延误。

"（5）在本款中：

"（A）'电子访问系统'一词是指在个人护理服务或家庭医疗服务方面，作为此类服务的一部分进行访问的系统，包括以下方

面——

"（ⅰ）执行的服务类型；

"（ⅱ）接受服务的个人；

"（ⅲ）服务日期；

"（ⅳ）提供服务的地点；

"（ⅴ）提供服务的个人；以及

"（ⅵ）服务开始和结束的时间。

"（B）'家庭医疗服务'一词是指根据本章的州计划（或根据豁免计划），由 1905（7）条所述的服务。

"（C）'个人护理服务'一词是指根据州计划（或豁免计划）提供的个人护理服务，包括根据第 1905（a）（24），1915（c），1915（i），1915（j）1915（k）条或根据第 1115 条的豁免提供的服务。

"（6）（A）在一个州要求个人护理服务和家庭医疗服务提供方使用该州运行或代表国家的承包商运行的电子访问验证系统的情况下，部长应当每个季度向该州支付在这一季度由于系统的设计、开发或安装所花费费用总额的 90%，以及操作和维护这种系统所花费费用总额 75%。

"（B）在一个州要求个人护理服务和家庭医疗服务提供方使用非该州运行或不由代表国家的承包商运行的电子访问验证系统的情况下，（A）分段的规定不适用"。

（b）**收集和传播的最佳实践——**

在 2018 年 1 月 1 日之前，HHS 部长对于电子访问验证系统［如《社会保障法案》第 1903 条第（1）（5）款定义（42 U.S.C. 1396b），在（a）款中加入］，收集和传播国际 Medicaid 负责人关于以下方面的最佳实践——

（1）根据该法案第十九章下的州计划（或豁免计划），对于提供个人护理服务、家庭医疗服务或两者都提供的个人提供培训，培训的内容包括：关于提供个人护理服务或家庭医疗服务的系统［如第（1）（5）款定义］、此类系统的运营以及如何预防欺诈；以及

（2）向家庭照顾者和受益人提供关于使用此类电子访问验证系统的通知和教育材料，以及其他一些方式方法，以防止此类欺诈。

（c）**规则解释——**

（1）**无雇主 - 雇员关系建立——**本条修订的任何内容均不得解释为在提供个人护理服务或家庭医疗服务的机构或实体与和该机构或实体签订合同，根据《联邦法规》第 29 章第 552 节（或任何后续条例）提供此类服务的个人之间建立雇主 - 雇员关系。

（2）**无需特殊或统一的电子访问验证系统——**本条修订的任何内

容均不得解释为要求由根据《社会保障法案》第十九章（或豁免计划）（42 U.S.C. 1396b）下的州计划提供个人护理服务或家庭医疗服务的所有机构或实体，使用特定或统一的电子访问验证系统［如《社会保障法案》第 1903 条第（1）（5）款（42 U.S.C. 1396 et seq.）定义，在（a）款中加入］。

（3）**对于提供护理没有限制**——本条修订的任何内容不得解释为限制根据《社会保障法案》第十九章（或豁免计划）（《美国法典》第 42 编第 1396b 条及以下各条）下的州计划提供个人护理服务或家庭医疗服务，限制提供方选择，约束受益人对护理者的选择或阻碍提供护理的方式。

（4）**不禁止国家质量措施要求**——本条修订的任何内容不得解释为一个州在实施电子访问验证系统［如《社会保障法案》第 1903 条第（1）（5）款（42 U.S.C. 1396b）定义，在（a）款中加入］时，禁止建立与这种系统的质量措施有关的要求。

第十三章 | **精神健康平等**

第 13001 条　扩大符合精神健康和物质使用障碍的覆盖要求

（a）合规项目指南——《公共卫生服务法案》第 2726（a）条［42 U.S.C.300gg-26（a）］经本条修订如下：

"（6）合规项目指南——

"（A）*一般规定*——部长、劳工部长和财政部长与 HHS 总检查长、劳工部总检查长和财政部总检查长协商后，在 2016 年《精神健康危机改革法》生效之日起 12 个月内，应发布程序合规指南，以帮助完善本节内容以及适用于 1974 年《雇员退休收入保障法案》第 712 条和 1986 年《国内税收法》第 9812 条实施的合规性，。在执行本条时，部长可考虑 HHS 和劳工部 2016 年出版的题为'警告标志——需要额外分析以确定精神健康平等合规的非定量治疗限制（NQTL）计划或政策"。

"（B）**合规和不合规的示例**——

"（i）**一般规定**——本段要求的合规项目指南应提供根据本条、1974 年《雇员退休收入保障法案》第 712 条或 1986 年《国内税收法》第 9812 条，关于合规和非合规说明性、去识别信息的案例（不公开任何受保护的健康信息或个人可识别信息）。具体案例包括——

"（Ⅰ）举例说明信息披露和非定量治疗限制的要求；以及

"（Ⅱ）对调查中发现的违法行为进行描述。

"（ii）**非量化治疗限制**——如果条款（i）中描述的示例涉及对非量化治疗限制要求合规和非合规问题，则该示例应提供足够的详细信息以充分解释此类发现，包括对批准医疗和外科获益所涉及的标准以及批准精神健康和物质使用障碍获益所涉及的标准的全面描述。

"（iii）**获取有关合规性的附加信息**——在制定和发布本节所要求的合规项目指南文件时，（A）分段中规定的部长——

"（Ⅰ）应与 HHS 总检查长、劳动部总检查长和财政部总检查长签订机构间协议，以共享适用于本条、1974 年《雇员退休收入保障法案》第 712 条或 1986 年《国内税收法》第 9812 条的合规性和非合规性问题；以及

"（Ⅱ）应设法与其他州达成协议，以共享适用于本条、1974 年《雇员退休收入保障法案》第 712 条或 1986 年《国内税收法》第

9812 条的合规性和非合规性问题"。

"（C）**建议**——合规计划指南应包括促进符合本条、1974 年《雇员退休收入保障法案》第 712 条或 1986 年《国内税收法》第 9812 条的建议，并鼓励开发和使用内部控制或监控措施以遵守规章、法规和计划要求。内部控制可能包括对精神健康和物质使用障碍获益的非定量治疗限制的说明性举例，可能不符合本节、1974 年《雇员退休收入保障法案》第 712 条或 1986 年《国内税收法》第 9812 条关于医疗和外科获益的非定量治疗限制"。

"（D）**更新合规项目指南**——部长、劳工部长和财政部长应与 HHS 总检查长、劳工部总检查长、财政部总检查长协商，每 2 年对合规项目指南进行更新，包括根据本条、974 年《雇员退休收入保障法案》第 712 条或 1986 年《国内税收法》第 9812 条合规性和非合规性问题的说明性、去识别的信息案例（不公开任何受保护的健康信息或个人可识别的信息）"。

（b）**附加指南**——《公共卫生服务法案》第 2726（a）节［42 U.S.C. 300gg-26（a）］经（a）款进一步修订，在末尾增加以下内容：

"（7）**附加指南**——

"（A）**一般规定**——在 2016 年《精神健康危机改革法案》生效之日期 12 个月内，部长、劳工部长和财政部长应发布团体健康计划和健康保险发行人指南，提供团体或个人健康保险覆盖，以协助计划和发行人满足本节、1974 年《雇员退休收入保障法案》第 712 条或 1986 年《国内税收法》第 9812 条的法规要求。

"（B）*信息披露*——

"（i）**计划和发行人指南**——根据本段发布的指南应包括对提供团体或者个人健康保险覆盖的团体健康计划和健康保险发行人使用的公开披露信息的方法，给出澄清信息和说明性示例，以确保符合本节、1974年《雇员退休收入保障法案》第712条或1986年《国内税收法》第9812条（以及根据这些条款颁布的任何适用条例）的要求。

"（ii）**适用于参与人、受益人、合同提供方或授权代表的文件**——根据本段发布的指南应包括提供团体或者个人健康保险覆盖的团体健康计划和健康保险发行人使用的向任何参与者、受益人、合同提供方或授权代表提供信息的方法，并给出澄清信息和说明性示例，需要时，附加向参与人、受益人、合同提供方或授权代表公开信息相关要求的文件，以确保符合本节、1974年《雇员退休收入保障法案》第712条或1986年《国内税收法》第9812条要求、符合根据该条款发布的任何规定，或符合任何其他适用法律或法规。该指南应包括性质上与以下方面相当的信息：

"（I）对医疗和外科获益以及精神健康和物质使用障碍获益的非量化治疗限制；

"（II）用于第（I）条所述局限性应用的过程、策略、证据标准和其他因素；

"（III）应用第（I）款所述的局限性，以确保该局限性用于保证医疗和外科获益以及精神健康和物质使用障碍获益平等性。

"（C）*非量化治疗限制*——根据本段发布的指南应包括提供团体或个人健康保险覆盖的健康团体计划和健康保险发行人可能用于非量化治疗限制的开发和应用的方法、过程、策略、证据标准和其他因素的澄清信息说明性示例，以确保符合本节、1974 年《雇员退休收入保障法案》第 712 条或 1986 年《国内税收法》第 9812 条以及任何根据该条颁布的法规，包括——

"（i）确定医疗和外科获益以及精神健康和物质使用障碍获益的非量化治疗限制的适当类型的方法实例，包括以下的非量化治疗限制——

"（I）基于医疗必要性或适当性的医疗管理标准，或治疗是试验性还是研究性（investigative）的管理标准；

"（II）处方药处方设计限制；以及

"（III）使用失败优先或分步骤治疗方案；

"（ii）方法学确认实例——

"（I）网络准入标准（如证书）；

"（II）影响提供方报销方式的因素（如服务类型、地域市场、服务需求、提供方的供应、实践规模、培训、经验和许可），以及适用于网络充分性的因素；

"（iii）可作为证据标准用于明确开发和应用非量化治疗限制的信息来源实例；

"（iv）计划或发行人在执行非定量治疗限制分析时使用的具体因素案例和用于评估这些因素的证据标准；

"（v）如何使用具体的证据标准来明确治疗是否被认为是试验性或研究性的实例；

"（vi）各种服务类型或获益分类如何适用每个具体证据标准的实例；

"（vii）使新的精神健康或物质使用障碍治疗达到适当的覆盖决策要求的方法的实例，例如针对具有严重精神疾病的个人进行以循证为基础的早期干预计划和各种医疗管理技术；

"（viii）达到适当的覆盖决策要求的方法的实例，其中所覆盖的精神健康或物质使用障碍获益与传统的覆盖医疗和外科获益之间存在间接关系，例如住院治疗或涉及自愿或非自愿住院治疗；

"（ix）部长明确附加指南的必要性，以改善遵循本条、1974年《雇员退休收入保障法案》第712条或1986年《国内税收法》第9812条法规要求的方法、程序、战略、证据标准和其他因素的附加说明性例子，如有。

"（D）**公众意见**——在根据本段发出任何最终指南之前，部长应提供不少于60天的公众意见征询期，在此期间任何公众人士可就指南草案提出意见"。

（c）**计划信息的可用性**——

（1）**征集公众反馈**——在本法案生效之日起6个月内，HHS部长、劳工部长和财政部长应向公众征询反馈信息，关于公开请求如何处理含有联邦或州法律要求健康计划或健康保险发行人向参与者、受益人、签约提供方或授权代表披露，确保符合现有精神健康平等文件的反馈，改善成瘾性，继续确保消费者获得联邦或州法律要求披露的所有信息的权利。

（2）**公众可及性**——在本法生效之日起 12 个月内，HHS 部长、劳工部长和财政部长应公开公众反馈意见。

（3）**全国保险委员会协会（NAIC）**——HHS 部长、劳工部长和财政部长应根据第（1）款直接向 NAIC 共享反馈意见，包括制定简化的信息公开工具，为消费者提供一致性信息。NAIC 和其他相应单位可考虑此类反馈，以便自愿开发和使用同一模板和其他样本标准表格，以改善消费者获取计划信息情况。

（d）**提高合规性**——

（1）**一般规定**——如果 HHS 部长、劳工部长或财政部长确定，提供团体或个人健康保险承保的团体健康计划或健康保险发行人至少 5 次违反《公共卫生服务法案》（42 USC 300gg–26）第 2726 条，1974 年《雇员退休收入保障法案》（29 USC 1185a）第 712 条或1986 年《国内税收法》第 9812 条，相应的部长须在部长决定后的计划年度内，审核该健康计划或发行人的计划文件，协助改善对条款的依从性。

（2）**规则解释**——本款不得解释为，在本法生效之日之前生效的，限制 HHS 部长、劳工部长或财政部长审核健康计划或健康保险发行人文件的权限。

第 13002 条 加强执行精神健康和物质使用障碍覆盖的行动计划

（a）公开会议——

（1）**一般规定**——HHS 部长应在本法案生效之日起 6 个月内召开第（2）款所述的利益相关者公开会议，制定改进联邦和州对《公共卫生服务法案》第 2726 条（42 USC 300gg-26）、974 年《雇员退休收入保障法案》第 712 条（29 USC 1185a）和 1986 年《国内税收法》第 9812 条以及国家法律任何类似条款（在本节中，这些条款和规定被统称为"精神健康平等和成瘾平衡要求"）的执行力方案。

（2）**利益相关者**——本段中所述的利益相关者应包括：

（A）联邦政府，包括——

（i）HHS；

（ii）财政部；

（iii）劳工部；以及

（iv）司法部。

（B）州政府，包括——

（i）州健康保险专员；

（ⅱ）相应的州机构，包括关于公共健康或精神健康机构；

（ⅲ）州总检查长或参与执行精神健康平等和成瘾平衡要求的各州实体的其他代表。

（C）主要利益相关者团体代表，包括——

（ⅰ）全国保险委员会协会；

（ⅱ）健康保险发行人；

（ⅲ）精神健康和物质使用障碍治疗的提供方；

（ⅳ）雇主；以及

（ⅴ）患者或其支持者。

（b）**行动计划**——在根据（a）款举行的公开会议结束后 6 个月内，HHS 部长应最后确定本款所述的行动计划，并在 HHS 的网站上清楚发布。

（c）**内容**——本节的行动计划应——

（1）考虑到精神健康和物质使用障碍平等特别小组在 2016 年 10 月发布的最终报告中提出的建议，以及随后联邦和州关于这些建议的采取的行动；

（2）反映参与根据（a）款召开的公开会议的利益相关方投入；

（3）确定具体的战略目标，涉及负责执行精神健康平等和成瘾平衡要求的各个联邦和州机构将如何合作促进这些要求执行；

（4）提供实施行动计划的时间表；

（5）提供如何满足这些目标的具体实例，可包括——

（A）向患者提供一般性教育信息和文件，例如《消费者披露权利指南》，告知患者其在精神健康平等和成瘾平衡要求下的权利；

（B）促进集中收集，监测和答复与精神健康平等和成瘾平衡要求有关的患者投诉或查询，可通过开发和管理——

（i）一个免费电话号码；

（ii）新的公开性网站——

（I）帮助消费者找到相应联邦或州政府机构，协助其平等申诉，上诉和其他行动；以及

（II）考虑到正在测试的但非重复的奇偶校验测试站点，在本法生效之日由 HHS 公布征询公众意见；

（C）联邦和州执法机构签署谅解备忘录，以更好地协调执法责任和信息共享——

（i）包括上述机构是否应公开提供与精神健康平等和成瘾平衡要求有关的执法行动结果；以及

（ⅱ）可包括向州官员和其他讨论会提供州政策研究所就实施平等问题的研讨，以汇集全国专家向州官员小组在政策上提供技术援助，促进在商业市场以及《社会保障法案》第 19 条所述的医疗救助计划和该法第 21 条所述的州儿童健康保险计划关于精神健康平等和成瘾平衡要求合规性战略。

（D）向国会提出关于需要额外法律授权以改善精神健康平等和成瘾平衡要求执行的建议，包括需要额外法律授权以确保应用非量化治疗限制，以及通过相似方式限制对医疗和外科获益、精神健康和物质使用障碍获益申请的范围和频率。

第 13003 条　关于精神健康和物质使用障碍获益的调查报告

（a）**一般规定**——本法生效之日起 1 年内，此后每 5 年，员工福利保障局助理秘书长与医疗保险和医疗救助服务中心主任、财政部长合作，应向众议院能源和商务委员会以及参议院卫生教育劳工和养老金委员会提交一份报告，概述根据《公共卫生服务法案》第 2726 条（42 USC 300gg-26），1974 年《雇员退休收入保障法案》第 712 条（29 U.S.C.1185a）和 1986 年《国内税收法》第 9812 条规定的精神健康和物质使用障碍覆盖要求的遵守情况，联邦在过去 12 个月间完成的所有调查。

（b）**内容**——除（c）款另有规定外，根据第（a）款做出的报告，就该款所述调查，须包括以下各项：

（1）在报告所述期间进行的封闭联邦调查数量。

（2）在报告期内进行的任何此类调查所检查的每项获益分类。

（3）在报告期内进行的任何此类调查的每个问题，包括是否符合
定量和非量化治疗限制的要求。

（4）对报告期内进行的，导致发现严重违规行为的每次封闭调查
的最终决定的基础概要。

（c）**限制**——根据 1996 年健康保险携带和责任法案第 264（c）
条（42 U.S.C. 1320d‑2 注）颁布的健康隐私和安全规则下的保护，
任何个人可识别信息应从根据（a）款的报告中排除。

第 13004 条　精神健康和物质使用障碍获益的 GAO 研究

在本法生效之日起 3 年内，美国审计总长与 HHS 部长、劳工部
长和财政部长协商，应向众议院能源和商务委员会以及参议院卫
生教育劳工和养老金委员会提交报告，详细说明提供集体或个人
健康保险覆盖范围的团体健康计划或健康保险发行人在多大程度
上提供医疗和外科获益和精神健康或物质使用障碍获益，根据
《社会保障法案》第 1903（m）条［42 USC 1396b（m）］规定的
合同规定的医疗救助管理医疗组织，以及该法第 21 条（42 USC
1397aa 及以下）下的国家儿童健康保险计划，符合《公共卫生服
务法案》第 2726 条（42 U.S.C.300gg–26），1974 年《雇员退休收
入保障法案》第 712 条（29 U.S.C.1185a）和 1986 年《国内税收法》
第 9812 条，包括——

（1）此类计划或发行人非定量治疗的限制，包括医疗必需条件，
如何符合此类条款；

（2）负责的联邦部门和机构如何确保此类计划或发行人遵守这些

条款，包括评估 HHS 如何利用其授权对此类计划进行审查，以确保遵守；

（3）审查负责执行精神健康平等要求的各联邦和州机构如何根据第13002 条行动计划中描述的目标和时间表改进对这些要求的执行；

（4）关于负责的联邦和州部门和机构如何进行额外的执法，教育和协调活动，以更好地确保遵守这些条款，包括关于需要附加法律授权的建议。

第 13005 条　关于饮食障碍的信息和意见

（a）**信息**——HHS 部长，通过妇女健康办公室主任，可以——

（1）更新由妇女健康办公室发起的全国妇女健康信息中心公共互联网网站上提供的与饮食障碍相关的信息，资料表和资源列表，包括——

（A）酌情更新与饮食障碍相关的发现和现有研究；

（B）关于饮食障碍的信息，包括与男性和女性相关的信息；

（2）酌情与教育部长协调，将公开可用资源信息纳入妇女保健办公室制定的预防肥胖症方案；

（3）根据第（1）段更新的信息，通过公共互联网网站或其他方法公开信息、相关资料表和资源列表，以及根据第（2）款纳入相应预防肥胖计划的信息。

（b）意见——HHS部长可提高公众对以下方面的意识——

（1）饮食障碍的类型；

（2）饮食障碍的严重性，包括患病率、合并症以及身体和精神健康后果；

（3）识别、干预、参考治疗和预防可能导致饮食障碍发展的行为的方法；

（4）对身材的歧视和欺凌；

（5）媒体对自尊和体型的影响；

（6）饮食障碍的体征和症状。

第13006条　关于饮食障碍的教育和培训

HHS部长应促进对教育和培训卫生专业人员的有效方案和材料识别，为了——

（1）识别饮食障碍个体；

（2）为患有饮食障碍患者提供早期干预服务；

（3）转诊饮食失调患者进行适当的治疗；

（4）预防饮食障碍的发展；

（5）为患有饮食障碍的个人提供适当的治疗服务。

第 13007 条　现行平等规则说明

如果提供团体或个人健康保险的团体健康计划或健康保险发行人，提供饮食障碍获益保险金（包括住院治疗），则此类团体健康计划或健康保险发行人应提供符合《公共卫生服务法案》第 2726 条（42 U.S.C.300gg–26），1974 年《雇员退休收入保障法案》第 712 条（29 U.S.C.1185a）和 1986 年《国内税收法》第 9812 条要求的保险金。

第十四章 | 精神健康和安全社区

A 节——精神健康和安全社区

第 14001 条 资助危机干预小组执法，促进精神健康

（a）**爱德华·伯恩纪念性司法援助款项计划**——1968 年《综合犯罪控制和安全街道法案》第一章第 501（a）（1）条 ［42 U.S.C. 3751（a）（1）］经修订，在结尾处增加以下内容：

"（H）精神健康计划及相关执法和惩戒计划，包括行为计划和危机干预小组。"

（b）**社区警务服务计划**——1968 年《综合犯罪控制和安全街道法案》第 1701（b）条 ［42 U.S.C. 3796dd（b）条］修订如下——

（1）在第（17）段中，删去末尾的"以及"；

（2）将第（18）段重新指定为第（22）款；

（3）在第（17）段之后加入以下内容：

"（18）为执法人员提供专业培训——

"（A）识别精神疾病患者；以及

"（B）与精神疾病患者进行适当互动，包括语言降低危机响应策略；

"（19）制定合作方案，加强执法机构执法人员在执行任务时解决精神健康、行为和药物滥用问题的能力；

"（20）向狱警提供专门培训，以识别精神疾病患者；

"（21）提高狱警通过关心和监护改善囚犯个人精神健康的能力，包括专门培训和语言降低危机响应策略"；以及

（4）在重新指定的第（22）段中，删去"通过（17）"，加入"通过（21）。

（c）**有关火灾后人员安置和应急资金的修订**——1974年《联邦防火和控制法案》第34（a）（1）（B）条［《美国法典》第15编第2229a（a）（1）（B）条］经修订，在结尾处句号前加入以下内容："并向医护人员，紧急医疗服务工作者和其他急救者提供专门培训，以识别精神疾病患者，以及如何适当对精神疾病患者进行干预，包括语言降低危机的响应策略。"

第 14002 条　门诊治疗辅助方案

（a）**一般规定**——1968 年《综合犯罪控制和安全街道法案》第 1 章第 2201 条（42 U.S.C.3796ii）第（2）（B）段经修订，在分号前加入以下内容：",，或法院认定治疗有必要时，则法院命令开展辅助门诊治疗"。

（b）**定义**——修订 1968 年《综合犯罪控制和安全街道法案》第一部分第 2202 条（42 U.S.C. 3796ii—1）——

（1）在第（1）段中，删去末尾的"以及"；

（2）在第（2）段中，删除末尾的句号并加入分号；以及

（3）在末尾增加以下内容：

"（3）"法院命令开展辅助门诊治疗"一词，指法院可为符合条件的患者指定治疗计划程序——

"（A）要求目前未住在矫正机构（监狱）或住院治疗机构的患者获得门诊精神健康治疗；以及

"（B）旨在改善这种患者对强化行为健康服务的可及性和依从性，以便——

"（i）避免复发，反复住院、逮捕、监禁，自杀，财产破坏和暴力行为；以及

"（ii）为病人提供机会，以较少限制的生活方式，替代监禁或非自愿住院"；

"（4）"符合条件的患者"一词指由法院裁定的成年精神病患者——

"（A）有暴力，监禁或医学角度非必要住院病史；

"（B）无监管和治疗，可能对自我或社会中其他个体构成危险；

"（C）明显不可能自愿参与治疗；

"（D）因贫困以外的原因，可能无法提供任何基本需要，例如食物、衣服、住所、健康或安全；

"（E）具有精神病史或若未得到及时治疗则可能严重恶化的病症；

"（F）因精神疾病，缺乏充分理解或缺乏判断能力，无法就自身的治疗、护理或看管需求做出明智的决定"。

第 14003 条　联邦药物和精神健康法庭

（a）定义——在本条中——

（1）"符合条件的罪犯"一词指——

（A）（i）先前或当前已由精神健康专家诊断为患有精神疾病、智力低下或并发精神疾病和物质滥用障碍；或者

（ii）在逮捕或关押期间，或在庭审前显现精神疾病、智力低下或并发精神疾病和明显的药物使用障碍；

（B）涉及刑事司法系统，或被逮捕或未被控犯有以下罪行：

（i）根据适用的州法律或《美国法典》第 18 编第 3156 条所定义的暴力犯罪；

（ii）《美国法典》第 18 编第 924（e）（2）（A）条所定义的严重毒品犯罪；

（C）经由法官裁定是符合条件的；

（2）"精神疾病"一词指确诊的精神、行为或情绪失控，并且——

（A）持续时间长，满足美国精神病学协会公布的最新版精神障碍诊断和统计手册中的诊断标准；以及

（B）导致功能障碍或对一种或多种主要生命活动造成限制。

（b）**项目建立**——本法生效之日起 1 年内，司法部长应建立一个试点项目，以确定将符合条件的罪犯从联邦检察院、联邦缓刑或监狱局转移的有效性，并将此类符合条件的罪犯置于毒品或精神健康法庭。

（c）**项目流程**——根据（b）款设立的试点方案，须包括——

（1）对有物质使用障碍或精神疾病的项目参与者继续进行司法监

督，包括定期审查；以及

（2）综合管理服务和制裁，包括——

（A）在假释或缓刑期间，酌情对每个计划参与者对受控物质或其他成瘾物质的使用进行强制性定期检测；

（B）对需要此类服务的每个项目参与者开展物质使用治疗；

（C）由于不符合项目要求或未能在完成项目要求方面表现出令人满意的进展，而带来被起诉或监禁的可能性时，可转移、缓刑或监外看守罪犯；

（D）对于需要此类服务的每个项目参与者，可提供程序化项目管理，包括病例管理，以及诸如复发预防、保健、教育、职业培训、工作安置、住房安置和育儿或其他家庭支持服务等后续服务；

（E）法院指定的门诊或住院的精神健康治疗，在成功完成这种治疗后，可能会解除控告或减刑；

（F）集中化病例管理，包括——

（i）整合计划参与者的所有案件，包括违反缓刑期的案件；以及

（ii）精神健康治疗计划和社会服务相协调，包括生活技能和职业培训、住房和工作安置、教育、医疗保健、防止需要此类服务的项目参与者再犯；

（G）在一定期限内持续监督项目参与者参与治疗项目合规问题，参与时间不超过被控罪行或相关罪行的最高刑期或缓刑期，并在切实可行的范围内，在监督期结束时继续提供精神护理服务。

（d）**执行；持续期**——根据（b）款开展的试点项目，应当——

（1）在1个及以上美国司法区开展，开展地点由司法部长根据试点方案酌情与美国法院行政办公室主任协商指定；

（2）在2017财年至2021财年间开展

（e）**指定区域参考标准**——在根据第（d）（1）款做出指定前，司法部长须——

（1）获得被指定地点美国司法区联邦检察长的书面批准；

（2）获得被指定地点美国司法区首席法官的书面批准；

（3）确定被指定地点美国司法区用于治疗的行为健康系统充足，包括药物滥用和精神健康治疗。

（f）**来自其他联邦实体的协助**——美国法院行政办公室和美国缓刑办公室应相互协助，执行司法部长根据本条的职能要求，对被列入毒品或精神健康法庭的符合条件的罪犯，进行监督、指导、提供服务和评估。

（g）**报告**——司法部长应与美国法院行政办公室主任协商，根据本款对毒品和精神健康法院进行监督，并应就该项目的实施结果，在第（d）（2）款所述期结束时，向国会提交报告。

第 14004 条　司法系统中的精神健康

1968 年《综合犯罪控制和安全街道法案》第 1 章第 5 节（42 U.S.C. 3796ii et seq.）经过本条款修订，在结尾处插入：

"第 2209 条司法系统中的精神健康响应措施——

"（a）**审判前的检查和监督**——

"（1）**一般规定**——司法部长可向各州、各地方政府单位、各区域、印第安部落，非营利机构或其任何组合授予款项，用以开发、实施或扩大审前服务项目，以加强对精神疾病患者进行识别能力，并改善患者精神健康。

"（2）**允许使用**——根据本款授予的款项可用于——

"（A）被告的行为健康需求和风险筛查，包括面试信息的核实，精神健康评估和犯罪记录筛选；

"（B）通过客观的统计验证手段评估审前不当行为风险，并根据此次评估向法院提出建议，包括可以减少审前不当行为风险服务；

"（C）对无法满足审前释放条件的被告进行跟踪审查；

"（D）对审前服务项目的过程和结果的评价；

"（E）对审前释放的被告进行监督，包括告知被告开庭日期；

"（F）向相关的公共和私人精神健康利益相关者报告审前服务项目的过程和结果；以及

"（G）必要的数据收集和分析，以提供风险评估所需的信息"。

"（b）**行为健康评估和干预**——

"（1）**一般规定**——司法部长可向各州、各地方政府单位、各区域、印第安部落，非营利机构或其任何组合授予款项，以制定、实施或扩大行为健康筛查和国家或地方刑事司法系统框架评估项目。

"（2）**允许使用**——根据本款授予的款项可用作——

"（A）推广使用验证有效的评估工具对个人的犯罪风险，药物滥用需求和精神健康需求进行评估；

"（B）建议采用将个人的风险因素和需求与基于研究、取得积极成果的项目和实践相匹配的举措；

"（C）实施用于识别和治疗最有可能从协调的监督和治疗策略中受益个体的方法，并对使用较少干预措施依然取得较好效果的个体进行识别；以及

"（D）刑事司法机构、精神卫生系统、司法系统、药物滥用系统和其他相关系统或机构的负责人之间协同决策，以确定如何分配治疗和强化监管服务，以利益最大化，以及开发和利用资源"。

"（c）**款项的使用**——根据本条获得款项的向各州、各地方政府单位、各区域、印第安部落，非营利机构，应依照（b）（2）款，款项用于治疗项目开支，包括——

"（1）薪金、人事费用、设备费用和直接与项目运行有关的其他费用，包括项目执行费用；

"（2）由州或印第安部落批准支付给治疗提供者的费用，必要情况下，提供给需要治疗的项目参与者，包括后续监护、职业培训、教育和就业安置；以及

"（3）支付给州或印第安部落批准、有资质的公共和非营利性实体，如必要，向参与该项目的被告提供酒精和药物成瘾治疗"。

"（d）**非联邦基金补充**——

"（1）**一般规定**——根据本节授予的款项应用于补充款项而非取代，非联邦基金，适用于本节所述项目；

"（2）**联邦共享**——根据本条提出联邦基金份额不得超过根据（e）款申请中所描述的项目总费用的50%"。

"（e）**申请**——根据本条获得资助，要求向各州、各地方政府单位、各区域、印第安部落，非营利机构，以这种形式向司法部提

交申请，其中包含司法部长要求提供的合理信息"。

"（f）**地区分布**——司法部须确保在切实可行范围内，根据本条公平分配款项，包括——

"（1）每个州；以及

"（2）各地方政府单位、各区域、印第安部落，非营利机构——

"（A）在每个州；以及

"（B）在农村、郊区、部落和城市管辖区"。

"（g）**报告及评估**——在每个财年内，根据本条获得资助的每个受助人在该财年内须向司法部长提交一份报告，关于使用资助所进行的活动效果。每份报告都应以该种形式的评估，并包含司法部长要求提供的合理信息。司法部须明确提交报告的日期"。

"（h）**责任**——根据本节授予的基金应遵守以下责任规定：

"（1）**审计要求**——

"（A）*定义*——在本段中，'未解决的审计问题'指司法部监察长提交的最终审计报告中的问题，即审计受赠人将款项用于未经授权的支出，或其他不被允许的，在发出最终审计报告之日起1年内未结束或解决的支出。

"（B）*审计*——从本节生效之日起的第1个财年开始，并在此后的每个财年，司法部监察部长应根据本节对受赠人进行审计，防止浪费、欺诈和滥用款项。检察长应确定每年接受审计的受赠人的适当数量。

"（C）*最终审计报告*——司法部监察长应向司法部长提交根据（B）分段进行的相关审计最终报告。

"（D）*强制性排除*——根据本条，受赠人存在一项尚未解决的审计问题，在从（A）分段所述的 1 年期限结束后开始的 2 个财年内，不具有获得本条款下款项的资格。

"（E）*优先权*——在根据本条进行授予时，司法部应优先考虑在根据本条提交申请前 3 财年内没有未解决的审计问题的申请人。

"（F）*退款*——如果实体在被禁止获得款项的 2 个财年内，根据本条接受款项，则司法部须——

"（i）将与向受赠人授予的不当款项相等的款额存入财政部普通基金账户中；并且

"（ii）从获得不当款项的受赠人处收回款项成本"。

"（2）非营利机构规定——

"（A）*定义*——基于本段和本节规定的款项计划为目的，"非营利机构"是指 1986 年《国内税收法》第 501（c）（3）条［26 U.S.C. 501（c）（3）］所述的组织，并根据 1986 年《国内税收法》第 501（a）条［26 U.S.C.501（a）］免除税收。

"（B）**禁止条款**——依据《国内税收法》第 511（a）条[26 U.S.C.501（a）]中的规定，司法部不得向在离岸账户中持有货币，逃避纳税的非营利机构授予款项。

"（C）*信息披露*——每个根据本条被授予款项的非营利性机构，并按法规规定的程序为其高级职员、董事、受托人和主要雇员做出赔偿建立可推翻的合理推定，这些非营利性机构在申请款项时应当向司法部披露确定该赔偿的程序，包括参与审查和批准该赔偿的独立人员、所使用的可比性数据，以及审议和决定的同期实证。根据要求，司法部须将披露的资料公开，供公众查阅。

"（3）**会议开支**——

"（A）*限制*——司法部在执行本条时，可用款项不超过 2 万，款项可用于司法部长、任何个人或实体用于举办会议或者用于会议支出。款项使用需经过司法部副部长事先书面授权，说明资金可能用于主持会议或支出。

"（B）*书面批准*——根据（A）分段的书面批准应包括与会议有关的所有费用的书面预估，包括所有食品、饮料、视听设备、发言人酬金和娱乐费用。

"（C）*报告*——司法部副部长应向参议院司法委员会和众议院司法委员会提交关于根据本段核准的所有会议支出的年度报告"。

"（4）**年度认证**——自本款生效之日起第一财年开始，司法部须向参议院司法委员会及参议院拨款委员会及众议院司法委员会和众议院拨款委员会年度认证——

"（A）指明是否——

"（i）检察长办公室根据第（1）款发布的所有最终审计报告已由相应的助理总检察长或主任完成和审查；

"（ii）已发布第（1）（D）款所规定的所有强制性免责；以及

"（iii）已根据第（1）（F）款规定完成任何退款；以及

"（B）包括根据第（1）（D）段在前一年被排除的任何受助人名单。

"（i）**防止重复拨款**——

"（1）**一般规定**——在司法部根据本条向申请人授予拨款之前，司法部须比较该潜在拨款与根据本法已授予申请人的任何其他拨款，以确定拨款是否为相同目的。

"（2）**报告**——如果司法部长为基于同一目的向同一申请人授予多项拨款，则司法部长应向参议院司法委员会和众议院司法委员会提交一份报告，报告内容包括——

"（A）所有被授予重复拨款清单，包括所授予的任何此类拨款的总金额；以及

"（B）司法部授予重复拨款的理由"。

第 14005 条 主动式社区治疗法制化方案

1968 年《综合犯罪控制和安全街道法案》第 2991 条（42 U.S.C. 3797aa）经本条修订如下——

（1）将第（j）款重新指定为第（o）款；以及

（2）在第（i）款之后加入以下内容：

"（j）社区治疗措施法制化（FACT）方案——

"（1）**一般规定**——司法部长可以向各州、各地方政府单位、附属领土、印第安部落，非营利机构或其任何组合授予拨款，用于发展、实施或扩大主动式社区治疗，以促进主动式社区治疗法制化（在本款中称为'FACT'）方案，为社区中刑事犯罪的精神疾病患者提供高强度服务，以防止再次入狱。

"（2）**允许使用**——根据本款授予的款项可用于——

"（A）针对涉及刑事司法的精神疾病患者的多学科团队活动，将刑事司法参与作为治疗方案的一部分；

"（B）包括精神健康专家，刑事司法机构，化学品依赖专家，护士，精神科医生，职业指导专家，法医同行专家，法医专家和专门的行政支持人员的 FACT 方案，大家共同努力提供以恢复为导向的全天候周转服务；

"（C）服务，例如用于治疗精神疾病和药物使用障碍并发患者的综合循证治疗、主动性宣传和参与、在参与者居住或社区提供社区服务、精神病康复、康复型服务，犯罪性风险因素解决服务和社区制度；

"（D）对由州或印第安部落批准的支付给治疗提供者的费用，并在必要时需获得许可，向参与该计划符合条件的犯罪者提供所需的治疗，包括行为保健服务和后续监护；以及

"（E）对所有 FACT 小组进行培训，以促进高忠诚实践原则和技术援助，以支持与刑事司法机构合作伙伴的有效和持续整合。

"（3）**补充和非取代**——根据本款发放的款项应用于补充而非取代，非本联邦资金可用于本款所述的计划。

"（4）**申请**——根据本款申请款项，一个州，地方政府，领土，印第安部落或非营利机构应以这种形式向司法部提交申请，并包含司法部长要求的合理信息"。

第 14006 条　个人过渡系统协助

1968 年《综合犯罪控制和安全街道法案》第 1 章第 2976（f）条［42 U.S.C. 3797w（f）］经本条修订如下——

（1）在第（5）段中，删除末尾的"以及"；

（2）在第（6）段中，删除末尾的句号，并加入分号；以及

（3）在末尾增加以下内容：

"（7）为有精神疾病或伴有疾病的精神疾病患者提供精神健康治疗和过渡服务，包括住房安置或援助；以及"。

第 14007 条　并发药物滥用和精神疾病对毒品法庭的挑战

1968 年《综合犯罪控制和安全街道法案》第 I 章 EE 部分（42 U.S.C. 3797u et seq.）经本条修订如下——

（1）第 2951（a）（1）条 [42 U.S.C. 3797u（a）（1）]，在"问题"后加入"包括并发药物滥用和精神健康问题"；以及

（2）第 2959（a）节 [42 U.S.C. 3797u‐8（a）]，在"部分"后加入"包括对药物成瘾法庭人员和官员进行培训，以识别和解决同时出现滥用药物和精神健康问题的人员"。

第 14008 条　联邦军警部门精神健康培训

（a）**一般规定**——国防部部长，国土安全部部长，HHS 部长和商务部部长应在本法案生效之日后 180 天内，为每个军警部门（该术语在《美国法典》第 10 章第 101 条中定义）提供以下：

（1）**培训项目**——提供专门和全面的培训项目，以识别精神疾病患者特殊需要，并做出相应响应。

（2）**技术改进**——计算机信息系统或技术改进，为联邦执法人员，军警部门的其他分支机构和刑事司法系统人员及时提供信息，以改善联邦对精神病患者的响应。

（3）**合作计划**——建立和扩展合作，军警部门人员对待精神疾病患者时通过使用有效干预措施确保公众安全。

第 14009 条　促进再次入狱犯人精神健康

（a）**再入狱示范项目**——1968 年《综合犯罪控制和安全街道法案》第 2976（f）条［42 U.S.C. 3797w（f）］，经本条修订——

（1）第（3）（C）款，在"药物治疗"之前加入"精神健康服务"；以及

（2）在结尾处增加以下内容："（8）有无家可归、药物滥用或精神疾病史的目标罪犯，包括对犯罪者的住房状况和行为健康需要进行预先评估，协调精神健康、药物滥用和无家可归服务体系关系，以通过适当的支持服务实现稳定和永久的住房结果。"。

（b）**监督拨款**——2007 年《第二次机会法案》第 211（b）（2）条［42 USC 17531（b）（2）］的修订是在"社区"后加入"，包括精神健康卫生"。

第 14010 条　校园精神健康危急干预小组

1968 年《综合犯罪控制和安全街道法案》第 1 章第 2701（b）条［42 U.S.C. 3797a（b）］经本条修订如下：

（1）将第（4）和（5）款分别重新指定为第（5）和（6）款；以及

（2）在第（3）款之后加入以下内容：

"（4）危机干预小组的发展和运作，可能包括与执法机构的协调和对学校官员进行专门培训以响应精神健康危机。"。

第 14011 条　活跃射手培训执法

司法部长作为司法部预防暴力侵害执法和确保司法部的复原力和生存能力倡议（VALOR）的一部分，可以向地方执法机构提供安全培训和技术援助，包括活跃射手响应训练。

第 14012 条　居住地药物滥用治疗计划中的并发药物滥用与精神疾病挑战

1968 年的《综合犯罪控制和安全街道法案》第 I 章第 1901（a）条［42 U.S.C. 3796ff（a）］修订如下——

（1）在第（1）段中，删除末尾的"以及"；

（2）在第（2）段中，删除末尾的句号，并插入"；以及"；以及

（3）在末尾增加以下内容：

"（3）制定和实施专门的居住地药物滥用治疗计划，确定并为患有并发精神疾病和药物滥用障碍或挑战的居民提供适当的治疗。"

第 14013 条　精神健康和药物治疗取代监禁计划

1968 年的《综合犯罪控制和安全街道法案》第 I 章（42 U.S.C. 3711 et seq.）经修订，删除第 CC 节，并插入以下内容：

"第 CC 节——精神健康和药物治疗取代监禁计划"

"第 2901 条　精神健康和药物治疗取代监禁计划

"（a）**定义**——在本条中——

"（1）"合格实体"是指一个州，地方政府，印第安部落或非营利组织；以及

"（2）"合格参与者"是指——

"（A）与刑事司法系统接触，或被逮捕或被控诉犯有以下罪行的个人——

"（i）适用的州法律或《美国法典》第 18 章第 3156 条所定义的暴力犯罪；或者

"（ii）如《美国法典》第 18 章第 924（e）（2）（A）条所定义的严重毒品犯罪；

"（B）正在患有或有下列病史——

"（i）药物使用障碍；

"（ii）精神疾病；或

"（iii）并发精神疾病和药物使用障碍；以及

"（C）根据法律要求，已被相关执法机构、检察官、辩护律师、缓刑官员、法官、精神健康机构代表或药物滥用代理机构的代表批准参加根据本条资助计划的个体。

"（b）**程序授权**——司法部长可以向符合资格的实体提供资助，为合格的参与者制定、实施或扩大治疗取代监禁计划，包括——

"（1）预约治疗取代监禁计划，包括——

"（A）关于药物使用障碍、精神疾病和并发精神疾病和药物使用障碍的执法培训；

"（B）合格参与者把接收中心作为监禁的替代之选；

"（C）建立专门的响应单位处理与药物使用障碍、精神疾病或并发精神疾病和药物使用障碍相关的电话；以及

"（D）其他逮捕和预约治疗取代监禁模式；或者

"（2）预约后治疗取代监禁计划，包括——

"（A）专业临床病例管理；

"（B）与药物使用障碍、精神疾病和并发精神疾病和药物使用障碍相关的预审服务（pre-trial services）；

"（C）以检察官和辩护人为基础的方案；

"（D）专设的缓刑期；

"（E）治疗和康复计划；以及

"（F）解决问题的法庭，包括精神疾病法庭、毒品法庭、并发精神健康和药品滥用法庭、醉酒驾车法庭以及退伍军人治疗法庭。

"（c）**申请**——

"（1）**一般规定**——根据本条规定申请资助的合格实体，须向司法部长提交申请——

"（A）申请符合第（2）段的标准；以及

"（B）在规定时间，用规定的方式，并附有司法部长所规定的资料。

"（2）**标准**——合格实体在根据第（1）段提交申请时，应当——

"（A）提供与州和地方政府机构监督卫生、社区矫正、法庭、起诉、药物滥用、精神疾病、受害者服务和就业服务等方面以及与当地执法机构合作的广泛证据；

"（B）说明与单个州的药物滥用机构［该术语如 2007 年的《第二次机会法案》第 201（e）条所定义］进行的协商；

"（C）说明将使用以循证为基础的治疗方法；

"（D）说明以循证为基础的筛查和评估工具将在参与者加入治疗

取代监禁计划时使用。

"（d）要求——根据本条授权资助治疗取代监禁计划的每个合格实体，都应该——

"（1）考虑到逮捕、起诉或刑事定罪的附带后果，确定符合资格的参与者参与该方案的条款和条件；

"（2）确保药物滥用和精神健康治疗的每项要素都得到相关辖区的许可和认证；

"（3）（b）（2）款所述的计划，在所涉及的州、部落或当地刑事司法机构的监督下，组织由受过适当培训的执法专业人员组成的执法单位，其职责包括——

"（A）参与或希望参与计划的每个合格参与者的地址和其他联系方式信息的验证；以及

"（B）如有必要，在符合联邦和州的保密要求时，掌握计划中已脱离治疗提供方的设施，或者明显违反该计划的条款和条件的合格参与者的位置、拘押、逮捕和返回监护的信息提供方；

"（4）如果该计划的任何合格参与者从治疗提供方的设施脱离，或以其他方式违反计划的条款或条件，在符合联邦和州的保密要求时，通知相关刑事司法实体；

"（5）向相关的州、部落或当地刑事司法机构，包括精神健康法庭、毒品法庭、并发精神健康和药品滥用法庭、醉酒驾车法庭以及退伍军人治疗法庭提交定期报告，说明治疗进展或参与该计划的每个合格参与者的其他检测结果；

"（6）描述将用于评估该计划的以循证为基础的方法和测量结果，并具体解释这些测量结果如何提供有效影响该计划的措施；以及

"（7）描述如果该方案证明有效，如何广泛复制使用。

"（e）**资金使用**——合格实体须将根据本条拨款，用于治疗取代监禁计划支出，包括——

"（1）工资、人工成本、设备费和与方案运作直接有关的包括执法单位在内的其他费用；

"（2）为相关州或部落管辖区批准的治疗提供方支付费用，并在必要时获得许可，以便为参与该计划的合格犯罪者提供所需的治疗，包括后续监护、职业培训、教育和就业安置。

"（3）向由州或部落管辖区批准并获得许可（如有必要）为参与该计划的合格犯罪者提供酒精和药物成瘾治疗的公共和非营利私营实体支付。

"（f）**补充而非取代**——合格实体使用根据本条收到的联邦资金，仅在没有从其他联邦和非联邦来源获得本条所述活动的资金情况下，用作资金的补充，而非取代这些资金。根据本条联邦拨款份额不得超过根据第（d）条提出的申请中所述的计划总费用的50%。

"（g）**地理分布**——司法部长须确保在切实可行范围内，根据本

条获得的拨款的地域分配是公平的，并包括向以下地区的合格实体发放拨款——

"（1）每个州；

"（2）农村、郊区和城市地区；以及

"（3）部落管辖地区。

"（h）**报告和评价**——每个会计年度，在该财年根据本条接受拨款的每名受益人，须向司法部长提交一份报告，说明使用该拨款进行活动的结果。司法部长应当指明报告以何种形式，包含何种资料和规定的期限。

"（i）**责任**——司法部长根据本条授予的所有拨款，须受下列问责条文限制：

"（1）**审计要求**——

"（A）*定义*——在本段中，"未解决的审计结果"一词系指司法部检查长最终审计报告中的一项裁定，即被审计的受益人已利用补助资金支付未经核准的支出或其他不允许的费用，而这些支出或费用在最终审计报告发出之日起12个月内不能结算或解决。

"（B）*审计*——自本款制定之日起的第1个财年开始，并在此后的每个财年，司法部检查长应根据本条对受益人进行审计，以防止浪费、欺诈和受助人滥用基金。检查长应确定适当的每年将接受审计的受益人的数量。

"（C）**强制性剔除**——受益人根据本条获得的拨款被发现有未解决的审计结果，在从（A）分段所述的 12 个月期限结束后开始的前 2 个会计年度内，不得有资格获得本分段下的拨款资金。

"（D）**优先权**——在根据本条批给拨款时，司法部长须优先考虑在根据本条提交申请之前的 3 个会计年度内，没有未解决的审计结果的合格申请人。

"（E）**赔偿**——如果一个实体在 2 个财年期间根据本条被授予拨款资金，而在该期间根据（C）项应实体被禁止接受拨款，则司法部长须——

"（i）将错误授予受益人拨款等额的资金存入财政部的普通基金；并且

"（ii）从拨款受益人手中追回错误授予的拨款资金。

"（2）**非营利性组织的需求**——

"（A）**定义**——就本段和本节下的拨款计划而言，"非营利性组织"一词系指 1986 年《国内税收法典》第 501（c）（3）条所述的组织，此组织根据该法典的第 501（a）条的规定豁免征税。

"（B）**禁止**——根据本节，司法部长不得向为了避免 1986 年《国内税收法典》第 511（a）条所述的税款而在离岸账户持有货币的非营利性组织授予拨款。

"（C）**信息披露**——每一个根据本条授予拨款并依据条例规定的

程序为其官员、董事、受托人和主要雇员创造可推翻的合理性补偿假定的非营利性组织，应在批准拨款申请中向司法部长揭露确定补偿的程序，包括参与审查和批准此类补偿的独立人员，所使用的可比性数据，以及审议和决定的共同证明。根据要求，司法部长须将根据本分段将揭露资料供公众查阅。

"（3）**会议支出**——

"（A）*限制*——司法部长或根据本条通过合作协议授予可自由支配的拨款的任何个人或实体，不得向司法部提供任何数量的款项，用于主办或支持使用超过 20 000 美元会议的任何开支。除非相关机构或部门的负责人事先书面授权，资金可用于主办或支持会议。

"（B）*书面批准*——根据（A）分段提到的书面批准应包括与会议有关的所有费用的书面估计，包括所有食品、饮料、视听设备、发言人酬金和娱乐费用。

"（C）*报告*——副司法部长应向参议院司法委员会和众议院司法委员会提交根据本段核准的所有会议支出的年度报告。

"（4）**年度认证**——自本款制定之日算起的第一个财年开始，司法部长须向参议院司法委员会及拨款委员会和众议院司法委员会及拨款委员会提交一份年度认证报告——

"（A）用于说明是否——

"（i）检查长办公室根据第（1）段发布的所有审计已经由合适的助理司法部长或主任完成和审查；

"（ii）已发出第（1）（C）段规定的所有强制性剔除；以及

"（iii）已完成根据第（1）（E）段规定的所有补偿；并且

"（B）年度认证中包括根据第（1）段规定上一年度任何被剔除拨款的受益人名单。

"（5）**防止重复资助**——

"（A）*一般规定*——在司法部长根据本条向申请人授予拨款之前，司法部长应比较潜在拨款与根据本法授予的其他拨款，以确定是否为同一目的而授予重复拨款。

"（B）*报告*——如司法部长为同一目的而向同一申请人授予重复的拨款，则司法部长须向参议院司法委员会及众议院司法委员会提交报告，包括——

"（i）所有重复授予的拨款清单，包括所授予的重复拨款的总额；以及

"（ii）司法部长授予重复拨款的原因"。

第 14014 条　州刑事司法和精神健康培训及技术援助

1968 年的《综合犯罪控制和安全街道法案》第 I 章第 HH 节（42 U.S.C. 3797aa et seq.）修订如下：

"第 2992 条州刑事司法和精神健康培训及技术援助：

"（a）**授权**——司法部长可以向符合条件的组织拨款，以便设立州刑事司法和精神健康培训及技术援助中心。

"（b）**有资格的组织**——对于（a）款，"有资格的组织"一词系指能够在精神健康、危机干预、刑事司法系统、执法、证据转化实践、培训和研究以及教育和支持精神病患者及其家庭方面提供技术援助和培训，并具有特殊专门知识和广泛的国家级水平经验的州非营利性组织。

"（c）**资金使用**——任何根据（a）款获得拨款的组织应与其他拨款受益人合作，建立和运作州刑事司法和精神健康培训及技术援助中心，以便：

"（1）为执法人员提供有关精神健康的培训，并与精神疾病患者合作，强调降低执法人员与精神障碍患者或处于精神危机中的人员之间产生摩擦的强度，其中包括支持开发系统和系统中工作人员之间进行现场和技术信息交流，以支持培训中确定的理念；

"（2）向各州、印第安部落、领土、地方政府部门、服务提供方、非营利组织、缓刑或假释官员、公诉人、辩护律师、应急响应提供方和矫正机构提供教育、培训和技术援助，推进与精神健康危机有关的实践和知识以及跨系统的精神疾病刑事司法方法；

"（3）向精神健康服务提供方和刑事司法机构提供以下方面的培训和最佳实践：关于转移举措、拘留所和监狱战略，将精神疾病患者重返社区，以及派遣协议和分类筛选能力，包括建立学习地点；

"（4）为刑事司法机构开展自杀预防和危机干预培训和技术援助；

"（5）制定接收中心系统和试点战略，为司法管辖区提供一个进入精神健康和药物滥用系统的单一入口，以评估和适当安置出现精神危机的个人；

"（6）从本节的受益人，与根据本条参与提供精神健康服务的联邦、州、地方机构和非政府组织获得拨款的其他受益人处，收集精神健康和刑事健康及刑事司法倡议和政策方面的数据和最佳实践；

"（7）开发并向精神健康服务提供方和刑事司法机构传播评估工具、机制和措施，以便更好地评估和记录与提供精神健康服务有关的绩效措施和结果；

"（8）向各州、地方政府部门、刑事司法机构、执法机构和其他相关实体传播有关提供精神健康服务的最佳实践、政策标准和研究结果的信息；以及

"（9）向涉及或有可能参与刑事司法系统的精神疾病患者，包括患者家人提供教育和支持。

"（d）**责任**——根据本条授予的许可证须遵守以下责任条款：

"（1）**审计要求**——

"（A）**定义**——在本段中，'未解决的审计结果'一词系指司法部检查长根据（C）分段最终审计报告中的一项裁定，即被审计的受益人已利用补助资金支付未经核准的支出或其他不允许的费用，而这些支出或费用在最终审计报告发出之日起 1 年内不能结算或解决。

"（B）**审计**——自本款生效之日起的第一个财年开始，并在此后的每个财年，司法部检查长应根据本条对受益人进行审计，以防止浪费、欺诈和受益人滥用基金。检查长应确定每年将接受审计的适当的受益人人数。

"（C）**最终审计报告**——司法部长须向检查长提交根据（B）分段进行的每项审计的最终报告。

"（D）**强制性剔除**——受益人根据本条获得的拨款被发现有未解决的审计结果，在从（A）分段所述的1年期限结束后开始的前2个会计年度内，不得有资格获得本分段下的拨款。

"（E）**优先权**——在根据本条授予拨款时，司法部长须优先考虑在根据本条提交申请之前的3个会计年度内，没有未解决的审计结果的申请人。

"（F）**赔偿**——如果一个实体在2个财年期间根据本条收到拨款，而实体在该期间根据（D）项应当被禁止接受资助，则司法部长须——

"（i）将错误授予受益人拨款等额的资金存入财政部的普通基金；并且

"（ii）从拨款受益人手中追回（i）中错误授予的拨款。

"（2）**非营利性机构需求**——

"（A）**定义**——就本段和本条下的拨款计划而言，'非营利性机构'

一词系指 1986 年《国内税收法》第 501（c）（3）条所述的机构 [26 U.S.C.501（c）（3）]，此组织根据《国内税收法》的第 501（a）条 [26 U.S.C.501（a）] 的规定豁免征税。

"（B）*禁止*——根据本条，司法部长不得向为了避免 1986 年《国内税收法》第 511（a）条 [26 U.S.C. 511（a）条] 所述的税款而在离岸账户持有货币的非营利性机构授予拨款。

"（C）*信息披露*——每一个根据本条授予拨款并依据条例规定的程序为其官员、董事、受托人和主要雇员创造可推翻的合理性补偿假定的非营利性组织，应在批准拨款申请中向司法部长揭露确定此类补偿的程序，包括参与审查和批准此类补偿的独立人员，所使用的可比性数据，以及审议和决定中的共同证据。根据要求，司法部长须将根据本分段将揭露的资料供公众查阅。

"（3）**会议支出**——

"（A）*限制*——司法部长或根据本条通过合作协议授予可自由支配资金的任何个人或实体，不得向司法部提供任何数量的款项，用于主办或支持使用超过 20 000 美元会议的任何开支。除非相关机构或部门的负责人事先书面授权，资金可用于主办或支持会议。

"（B）*书面批准*——根据（A）分段提到的书面批准应包括与会议有关的所有费用的书面估计，包括所有食品、饮料、视听设备、发言人酬金和娱乐费用。

"（C）*报告*——副司法部长应向参议院司法委员会和众议院司法

委员会提交根据本段核准的所有会议支出的年度报告。

"（4）**年度认证报告**——自本款生效之日算起的第一个财年开始，司法部长须向参议院司法委员会及拨款委员会和众议院司法委员会及拨款委员会提交一份年度认证——

"（A）用于说明是否——

"（i）检查长办公室根据第（1）段发布的最终审计报告已经由合适的助理司法部长或主任完成和审查；

"（ii）已发出第（1）（D）段规定的所有强制性剔除；以及

"（iii）已完成根据第（1）（F）段规定的所有赔偿；并且

"（B）年度认证中包括根据第（1）（D）段规定上一年度任何被排除于拨款受益人的名单。

"（5）**防止重复资助**——

"（A）*一般规定*——在司法部长根据本条向申请人批出拨款之前，司法部长应比较潜在拨款与根据本法授予的其他拨款，以确定是否为同一目的而批出重复的拨款。

"（B）*报告*——如司法部长为同一目的而向同一申请人授予重复的拨款，则司法部长须向参议院司法委员会及众议院司法委员会提交报告，包括——

"（i）所有重复授予的拨款清单，包括所授予的重复拨款总额；以及

"（ii）司法部长授予重复拨款的原因"。

第 14015 条　促进司法部门关于涉及犯罪的精神疾病的数据收集

（a）**一般规定**——尽管有任何其他法律规定，在司法部长根据第（b）款颁布法规之日起 90 天或之后的日期，任何有关精神疾病患者参与诸如杀人事件，执法人员死亡、严重受伤或被殴打事件，或被执法人员杀死或严重攻击的个人事件的数据（如果有的话）都应当准备提交给司法部长或联邦调查局。

（b）**法规**——在本法生效之日后 90 天以内，司法部长须为进行第（a）款而发布或修订法规。

第 14016 条　关于监狱中的犯罪嫌疑人的数量的报告

（a）**在刑事司法系统中治疗精神疾病患者的费用报告**——在本法生效之日后 12 个月内，美国总审计长应向国会提交一份报告，详细说明联邦政府或州或地方政府单位患有严重精神疾病的个人的监禁费用，包括——

（1）每年严重精神疾病患者的犯罪数量和类型；以及

（2）为预防严重精神疾病患者犯罪的详细策略或想法。

（b）**定义**——为本条的目的，司法部长与精神健康和物质使用障

碍助理部长协商，应根据州心理健康咨询委员会"患有严重精神疾病美国人的医疗保健改革报告"，美国精神病学杂志1993；150:1447–1465定义"严重精神疾病"。

第14017条 为退伍军人事务部长判定受益人精神能力编纂正当程序

（a）**一般规定**——《美国法典》第38章第55章节，在第5501条之后插入以下新条款进行修订：

"**第5501节 受益人在精神能力测定中的权利**

"部长不得对受益人是否能管理由部长根据本章向受益人支付或为受益人支付的货币获益的精神能力做出不利决定，除非受益人已按照程序和计划符合以下所有条件，由部长做出能力不能胜任的决定：

"（1）提议的不利决定和证据的通知；

"（2）要求举行听证会的机会；

"（3）提供证据的机会，包括医疗专业人员或其他人的意见，证明受益人管理由部长根据本章向受益人支付或为受益人支付的货币获益的能力。

"（4）在任何上述听证会中，有机会向政府提议（包括律师），而无需支付费用。并让医疗专业人员或其他人在该听证会中提供相关证言。"。

（b）**临时修订**——在第55章节开头部分的表格通过在与第5501

条有关的项目之后插入以下新项目进行修订：

"5501A. 受益人在精神能力测定中的权利"。

（c）**有效日期**——第（a）款增补的《美国法典》第 38 章第 5501A 条适用于退伍军人事务部长在本法生效之日或之后做出的裁定。

第 14018 条　再授权拨款

1968 年《综合犯罪控制和安全街道法案》第 2991 条第（o）款（42 U.S.C.3797aa），由第 14006 条重新指定，修订为——

（1）在第（1）（C）段，删除"2009 年至 2014 年"，并插入"2017 年至 2021 年"；以及

（2）在末尾增加以下内容：

"（3）**限制**——根据本条授权批准的拨款不得超过 20％可用于第（i）款（关于退伍军人）所述的目的。"。

B 节——综合司法和心理健康

第 14021 条　序贯拦截模型

1968 年《综合犯罪控制与街道安全法案》（42 U.S.C. 3797aa），经本法第 14005 条修订，在（j）款后增加以下内容：

"（k）**序贯拦截拨款**——

"（1）**定义**——本款中，术语"合格实体"指的是一个国家、地方政府、印第安部落或部落组织。

"（2）**授权**——司法部长会根据本条款向合格实体发放拨款，用于（3）段所述序贯拦截高精度地图测绘和实施。

"（3）**序贯拦截高精度地图测绘**——根据本条款获得拨款的实体可以使用拨款完成——

"（A）序贯拦截高精度地图测绘

"（i）应包括——

"（I）召集心理健康和刑事司法利益相关方，共同参与以下内容：

"（aa）通过刑事司法系统对患有精神疾病的假释囚犯流动性达成共识

"（bb）寻找提升对（aa）个体风险和需求协同响应的机会。

"（II）制定服务差距完善战略，扩大多个拦截点，提供创新有效的方案，包括——

"（aa）紧急和危机服务；

"（bb）专业化的政策性响应；

"（cc）法院审理和处置方案；

"（dd）再次入狱；和

"（ee）社区监督、治疗和支持服务；以及

"（ii）充当实现积极的公共健康和安全结果战略计划发展的起点的作用。

"（B）实施过程中应：

"（i）来自（A）（ii）所描述的战略计划

"（ii）包括：

"（I）聘用和培训人员；

"（II）确定合格实体目标人群；

"（III）提供服务和支持以减少不必要的刑事司法介入；

"（IV）减少重复犯罪；

"（V）评估合格实体方法的影响；以及"。

第 14022 条　监狱和看守所

1968 年《综合犯罪控制和街道安全法案》第 I 章第 2991 条（42 U.S.C.3797aa）经过本条修订如下，在 14021 条添加的（k）款后插入以下内容：

"(1) **矫正设施**

"(1) **定义**

"(A) *矫正设施*——术语"矫正设施"是指用于容纳被刑事司法机构或法院逮捕、拘留、扣押或定罪人员的监狱，拘留所或其他拘留设施。

"(B) *符合条件犯人*——术语符合条件犯人指的是：

"(ⅰ) 被关押，拘留或监禁在矫正设施中的人；

"(ⅱ) 有明显精神疾病迹象或者已经经过精神医疗专业人员确诊患有精神疾病。

"(2) **矫正设施拨款**——司法部长可以向申请人提供拨款，用来完善矫正设施功能：

"(A) 识别、筛查符合条件犯人；

"(B) 计划和提供：

"(ⅰ) 初步和定期评估犯人对临床、医疗以及对社会的需求；以及

"(ⅱ) 向犯人提供适当的治疗和服务，解决其心理健康和药物滥用需求；

"(C) 制定、实施和加强——

"（i）符合条件犯人刑满释放后过渡计划，全面协调健康、住房、医疗、就业以及其他合适的服务和公共福利；

"（ii）提供精神心理护理服务和药物滥用治疗服务；以及

"（iii）针对单独监禁或者隔离住房的囚犯提供替代住房和精神健康筛查和治疗。

"（D）向矫正设施中的雇员提供培训，帮助他们对涉及患有精神疾病或者共患精神疾病和药物滥用障碍的犯人事件进行识别，并且做出适当响应"。

第 14023 条　允许使用

1968 年《综合犯罪控制和街道安全法案》第 I 章第 2991（b）（5）（I）条［42 U.S.C.3797aa（b）（5）（I）］经本条修订，在结尾处插入内容：

"（v）**频繁危机服务用户响应团队——**

多学科团队——

"（I）协调、实施和管理以社区为基础的危机服务频繁用户危机反应和长期计划；

"（II）向公共服务人员提供培训，针对如何适当应对危机服务频繁用户的独特问题，包括刑事司法、精神健康、药物滥用、急诊室、医疗保健、法律实施、矫正和住房人员；

"（III）为危机服务频繁用户开发或支持医院、监狱外可选择的替代场所，在有一定限制但适宜的环境下能提供治疗、稳固和其他适当的支持；以及

"（IV）制定关于执法、精神健康、药物滥用、住房、矫正和紧急医疗服务操作相关协议和体系，为危机服务频繁用户提供帮助"。

第 14024 条　法律实施培训

1968 年《综合犯罪控制和街道安全法案》第 I 章第 2991（h）条［42 U.S.C. 3797aa（h）］作如下修订：

（1）第（1）段结尾处增加以下内容：

"（F）*学术培训*——为学院课程、执法人员入职培训、继续教育训练以及其他教授执法人员如何对患有精神疾病或者共患精神疾病和药物滥用障碍的犯人的事件进行识别，并且做出适当响应的相关项目提供支持"；以及

（2）在结尾处增加以下内容：

"（4）**优先考虑**——根据本条款授予拨款，司法部长应优先考虑执法人员和与精神健康和药物滥用专家成员共同开发和管理的项目"。

第 14025 条　联邦执法培训

本法案生效之日起一年内，司法部长应针对以下内容提供指导，

并指明方向：

（1）**培训项目**——向应急人员和下述策略部门提供专业和全面培训的项目，实施过程中，对患有精神疾病的患者的特殊需求进行识别，并给出恰当的响应：

（A）联邦执法机构；以及

（B）其他联邦刑事司法机构，例如监狱管理局、美国法院行政办公室以及司法部长指定的其他合适机构。

（2）**技术改进**——建立计算机化信息系统或对现存计算机化信息系统进行改进，向联邦执法机构和联邦刑事司法机构及时提供信息，提高雇员对涉及精神健康疾病个人的情况的响应能力。

第 14026 条　GAO 报告

本法案实施之日起一年内，美国联邦政府审计长与司法部长协调后，向国会提供报告，汇报以下内容：

（1）培训联邦应急人员、机动单位和矫正官员如何应对精神疾病患者的实践；

（2）联邦应急者和机动单位识别涉及患有精神疾病患者特殊需求的事件并给出适当响应的程序；

（3）在刑事司法环境下，基于循证的，能更好处理患有精神疾病患者的实践申请；以及

（4）提供关于司法部门如何扩散和提高信息共享以及传播的最佳实践的建议。

第 14027 条　以循证为基础的实践

1968 年《综合犯罪控制和街道安全法案》第 I 章第 2991（c）条［42 U.S.C.3797aa（c）］经过本条修订如下：

（1）第（3）段结尾处插入"或者"；

（2）将第（4）段重新指定为第（6）段；以及

（3）第（3）段后插入以下内容：

"（4）提出已经过以循证为基础的证明能减少累犯的干预措施"；

"（5）适当时，使用经过验证的评价工具初步锁定存在中度或高度累犯风险的罪犯，并且初步确定治疗和服务需求"。

第 14028 条　透明性、项目问责制以及加强地方授权

（a）**一般规定**——1968 年《综合犯罪控制和安全街道法案》［42 U.S.C. 3797aa（a）］第 I 章第 2991（a）条作如下修订：

（1）第（7）段中

（A）标题中，删去"精神疾病"，并插入"精神疾病；精神健康障碍"；以及

（B）删去"术语'精神疾病'是指"，并插入"术语'精神疾病'和'精神健康障碍'是指"；以及

（2）删去第（9）段，并插入以下内容：

"（9）初步合格的罪犯"

"（A）*一般规定*——术语"初步合格的罪犯"指的是被控犯罪的成年或者青少年，并且该青年或成年——

"（i）（I）之前或当前被合格的精神健康专业人士诊断患有精神疾病或者共患精神疾病和药物滥用障碍；

"（II）在被任何法庭逮捕或关押期间，有明显迹象显示患有精神疾病或者共患精神疾病和药物滥用障碍；

"（III）处于（i）款中所述的退伍军人治疗中心情况之下，被诊断或者有明显迹象显示患有精神疾病或者共患精神疾病和药物滥用障碍；

"（ii）相关人员一致通过参与根据本条拨款的项目；

"（I）相关人员有——

"（aa）检控律师；

"（bb）辩护律师；

"（cc）公诉律师或矫正官员；以及

"（dd）审判员，以及

"（Ⅱ）（b）（5）（B）（i）款中所述相关精神健康机构代表；

"（ⅲ）（ⅱ）中所述的每个人已确认，选择这些精神障碍人员参与项目不会对项目中的其他人构成暴力风险，（ⅱ）中所述人员参与青年人或者成年人参与项目的审批，根据本条获得拨款；以及

"（ⅳ）非指控或判定为以下罪行——

"（Ⅰ）任意性侵犯［在《性罪犯登记和通知法案》111 条（42 U.S.C. 16911）给出定义］，或与儿童性虐待相关罪行；或

"（Ⅱ）谋杀或攻击意图性谋杀。

"（B）*决定*——在决定是否将被告人指定为初步合格罪犯时，有关的检控律师、辩护律师、公诉律师或矫正官员、审判员，以及精神健康或药物滥用机构代表须考虑—

"（i）参与项目的被告人是否对社会构成重大暴力风险；

"（ⅱ）被告人的刑事案件历史及被控人所犯罪行的性质及严重程度；

"（ⅲ）任何相关受害人对罪行的意见；

"（iv）被告因参与项目的获益程度；

"（v）因被告人参与项目而给社会节省成本的程度；以及

"（vi）相关检察官、辩护律师、缓刑或惩戒官员、法官和精神健康或者药物滥用机构代表共同建立的项目参与标准，被告人是否符合标准要求"。

（b）**技术和一致性修正**——1968 年《综合犯罪控制和安全街道法案》第 I 章第 2927（2）条［42 U.S.C.3797s‑6（2）］经修订，删去"根据 2991（a）条中给出的含义"，并插入"是指犯有以下罪行——"

"（A）没有企图使用或者通过武力威胁使用他人的人身和财产；或者

"（B）根据性质判断并非重罪，但是犯罪过程中涉及使用暴力侵犯他人人身和财产的重大风险"。

第 14029 条　拨款责任

1968 年《综合犯罪控制和安全街道法案》第 I 章第 2921 条（42 U.S.C. 3797aa）经修订，在 14022 条中增加的（1）款后，插入以下内容：

"（m）**责任**——司法部长根据本条授予的拨款应该受下列责任条款规限：

"（1）审计要求

"（A）**定义**——本段中，术语"未解决的审计问题"指的是司法部总检查长在最终审计报告中发现的问题，审核人未经授权，擅用拨款，或者在报告发布 12 个月内不合理费用未能处理或解决。

"（B）**审计**——开始于本款法案实施之日起的第 1 个财年，并且在其后的每 1 个财年，司法部总检查长对根据本条授予的拨款收据进行审计，防止受益人浪费、欺诈和滥用资金。总检查长应该确定每年受益人的合适数量。

"（C）**强制排除**——在（A）分段所述的 12 个月期限结束后开始的前 2 个财政年度内，根据本条，受益人被发现存在未解决的审计问题，将没有资格根据该条获得拨款。

"（D）**优先权**——根据本条授予拨款时，司法部长将优先考虑在提交获得拨款申请前 3 财年内不存在未解决的审计问题的合格申请者。

"（E）**赔偿**——如果实体根据本条在 2 个财政年度期间被授予拨款，在此期间该实体被禁止接受资助，司法部长应该——

"（i）将与错误授予受益人的拨款数量相当的金额存放至财政部的普通基金中；并且

"（ii）争取从拨款受益人处追回错误支付的拨款。

"（2）**非营利性机构要求**

"（A）*定义*——就本段内容以及该部分的拨款计划，术语"非营利性组织，指的是 1986 年《国内税收法》第 501（c）（3）条所述组织，根据税收法 501（a）条规定免收税款"。

"（B）*禁止*——根据本节，司法部长不得向为了避免 1986 年《国内税收法》第 511（a）条所述的税款而在离岸账户持有货币的非营利性组织授予拨款。

"（C）信息上报——每个根据本条款被授予拨款的非营利性组织，并且在法规款约束下建立一个可驳回的推定，即可以向其高级职员、董事、受托人和关键雇员提供合理补偿，非营利性组织应将此信息上报给司法部长，申请拨款时，确定赔偿程序时要包括参与审查和批准该赔偿的个人、所使用的可比性数据，以及审议和决定的同时证实。根据请求，司法部长会根据本分段内容将信息公开，便于公众查阅。

"（3）*会议支出*——

"（A）*局限性*——司法部长或根据本条通过合作协议授权可自由支配的拨款的任何个人或实体，不得向司法部提供任何数量的款项，用于主办或支持使用超过 20 000 美元的会议的任何开支。除非相关机构或部门的负责人事先书面授权，资金可用于主办或支持会议。

"（B）*书面批准*——根据（A）分段的书面批准应该包括对会议相关所有费用的书面评估，包括食品、饮品、视听设备、发言人酬金和招待费用。

"（C）**报告**——司法副部长应该向参议院司法委员会和众议院司法委员会提交根据本段核准的所有会议支出年度报告。

"（4）**年度认证报告**——本条款生效之日起第 1 财年开始，司法部长应该向参议院司法委员会、参议院拨款委员会和众议院司法委员会及众议院拨款委员会提交年度认证报告，针对以下事项给出证明——

"（A）说明——

"（i）总检查长办公室根据（1）段发布的所有审计是否已经完成，并且经过相应司法部长助理或司法部主任审查；

"（ii）根据（1）（C）段要求的所有强制剔除声明已经发布；以及

"（iii）根据（1）（E）段要求的所有赔偿已经完成；以及

"（B）其中包括根据（1）段上一年被剔除的拨款受益人。

"（n）避免重复拨款

"（1）**一般规定**——根据本条在司法部长向申请人授予拨款前，司法部长要将此次预拨款与根据本法规已获的拨款进行对比，以确定是否是基于同一目的重复授予拨款。"

"（2）**报告**——如果司法部长将拨款授予相同申请人或者拨款用于相同目的，司法部长需要向参议院司法委员会和众议院司法委员会提交一份报告，报告内容包括——

"（A）所有重复授予拨款的清单，包括每笔重复授予的总额；以及

"（B）司法部长授予重复拨款的理由"。

C 部分
——促进美国人医疗保健的选择、可及和质量

第 15000 条短标题

本部分可称为"促进美国人医疗保健选择、可及和质量的法案"

第十五章 | 医疗保险计划 A 部分[74] 相关条款

第 15001 条 Medicare 医疗保健类似医院通用程序编码系统 HCPCS 版本 MS-DRG 编码

《社会保障法案》第 1886 条（42 U.S.C.1395ww）经本条修订，在结尾处增加以下新款："（t）关于类似住院病人与门诊病人的医院服务——

---

[74] Medicare，医疗保险计划，也称"老年和残障健康保险"，是美国最早的一项医疗保险制度，依据 1965 年的社会保障法建立，由美国联邦政府主办，其服务对象是 65 岁以上的老人或者符合一定条件的 65 岁以下的残疾人或晚期肾病患者。Medicare 是通常意义上所说的"医疗保险"，也是美国仅次于社会保障项目（Social Security）的第二大政府财政支出项目。医疗保险（Medicare）包括四部分，分别为住院保险（Part A）、补充性医疗保险（Part B）、医保优势计划（Part C）以及 2006 年 1 月实施的处方药计划（Part D）。——财政部国际司 . 美国医疗保险制度介绍 .[N/OL] http://www.mof.gov.cn/mofhome/guojisi/pindaoliebiao/cjgj/201310/t20131025_1003317.html. (2013-10-25)[2017-01-10]

"（1）HCPCS 版 MS-DRG 编码[75]的开发——2018 年 1 月 1 日前，部长应开发类似于 ICD-10-PCS 的 HCPCS 版 MS－DRG 编码，在尽可能的范围内，MS-DRG 的赋码应使 MS-DRG 版 HCPCS 编码要求与 ICD-10-PCS[76]编码要求相同。

"（2）**外科 MS-DRG 的范围**——在执行第（1）段时，部长应为不少于 10 个外科 MS-DRG 开发 HCPCS 版 MS-DRG 编码。

"（3）**HCPCS 版 MS-DRG 编码的出版和发行**——

"（A）*一般规定*——部长应制定 HCPCS 版 MS-DRG 编码的定义手册和软件，类似于此前 ICD-10-PCS 的定义手册和软件。部长应在美国医疗保险和医疗救助服务中心（CMS）网站上公布 HCPCS 版 MS-DRG 编码（下称 HCPCS MS-DRG）的定义手册和软件。HCPCS MS-DRG 的定义手册和软件应不受版权限制，可以免费使用和重新分配。

"（B）*使用 MEDPAC 前期分析结果*——根据（A）分段开发 HCPCS MS-DRG 的定义手册和软件时，部长应与联邦医疗保险支付咨询委员会（Medicare Payment Advisory Commission，MEDPAC）

---

[75] medicare severity diagnosis related groups, MS-DRG。DRG：医疗保险 DRG 支付方式，一般称之为按病种付费方式，又称为按诊断相关分类付费。1983 年，美国政府针对医疗照顾制度和医疗救助制度向医院支付医疗费的问题，从而导入了依据疾病诊断与收费标准（Diagnosis Related Groups, DRG）的支付方式。MS-DRG 可理解为按照 Medicare 的严重程度分类付费。

[76] ICD-10-PCS（International Classification of Diseases procedure coding system，国际疾病分类编码系统）和 HCPCS 是同一级，都是编码系统。

商议，并应考虑 MEDPAC 2015 年 6 月上交国会的"Medicare 和医疗保健服务系统报告"第 7 章（关于医院短期住院政策问题[77]）中关于将门诊病人外科 MS‐DRG 要求转化为住院病人外科 MS‐DRG 的分析。

"（4）定义与参考文献——在本款中：

"（A）*HCPCS*——HCPCS 是指为医院项目和服务制定的一系列编码（或后继编码）。

"（B）*ICD-10-PCS*——国际疾病分类第 10 版程序编码系统（International Classification of Diseases,10th Revision, Procedure Coding System , ICD‐10‐PCS）是指第 10 次修订的国际疾病分类程序编码，包括任何国际疾病分类程序编码的后续修订版。

第 15002 条　Medicare 医院再入院项目建立受益人平等

（a）双重资格人群[78]过渡性调整——《社会保障法案》第 1886（q）

---

[77] 主要包括住院病人（inpatient）以及门诊病人（outpatient）的短期住院。二者通过不同的系统付费，前者通过 IPPS，根据 Medicare A 部分付费；后者通过 OPPS，根据 Medicare B 部分付费。通常来说，住院病人一天的住院费要高于门诊病人一天的观察费。MEDPAC 报告的第七章"医院短期停留政策问题"就此问题进行研究，给出建议。
——MEDPAC. Report to the Congress: Medicare and Health Care Delivery System of Chapter 7-Hospital short-stay policy issues [EB/OL], (2015-06)[2017-01-10]

[78] 美国还有不少人是同时符合医疗保险（Medicare）和医疗补助的"双重资格者"（Medicare and Medicaid dual eligibles）——财政部国际司.美国医疗保险制介绍.[N/OL]http://www.mof.gov.cn/mofhome/guojisi/pindaoliebiao/cjgj/201310/t20131025_1003317.html,.(2013-10-25)[2017-1-11].

（3）条［42 U.S.C.1395ww（q）（3）］经本条修订——

（1）在（A）分段中"（1）段的目的"后插入"满足（D）分段的要求"；

（2）在结尾新增以下分段：

"（D）**双重资格人群过渡性调整**——

"（i）**一般规定**——为了支付在 2019 财年及之后发生的费用，根据本段确定医院调整系数实施（E）分段（i）之前，部长应将医院分组［按照（ii）中部长的规定］，并符合本款适用条款，部长可采取每组医院单独比较的方法。

"（ii）**定义组** —— 部长可以根据医院全部病人中按照联邦医疗保险 A 部分有权享有或可以注册享有获益的住院病人，加上全面获益的双重资格人群［按照第 1935（c）（6）条的定义］的占比来确定医院分组。定义分组时，部长应咨询 MEDPAC，并考虑其 2013 年 6 月提交国会的报告中关于 Medicare 再入院部分的分析。

"（iii）**医院报告负担最小化**——执行本分段时，部长不应对医院提出任何附加报告要求。

"（iv）**平衡预算设计方法**——部长应设计方法以实施本分段，使本款下预计减少支出总额等于本款不适用但满足本款要求时的预计减少支出总额。

（b）**风险调整变更**——《社会保障法案》第 1886（q）（3）条［42

U.S.C. 1395ww（q）（3）] 经（a）款修订后，结尾增加以下新分段再次进行修订：

"（E）*风险调整变更——*

"（i）**影响报告的审查建议**—— 对于本分条风险调整方法的应用，部长可参考已开展的研究和其根据 2014 年《提高 Medicare 急性后期医疗保健转化法案》（Improving Medicare Post-Acute Care Transformation Act，IMPACT）第 2（d）（1）条（公法 113-185;42 U.S.C. 1395lll note）提出的建议。本条款不得解释为考虑医院分组的使用。

"（ii）**考虑根据编码 V 或其他合适编码排除患者病例** ——对于 2018 财年后发生的费用，在颁布法规执行本款规定时，部长可以考虑使用 V 编码或其他 ICD 相关编码排除再入院患者病例。部长可考虑根据本款改进方法，根据本分段进行其他更改的同时合并 V 编码或其他 ICD 相关编码。

"（iii）**删除某些再入院**——在颁布法规执行本款时，对于 2018 财年后发生的费用，部长可以考虑删除以下一项或多项许可的再入院项目：移植、晚期肾病、烧伤、创伤、精神病和药物滥用。部长可考虑根据本款改进方法，根据本分段进行其他更改的同时删除再入院项目。

（c）**MEDPAC 再入院项目研究**——MEDPAC 应开展研究以审查根据《社会保障法案》第 1886(q)（5）（E）条[42 U.S.C. 1395ww(q)（5）（E）] 描述的全部再入院项目，以及这些项目是否与提供的门诊、急诊服务的任何变化有关。MEDPAC 应在 2018 年 6 月向国会提交关于此项研究的报告。

第 15003 条 农村社区医院示范计划延期五年

（a）延长期——2003 年《Medicare 处方药改进与现代化法案》（公法 108-173；42 U.S.C. 1395ww note）经修订——

（1）在（a）（5）款中，删去"五年延长期"，并插入"十年延长期"；并且

（2）在（g）款中——

（A）删去本款标题中的"五年"，并插入"十年"；并且

（B）在（1）段中删去"另外五年"，并插入"另外十年"；

（C）删去每个"五年延长期"，并加入"十年延长期"；

（D）（4）（B）段——

（i）（i）之前的内容中，在"医院在"后插入"每五年内"；以及

（ii）（i）中"的第一天"后插入"每合适的 5 年期间"；并且

（E）在结尾增加以下新段：

"（5）示范计划中的其他医院——在 10 年延长期的第二个 5 年期间，部长应将第（4）段的规定应用于本段未涉及的农村社区医院，

这些医院依据本条自 2014 年 12 月 30 日起，按照第（4）段中适用于农村社区医院的规定以相似的方式参与本示范计划。

"（6）**延长各州农村地区示范计划**——

（A）*一般规定*—— 尽管有（a）（2）款和本款第（2）段的规定，部长应在本段颁布之日后 120 天内发出招标申请，在本分条第（3）款的限制下，另外选出各州最大数量补充的农村社区医院，参加十年延长期的第二个 5 年示范计划。

（B）*优先权*——在按照分段（A）申请招标的农村社区医院中选择参与示范计划医院时，部长应——

（i）对最低人口密度的 20 个州（按照美国 2015 统计摘要报告确定）的农村社区医院给予优先权；并且

（ii）可以考虑——

"（I）在本段制定前 5 年关闭位于农村社区医院所在州农村地区的医院；并且

"（II）农村社区医院所在州的人口密度"。

（b）**更改报告时间**—— 410A 条中（e）款经修订——

（1）删去"根据本条示范计划完成后 6 个月内"，并插入"2018 年 8 月 1 日之前"；并且

（2）删去"这一项目"，并插入"根据本条的示范项目"。

第 15004 条　长期护理医院（LTCHS）的监管救济

（a）技术变化对 Medicare 长期护理医院暂停排除的影响——

（1）**一般规定**——2007 年《Medicare，Medicaid 和州儿童健康保险计划延期法案》第 114（d）（7）条（42 U.S.C. 1395wwnote），经公法 111–148、2013 年《可持续增长率改革途径法案》（公法 B 部 113–93）第 1206（b）（2）条、《保护 Medicare 方法法案》的修订，删去"根据（1）（A）段暂停"，并插入"根据（1）段的任何暂停"。

（2）**生效日期**——（1）段中的修订将按照 2014 年《Medicare 保护方法法案》第 112 条生效。

（b）Medicare 长期护理医院高成本异常支付的修改——《社会保障法案》第 1886（m）条［42 U.S.C. 1395ww（m）］经修订，在结尾增加以下新段：

（7）**高成本异常支付的处理**——

"（A）*调整标准联邦支付费率以估算高成本异常支付*——根据（1）段所述的系统，2017 年 10 月 1 日或之后开始的财年，部长应降低标准联邦支付率，使每年标准联邦支付率费用的预估高成本异常支付总金额等于每年标准联邦支付率费用的预估高成本异常支付总金额的 8%。

"（B）*限制高成本异常支付额*——尽管有分段（A）规定，部长应为高成本异常支付设定固定损失金额，以便在 2017 年 10 月 1 日后的财年中，使每年标准联邦支付率费用的预估高成本异常支付总金额等于 8% 标准联邦支付率费用的预估高成本异常支付总金额的 99.6875%。

"（C）*预算平衡豁免*——在本制度下应用预算平衡条款时，不应考虑由于应用分段（B）造成的支出减少。

"（D）*不影响服务地点平衡高成本异常支付率*——本段不适用于根据第（6）段计算的服务地点平衡支付率[79]"。

第 15005 条　采用《Medicare 科技和儿童健康保险计划再授权法案》中住院预付费系统的支付方式，不使用文档和编码调整，节约支付

2007 年《过渡性医疗救助、节制教育及合格个体计划延伸法案》第 7（b）（1）（B）条（公法 110-90）经 2012 年《美国纳税人救助法》（公法 112-240）第 631（b）条和 2015 年《Medicare 途径和儿童健康保险计划再授权法案》（MACRA）（公法 114-10）第 414（1）（B）条的修订，在（iii）中强调了 "2018 年至 2023 年每个财年发生的费用增加 0.5 个百分点" 并插入 "2018 财年发生

---

[79] Medicare 使用十多种不同支付系统为受益人设定医疗项目和服务的支付率。应用的支付系统由受益人接受服务的地点决定，每个系统有各自支付率的设置方法，可以反映不同系统中的操作设置成本和患者群体。但这些方法很少考虑到医疗保险在不同临床环境中提供的相同服务的支付量，因此，不同临床环境中提供服务的支付率有时显著不同。CMS 和 MEDPAC 一直探寻在消除服务差别付款的方案，以上内容说明了差别付款的起源，提出的解决方法为建立服务地点平衡付款。——Health Affairs/Robert Wood Johnson Foundation.Health Affairs Health Policy Briefs[EB/OL].http://www.rwjf.org/en/library/research/2014/07/

的费用增加 0.4588 个百分点，2019 到 2023 财年期间每年增加 0.5 个百分点"。

第 15006 条　延长某些长期护理医院 Medicare 支付规则

（a）25% 患者的支付阈值调整——2007 年《Medicare，Medicaid 和州儿童健康保险计划延期法案》第 114（c）（1）（A）条（42 U.S.C. 1395ww note）经《美国恢复和再投资法案》（ARRA）第 3106（a）条（公法 111-5）、第 10312（a）条（公法 111-148）和 2013 年《可持续增长率改革途径法案》第 1206（b）（1）（B）条（公法 B 部分 113-67）经修订，删去"9 年期限"并插入"至 2016 年 6 月 30 日，以及从 2016 年 10 月 1 日或之后到 2017 年 10 月 1 日前发生的费用"

（b）医院与医院间的付费——2007 年 MMSEA 第 114（c）（2）条（42 U.S.C. 1395ww note）经《美国恢复和再投资法案》（ARRA）第 4032（a）条（公法 111-5）、第 3106（a）条（公法 111-148）和 2013 年《可持续增长率改革途径法案》第 1206（b）（1）（A）条（公法 B 部分 113-67）的修订：

（1）（A）段，在"法规"后增加"或任何相似条款"；

（2）（B）段——

（A）（i）款，在"法规"后增加"或任何相似条款"；

（B）（ii）款，在"法规"后增加"或任何相似条款"；

（3）（C）段，删去"9 年期限"并增加"至 2016 年 6 月 30 日，以及 2016 年 10 月 1 日及之后到 2017 年 10 月 1 日前发生的费用"。

第 15007 条　所有长期护理医院住院时间计算规则的应用

（a）**一般规定**——2013 年《Medicare，Medicaid 和州儿童健康保险计划延期法案》第 1206（a）（3）条（公法 B 部分 113–67，42 U.S.C.1395ww note）经修订——

（1）删去（B）分段；

（2）删去"**服务地点平衡基础**"以及所有"费用发生时"后的内容，并插入"**服务地点平衡基础**——当费用发生时"；

（3）删去"满足（B）分段的要求"；并且

（4）重新将（i）和（ii）分别改为（A）和（B）分段，将这种分段落向右移 2 em[80]（由此重新设定）

（b）**生效日期**——（a）中所作修订与 2013 年《Medicare，Medicaid 和州儿童健康保险计划延期法案》中的第 1206（a）（3）条（公法 B 部分 113–67，42 U.S.C. 1395ww note）有相同的效力。

第 15008 条　某些医院 Medicare 分类的改变

（a）**一般规定**——《社会保障法案》第 1886 条（d）（1）（B）（iv）

---

[80] em: 西文排版行长单位。

款修订为：

（1）（Ⅰ）结尾插入"或"；

（2）（Ⅱ）——

（A）结尾删去"或"并插入分号；

（B）重新设定此子款为（ⅵ）并直接移到（ⅴ）后；以及

（C）（ⅴ）中，结尾删去分号，并插入"或"；并且

（3）删去"（ⅳ）（Ⅰ）医院"并插入"（ⅳ）医院"

（b）**支付一致性参考**——本条中（d）（1）（B）款的第二句修订为：

（1）在"（ⅳ）"后插入"（自该日起生效）"；并且

（2）在"这样分类"后插入"[或，医院在（ⅳ）（Ⅱ）描述的情况下，根据（ⅳ）分类，自（ⅳ）的生效日期开始生效。2015年1月1日开始的成本报告期间，不受该分类日期的（m）款限制]"。

（c）**应用**——

（1）**一般规定**——2015年1月1日起的成本报告期间，按照[第（3）段定义]情况下适用的医院，应做到：

（A）按照CFR第42章第412.526（c）（3）条（2015年1月1

日起生效）和后续的修改规定，住院费用应以合理的成本为基础支付。

（B）资金成本的付款应按照 CFR 第 42 章第 412.526（c）（4）条（如按规定日期生效）提供的方式进行。

（C）2017 年 1 月 1 日及之后出院的 Medicare 受益人的付款报销应根据 CFR 第 42 章第 412.526（c）条（如按规定日期生效）所述的合理成本基础支付的报销要求进行。

（2）**适用医院定义**——在本款中，术语"适用医院"指根据《社会保障法案》第 1886（d）（1）（B）条（iv）（Ⅱ）中［42 U.S.C. 1395ww（d）（1）（B）］分类的医院，本法颁布前按照本条（vi）分类，本法颁布后重新设定并删除（a）款。

（d）**技术修订一致性**——

（1）《社会保障法案》第 1899B（a）（2）（A）（iv）条经修订，删去"1886（d）（1）（B）（iv）（Ⅱ）"，并插入"1886（d）（1）（B）（vi）"。

（2）本法第 1886（m）（5）（F）条［42 U.S.C.1395ww（m）（5）（F）］中的（i）和（ii）经修订，"删去（d）（1）（B）（iv）（Ⅱ）"，并插入"（d）（1）（B）（vi）"。

第 15009 条 一些脊髓专科医院暂不适用 Medicare 长期护理医院服务地点平衡条款

（a）**例外**——《社会保障法案》第 1886（m）（6）条［42 U.S.C.

1395ww（m）（6）] 经修订：

（1）在分段（A）（i）中删去"和（E）"，并插入"，（E），和（F）"；
并且

（2）在新增分段的结尾加入"（F）**一些脊椎专科医院暂时不适用
Medicare 长期护理医院服务地点平衡条款**"——2018 年和 2019
年财年开始的成本报告期间的费用，如果来自符合以下要求的长
期护理医院，则分段（A）（i）不适用（应当支付给长期护理医院，
不考虑本段要求）：

"（i）**非盈利性** ——根据成本报告数据确定，2014 年 6 月 1 日起，
长期护理医院属于非盈利性质的长期护理医院。

"（ii）**主要为恶性脊髓、获得性脑损伤和其他神经系统麻痹疾
病提供治疗**——2013 年根据本条支付的长期护理医院的费用
中，至少 50％ 属于 MS–LTCH–DRGs[81]28，29，52，57，551，
573 和 963 类。

"（iii）**重大疾病州外入院许可**——

"（I）**一般规定**—— 在 2014 财政年，长期护理医院出院的住院
病人（包括有权享有或申请本章所述福利以及无权享有、未申请
该福利的个人）应得到 50 个州中至少 20 个的许可，本许可由住
院病人的居住州决定，并应以医院按照要求向部长提交的数据为
基础。

---

[81] Medicare Severity-long-term care hospitals-Diagnosis Related
Groups Medicare, Medicare 严重程度、长期护理医院分类付费。

"（Ⅱ）**实施**——虽然有其他法律条款规定，部长可以通过项目指示或其他方式实施（Ⅰ）。

"（Ⅲ）**不适用于《文书削减法案》**[82]——《美国法典》第 44 章第 35 节不应使用本款收集的数据。"

（b）**某些脊髓专科长期护理医院状态与可行性研究和报告**——

（1）**研究**——美国总审计长应对《社会保障法案》第 1886（m）（6）（F）条描述的长期护理医院进行研究，如分条（a）所补充。该报告应包括以下分析：

（A）国家相关机构对此类医院分类与设施许可的影响。

（B）此类医院的 Medicare 支付率。

（C）接受此类医院治疗的 Medicare 受益人被诊断患有严重脊髓、获得性脑损伤或其他神经系统麻痹疾病时［如本条（ii）中出院分类所述］，Medicare 受益人数量以及其医疗保健需求数据。

（2）**报告**——2018 年 10 月 1 日之前，总审计长应按照第（1）

---

[82] 1980 年《文书削减法案》（PAPERWORK REDUCTIONACT, PRA）是 1980 年颁布的美国联邦法，旨在减少联邦政府强加于私营企业和公民的文书工作负担。该法对向公众收集信息的机构规定了程序要求。它还在管理和预算办公室（OMB）内设立了信息和监管事务办公室（OIRA），并授权这个新机构监督联邦机构从公众收集信息并制定信息政策。1995 年《文书削减法案》进行重大修订，OIRA 的权力不仅扩展到向政府提供信息的机构命令，而且还向机构命令向公众提供信息。——Wikipedia, the freeencyclopedia[EB/OL].https://en.wikipedia.org/wiki/Paperwork_Reduction_Act.(2016-09-24)[2017-01-20].

段向国会提交研究报告，包括总审计长认为适合本法律及行政条例的建议。

第 15010 条　暂时延长 Medicare 长期护理医院严重创伤费用服务地点平衡规则使用

（a）**一般规定**——《社会保障法案》第 1886（m）（6）条［42 U.S.C. 1395ww（m）（6）］经第 15009 条修订，再次修订为——

（1）在（A）（i）分段中，删去"和（F）"并插入"（F），和（G）"；

（2）在（E）（i）（I）（aa）分段中，删去"该修订使"及分号之前的所有内容，并插入"（d）（1）（B）款最后一句"；并且

（3）在结尾增加以下新分段：

"（G）**长期护理医院严重创伤患者费用的暂时性例外**——

（i）**一般规定**—— 发生在 2018 财年成本报告期内的费用，如果此费用满足以下要求，不应根据（A）（i）分段支付（不必考虑本段要求，支付应交给长期护理医院）——

（I）费用来自经（d）（1）（B）款中最后一句的长期护理医院；

（II）根据 MS–LTCH–DRG 602、603、539 或 540 分类；并且

（III）费用是由长期护理医院治疗的严重创伤的个体产生。

（ii）**严重创伤定义**——在本分段中，'严重创伤'是指三级创伤、四级创伤、无法分级创伤、不可治愈外伤或者瘘管创伤，按长期护理医院的要求确定。

（iii）**创伤定义**——在本分段中，"创伤"是指包括组织分裂、表皮破裂和黏膜暴露于外部环境中的损伤"。

（c）**向国会提交的研究与报告**——

（1）**研究**——美国总审计长应与涉及相关利益人员商议，对有权根据《社会保障法案》第 17 章 A 部分获益，或根据该章 B 部分注册，要求特殊创伤护理的个人治疗需求进行研究，并且研究本章中此类个人和 Medicare 计划在农村和城市地区治疗严重创伤时的成本。该研究应包括以下评估——

（A）此类个人在该情况下得到合适程度分级护理；

（B）本法案第 1886（m）（6）（A）（i）条［42 U.S.C. 1395ww（m）（6）（A）（i）]对此类个人护理的方法、质量、成本的潜在影响；以及

（C）如何合理支付本章 Medicare 计划下的此类护理；

（2）**报告**——2020 年 10 月 1 日前，总审计长应向国会提交按照（1）段进行的研究报告，包括总审计长认为适合本法及行政行为的建议。

第十六章 | 医疗保险 B 部分相关条款

第 16001 条 对提供方中期制定的校外门诊部提供的服务，继续按照 Medicare 医院门诊部预付费系统（HOPD PPS）支付

（a）**一般规定**——《社会保障法案》第 1883（t）（21）条 [42 U.S.C. 1395l（t）（21）] 修订为——

（1）在（B）分段中——

（A）（i）中，删去"（ii）"并插入"本分段的后续条款"；以及

（B）在结尾增加：

"（iii）**视同 2017 年的治疗**——为了应用（ii）中关于 2017 年适用项目和服务，未在（ii）中描述的提供方门诊部（按定义）被视为根据本款 2017 年 11 月 2 日之前已覆盖门诊部提供的服务进行计费，如果部长在 2015 年 12 月 2 日之前收到提供方关于门诊部隶属关系的证明 [根据《联邦法规》第 42 章第 413.65（b）（3）

条〕（如定义）"。

"（ⅳ）**2018 年开始的替代例外**—— 为了执行（1）（B）（ⅴ）段和本段中 2018 年或之后一年的合适项目和服务，若满足以下条件，术语"提供方的医院外门诊部"也不应包括未在（ⅱ）中描述的提供方部门（如定义），如果——

"（Ⅰ）部长收到提供方关于提供方的部门将在 2016 年 12 月 31 日之前（或者更晚，在本款颁布之日后 60 天内）满足《联邦法规》第 42 章第 413.65 条要求的证明；

"（Ⅱ）根据第 1866（j）条规定的注册程序，提供方包括该部门，作为提供方注册表的一部分；

"（Ⅲ）部门满足（ⅴ）中期制定要求，且部长在本款颁布之日后的 60 天内收到提供方的首席执行官或首席运营官满足该要求的书面证明。

"（ⅴ）**中期建设要求**—— 本款的中期制定要求为，对于提供方的部门，在 2015 年 11 月 2 日之前，提供方与外部无关联方对该部门的实际建设有约束力的书面协议。

"（ⅶ）**审核**——2018 年 12 月 31 日前，部长应根据（ⅳ）的要求，对适用本款的提供方的每个部门审核。若部长发现审核结果未满足本款中关于该部门的适用要求，该部门不能从本款规定的术语"提供方的医院外门诊部"中排除。

"（ⅷ）**实施**——为了通过（ⅶ）实施（ⅲ）：

"（Ⅰ）尽管有任何其他法律条款，部长也可以按照本款的项目指示或其他指示实施。

"（Ⅱ）《美国法典》第 44 章第 35 节 I 分节不适用。

"（Ⅲ）为了执行本分段的（ⅲ）和（ⅳ）[以及（ⅶ）涉及（ⅳ）的内容]，联邦医疗保险增补信托基金应按 1841 条提供 10 000 000 美元，且在 2018 年 12 月 31 日之前保持可用。"；并且

（2）（E）分段中，在结尾增加以下新款：

"（ⅳ）根据（B）分段（ⅶ）的审核决定"。

（b）**生效日期**——本条修订应按照包含在 2015 年《两党预算法案》中第 603 条的颁布（公法 114—73）生效。

第 16002 条　癌症医院在提供方政策下院外门诊部的治疗

（a）**一般规定**——《社会保障法案》第 1833c（t）（21）（B）条 [42 U.S.C.1395l（t）（21）（B）]，经第 16001（a）条经修订——

（1）在（ⅴ）后插入以下新款：

"（ⅵ）**某些癌症医院的排除**——为了执行 c（1）（B）（ⅴ）段和本段关于 2017 年或之后一年期间适用项目和服务，若提供方是按照第 1886（d）（1）（B）（ⅴ）条规定的医院，'提供方的医院外门诊部' 也不应包括未在（ⅱ）中描述的提供方部门，以及——

"（Ⅰ）对于 2015 年 11 月 1 日到本款颁布之前满足《联邦法规》第
42 章第 413.65 条[83] 的部门，部长应收到提供方关于该部门将在颁
布后 60 天内满足该要求的证明；或者

"（Ⅱ）对于颁布后满足该要求的部门，部长应收到提供方关于该
部门将在首次满足该要求之日后 60 天内能够满足该要求的证明。"

（2）（ⅶ）中，在第一句后插入"部长按照（ⅵ）中关于提供方部
门满足本款要求的规定，在收到证明后 2 年内应审核部门满足该
要求的情况"；并且

（3）（ⅷ）（Ⅲ）的结尾处增加：

"为了执行本分段中（ⅵ）[以及（ⅶ）中涉及该款的部分]，根据
第 1841 条，联邦医疗保险增补信托基金应提供 2 000 000 美元，
在支出前可用"。

（b）**抵消储蓄**——《社会保障法案》第 1833(t)(18) 条经修订——

（1）（B）分段中，在"应"后插入"根据（C）分段"；并且

（2）在结尾增加以下新段：

---

[83] 42 CFR 413.65 Requirements for a determination that a facility or
an organization has provider-based status. 设施或组织有基于提供方状
态的确认要求。主要包括：（1）Licensure 许可证；（2）Clinical services
临床服务；（3）Financial integration 金融一体化；（4）Public awareness
公众知晓；（5）Obligations of hospital outpatient departments and
hospital-based entities. 医院门诊部门和基于医院权利的义务。

"（C）**目标支付 - 成本比率（payment-to-cost ratio，PCR）调整**——根据本段应用《联邦法规》第 42 章第 419.43（i）条对 2018 年 1 月 1 日及之后提供的服务进行合适调整时，部长应使用目标 PCR，其比过去使用目标 PCR 少 1.0 个百分点。另外，根据前一句减少的百分点，除了第 1886（d）（1）（B）（v）条中所述医院提供的服务，部长可考虑根据（21）（C）段中的适合项目和服务进一步减少目标 PCR 的百分点。根据本分条对 2018 年或之后一年进行预算平衡调整时，部长应考虑由本分段应用引起的减少支出。"

（c）**生效日期**——本条修订应按 2015 年《两党预算法案》第 603 条的颁布（公法 114-74）生效。

第 16003 条　用于有效使用和医疗赔偿保护协会的门诊外科中心合格专业人员的治疗

《社会保障法案》第 1848（a）（7）（D）条［42 U.S.C.1395w - 4（a）（7）（D）］经修订——

（1）删去"基于医院合格的专业人员"和后面所有的"不付费"，并加入："**基于医院和门诊外科中心合格的专业人员**——

"（i）**基于医院**——不付费"；并且

（2）在结尾增加以下新款：

"（ii）**基于门诊外科中心**——按照（iv），2017 年和 2018 年的（A）分段有合格专业人员的情况下不可调整付费，此类专业人员所有的专业服务基本上都是由门诊外科中心的专业人员提供的。

"(iii) **确定**——确定合格专业人员是否符合（ii）所述的要求应根据——

"（I）服务的场所（如部长的定义）；或

"（II）合格专业人员提交的证明。根据（I）和（II）做出的确认不应考虑合格专业人员与其他任何服务提供方、供应方的任何就业或计费计划。

"(iv) **废止**——部长通过通知和意见规则制定，确认电子健康病历（Electronic Health Record，EHR）技术可用于门诊外科中心三年后的第一年，(ii) 不再适用。

第 16004 条　继续推行 2016 年《医院法》

（a）延长急重症医院（Critical access hospital，CAH）和小型农村医院 2016 年门诊治疗服务监督要求的执行指令——公法第一条 113–198，经公法 114–112 第一条修订，经本条再次修订为——

（1）标题删去"2014 和 2015"，并插入"2016"；并且

（2）删去"和 2015"并插入"2015，和 2016"。

（b）**报告**——本法案颁布后 1 年内，保险支付委员会〔根据《社会保障法案》第 1805 条（42 U.S.C.1395b‐6）成立〕应向国会提交报告，根据公法第 1 条 113–98，如公法 114–112 第 1 条的修订，

以及本条中（a）款，就 Medicare 受益者获得医疗保健方法、经济影响以及对医院职工需求的影响、此类受益者得到医疗保健的质量方面分析延长强制执行指令的影响。

第 16005 条 对于轮椅配件和结合复杂康复技术（CRT）轮椅的座椅系统 Medicare 费用目录调整实施的延期

《患者准入和医疗保护法案》第 2（a）条（42 U.S.C. 1305 注）经本条修订，删去"2017 年 1 月 1 日"，并插入"2017 年 7 月 1 日"。

第 16006 条 根据 Medicare 允许理疗师作为临时助理医师

（a）一般规定——《社会保障法案》第 1842（b）（6）条第一句，经第 5012 条修订，进一步修订为——

（1）删去"（I）"之前的"和"；并且

（2）在以下内容末尾的时期之前插入：

"并且（J）物理治疗师在医疗专业人员短缺地区［如《公共卫生服务法案》第 332（a）（1）（A）条所述］提供门诊病人物理治疗服务时，医疗服务水平低的地区［根据该法案第 330（b）（3）（A）条指定］或农村地区［如第 1886（d）（2）（D）条所述］，分段（D）适用此类服务和理疗师，适用形式与本分段中医师提供的医师服务相同。

（b）生效日期；实施——

（1）生效日期——（a）款的修订适用于本法案颁布之日后六个月

内提供的服务。

（2）**实施**——HHS部长实施《社会保障法案》第1842(b)(6)条(J)分段［42 U.S.C.1395u（b）（6）］，按照（a）（2）款增加的项目指示或其他指示。

第16007条　对Medicare计划下耐用医疗器械支付率过渡期的延期

（a）**一般规定**——HHS部长应延长《联邦法规》第42章第414.210（g）（9）条（i）所述的过渡期，从2016年6月30日延长至2016年12月31日［本条（ii）所述的全面实施适用于2017年1月1日或之后提供的项目和服务］。

（b）**研究与报告**——

（1）**研究**——

（A）**一般规定**—— HHS部长应进行测试使用付款调整影响的研究，包括——

（i）2016年1月1日到2016年12月31日期间，停止经营的耐用医疗器械供应商的数量；以及

（ii）2016年1月1日到2016年12月31日期间，根据《社会保障法案》第十八章A部分（42 U.S.C. 1395等条），有权享有或可根据该章B部分注册享有权益的个人对耐用医疗器械的可得性。

（B）**定义**——本款应用了以下定义：

（i）**供应商**[84]、**耐用医疗器械**[85]——"供应商"与"耐用医疗器械"在《社会保障法案》第 1861 条中有定义（42 U.S.C. 1395x）。

（ii）**适用付费调整**——"适用付费调整"是指《联邦法规》第 42 章第 414.210（g）条所述的付费调整，按照本条（9）（i）段分阶段进行。由以上叙述可知，根据（a）款延期的分阶段进行的付费调整应被认为是根据（9）（i）段分阶段的付费调整。

（2）**报告**—— HHS 部长应在 2017 年 1 月 12 日之前向众议院赋税委员会、能源和商业委员会以及参议院财政委员会提交一份根据（1）段进行的研究调查结果报告。

第 16008 条　使用竞争议价项目信息确认调整的要求

（a）**一般规定**——《社会保障法案》第 1834(a)（1）（G）条经修订，在结尾增加以下新句："2019 年 1 月 1 日或之后提供的项目和服务，根据（F）分段（ii）和（iii）、（h）（1）（H）（ii）款或 1842（s）（3）（B）条进行调整时，部长应——

---

[84] 除非有其他要求，供应商是指医生或其他从业者、设施或根据本子章提供项目或服务的其他实体（服务提供者除外）。

[85] 耐用医疗器材包括铁肺（人工呼吸器的一种），氧气塞，医院病床和轮椅（可以包括作为轮椅使用的动力操作工具，但仅限于个人医疗和身体状况必须使用该工具的情况，且该工具满足部长规定的安全要求）。不论是租用还是购买，耐用医疗器械应在患者家中使用［除了满足 (e)(1) 或满足本章第 1395i - 3(a)(1) 条要求的机构］。

"（ⅰ）征求并考虑利益相关方的意见；以及

"（ⅱ）考虑获胜供应商在竞争性收购区域中的最高竞价，以及非竞争性收购区域和竞争性收购区域的以下各项比较：

"（Ⅰ）平均运输距离和与该地区提供项目和服务相关的成本。

"（Ⅱ）该地区供应商提供的项目与服务的平均数量。

"（Ⅲ）该地区供应商的数量。"

（b）**符合修订**——（1）《社会保障法案》第 1834（h）（1）（H）（ⅱ）条［42 U.S.C.1395m（h）（1）（H）（ⅱ）］经修订，删去"部长"并加入"按照（a）（1）（G）款，部长"。

（2）《社会保障法案》第 1842（s）（3）（B）条［42 U.S.C.1395m（s）（3）（B）］经修订，删去"部长"，加入"按照第 1834（a）（1）（G）条，部长"。

第十七章 | 其他 Medicare 条款

第 17001 条　延迟终止未达到最低质量等级 Medicare 优选计划[86] 合同授权

（a）调查结果——与依据 2014 年 IMPACT 法案[87]（公法 113–185）

---

[86] 医疗保险优选计划（Medicare Advantage Plans）（称为 C 部分）必须同时参加 A 部分及 B 部分的保险，才能加入其中一项优选计划。该计划为参加 Medicare 项目的受益人提供接受私人健康保险计划的机会。参加私人健康保险计划，除了交纳补充性 Medicare 费外还需向私人机构每月按人支付一定费用，并且每次看病时也要交纳一定费用。私人保险机构可以给予投保者额外的福利补助，即前两部分不包括的项目，如处方药、牙科保健、视力保健或健身俱乐部会员资格等。Medicare 优选计划包括 HMO 健康维护组织 (Health Maintenance Organization)，PPO 优选医疗机构保险 (Preferred Provider Organization)，私人按服务项目收费计划，特殊需求计划和 Medicare 医疗储蓄计划。大多数 Medicare 优选计划提供处方药物保险。

[87] 《提高 Medicare 急性后期医疗保健转化法案》（Improving Medicare Post–Acute Care Transformation Act, IMPACT Act），2014 年 10 月 6 日，奥巴马总统将 IMPACT 法案签署为法律。该法律不仅为急性护理提供者提出了具体的附加报告要求，而且还为修改这些服务的医疗保险支付方法奠定了基础。

的研究一致，国会将——

（1）在利益相关方提供改革此评分体系的意见之前，继续研究和要求输入社会经济地位和双重资格人群对 Medicare 优选计划 STARS 评级体系[88] 的影响的数据；并且

（2）在等待研究结果和输入数据时，暂时延迟美国医疗保险和医疗救助服务中心（CMS），仅根据 STARS 评级体系计划执行情况终止 Medicare 优选计划合同授权。

（b）延迟终止未达到最低质量等级 MEDICARE 优选计划合同授权——《社会保障法案》第 1857（h）条［42 U.S.C.1395w–27（h）］经修订，在结尾处增加以下新段：

"**（3）延迟终止未达到最低质量等级 MEDICARE 优选计划合同授权**——自本段生效之日起至 2018 年年末，部长不能仅因 Medicare 优选（MA）计划未达到依据第 1853（o）（4）条的 5 星评级体系最低质量等级，而终止由 Medicare 优选计划组织提供的 MA 计划合同。"

第 17002 条　MEDICARE 注册数据报告要求

《社会保障法案》第 1874 条（42 U.S.C.1395kk）经修订，在结尾处增加以下新段：

---

[88] STARS 评级体系针对每个计划提供的服务类型进行计划执行的质量和性能的总体评级。对于涵盖保健服务的计划，对许多医疗／保健服务的质量的总体评级。【Overall StarRating[EB/OL].[2017-01-23].https://www.medicare.gov/find-a-plan/staticpages/rating/planrating-help.aspx?AspxAutoDetectCookieSupport=1】

"（g）**注册数据报告要求——**

"（1）**一般规定**——每年（从 2016 年开始），部长应向众议院筹款委员会、能源和商业委员会以及参议院财政委员会提交 Medicare 注册数据报告（包括在 A 部分下获益的个人数据报告），截至部长指定年份的某一日期。该数据报告应被提交——

"（A）通过国会选区和州；并且

"（B）按照下列分类方式——

"（i）按服务项目付费（fee-for-service，FFS）的注册数据［如第（2）段所定义］；

"（ii）根据 C 部分的注册数据［分别包括 Medicare 优选计划（MA）-处方药计划（PD）的总注册数据和 MA 计划中不属于 MA-PD 计划的总注册数据］；以及

"（iii）根据 D 部分的注册数据。

"（2）**按服务项目付费注册定义**——第（1）（B）（i）段中"按服务项目付费注册"是指总注册人数（包括除注册人员以外的受益人）根据——

"（A）仅 A 部分；

"（B）仅 B 部分；以及

"（C）A 部分和第 B 部分"。

第 17003 条　更新欢迎加入 Medicare 规则资料[89]

（a）**一般规定**——在（b）款所述信息要求期限最后一日之后的 12 个月内，HHS 部长必须按照（b）款收集的信息考虑，更新"欢迎加入 Medicare 规则资料"中的信息，并简明呈现上述信息。根据《社会保障法案》（42 U.S.C.1395 等条）第 18 章 Medicare 计划选择获益方式，包括通过本章 A 部分和 B 部分（42 U.S.C.1395c 等条，42 U.S.C.1395j 等条）最初的 Medicare 按服务项目付费计划，依据本章 C 部分的 Medicare 优选计划（42 U.S.C.1395w-21 等条）和 D 部分的处方药计划（42 U.S.C.1395w-101 等条）。部长应酌情对"欢迎加入 Medicare 规则资料"信息进行持续更新。

（b）**信息要求**——自本法生效之日起 6 个月内，HHS 部长应要求利益相关方（包括患者支持组织、保险发行机构和雇主）提供信息及对信息的建议，包括欢迎加入 Medicare 规则资料中的信息、Medicare 合格个人注册和保险范围相关数据和信息。

第 17004 条　临时暂停服务区域内，不得为新注册的提供方或供应商的项目和服务支付

（a）Medicare——《社会保障法案》第 1866（j）（7）条 [42 U.S.C. 1395cc（j）（7）] 修订如下——

---

[89] 人们可以早在 62 岁之前注册 Medicare。如果他们在 65 岁之前注册了，就会在 65 岁前的三个月自动加入 Medicare 。他们将收到一封欢迎加入联邦 Medicare 规则资料的邮件，表明他们已注册 Medicare A 部分和 B 部分。但是，如果想延迟注册 Medicare，直到 66 岁或更晚，以便获得全额或更多的按月支付款项，那么就需要采取行动注册 Medicare。

（1）段落标题中，在时期之前插入"；不予支付"；并且

（2）在结尾处增加以下新分段：

"（C）**不予支付**——

"（i）**一般规定**——在 2017 年 10 月 1 日或之后提供的（ii）所述项目或服务，不得根据本章或（A）分段所述程序支付。

"（ii）**项目或服务描述**——项目或服务应符合以下条件——

"（I）在根据（A）分段设定的临时暂停服务地理区域内；以及

"（II）由满足（iii）要求的服务提供方或供应商提供。

"（iii）**要求**——（ii）要求服务提供方或供应商——

"（I）根据本章，在临时暂停服务生效日期当日或之后注册；以及

"（II）在受临时暂停限制的服务提供方和供应商〔如（A）分段所述〕类别内。

"（iv）**禁止对规定的项目或服务付费**——在任何情况下，（ii）（II）所述的服务提供方或供应商不得向个人或其他人就 2017 年 10 月 1 日或之后提供的（ii）所述项目或服务，向根据 A 部分有权获益的个人或根据 B 部分注册的个人，或 A 分段指定计划的个人付费。"

（b）**一致性修订**——

（1）Medicaid

（A）**一般规定**——《社会保障法案》第1903（i）（2）条［42 U.S.C. 1396b（i）（2）］经第5005（a）（4）条修订后，进一步修订如下——

（i）在（C）分段中，删去结尾的"或者"；并且

（ii）在结尾处增加以下新分段：

"（E）2017年10月1日或之后开始的日历季度[90]内，由满足本条（C）（iii）分段规定要求的提供方或供应商，在受依据第1866（j）（7）条设定的临时暂停限制的地理区域内，提供项目或服务的任何支出金额应符合第1902（kk）（4）（A）（ii）（II）条的规定；或者"。

（B）**临时暂停使用的例外**——《社会保障法案》第1902（kk）（4）（A）（ii）条［42 U.S.C.1396a（kk）（4）（A）（ii）］修订如下：

"（ii）**例外**——

"（I）**遵守临时暂停**——如果各州确定临时暂停的设定会对受益人获得医疗救助造成不利影响，则不必要求遵守（i）所述的临

---

[90] 日历季度表示给定年份内的以下时间段中的任何一个：1月1日至3月31日，4月1日至6月30日，7月1日至9月30日或10月1日至12月31日。不同于fiscal quarter（会计季度，财政季度），企业用于计算收入和费用的日历的四分之一。这可能对应或可能不对应日历季度。例如，第一个日历季度包括1月、2月和3月，因为它们是日历年的前三个月。但是，如果企业的财政年度从10月到9月，第一个财政季度包括10月、11月和12月。

时暂停。

"（ II ）**联邦财政参与可获得性（Federal Financial Participation，FFP）**——尽管第 1903（i）（2）（E）条规定，如果部长经与州政府机构协商，依本章实施的州计划（或豁免计划）确定拒绝向州支付将对受益人获得医疗救助造成不利影响，此时可按本条所述项目和服务的支付金额向所在州支付"。

（C）**对受益人付费限制的州计划要求**——《社会保障法案》［42 U.S.C. 1396a（kk）（4）（A）]第 1902（kk）（4）（A）条经修订，在结尾增加以下新款：

"（iii）**对受益人的付费限制**——2017 年 10 月 1 日或之后开始的日历季度内提供的项目或服务的支出金额，在（i）所述临时暂停期间，州政府禁止符合第 1866（j）（7）条（C）（iii）分段规定的提供方，对依据州计划（或豁免计划）有资格获得医疗救助的个人或其他人就 1903（i）（2）（E）条中所述的项目或服务付费"。

（2）**修正案相关条款的修改**——

（A）**第 1866 (J) 条**——《社会保障法案》第 1866（j）条［42 U.S.C.1395cc（j）]修订如下——

（i）在第（1）（A）段中——

（I）删去"第（4）段"，并插入"第（5）段"；

（II）删去"按照第（5）段暂停服务"，并插入"按照第（7）段暂停服务"；以及

（III）删去"第（6）段"，并插入"第（9）段"；以及

（ii）将（8）第二段［由公法111-152第1304（1）条重新指定］改为第（9）段。

（B）**第1902（KK）条**——该法案第1902（kk）条［42 U.S.C.1396a（kk）］修订如下——

（i）在第（1）段中，删去"第1886(j)（2）条"，并插入"第1866(j)（2）条"；

（ii）在第（2）段中，删去"第1886（j）（3）条"，并插入"第1866（j）（3）条"；

（iii）在第（3）段中，删去"第1886（j）（4）条"，并插入"第1866（j）（5）条"；以及

（iv）在第（4）（A）段中，删去"第1886(j)（6）条"，并插入"第1866（j）（7）条"。

第17005条　MEDICARE优选计划下受益人选择权的保留

《社会保障法案》第1851（e）（2）条［42 U.S.C.1395w-21（e）（2）］修订如下——

（1）（C）分段——

（A）标题中，在"为期 45 天"之后插入"从 2011 年至 2018 年"；以及

（B）在"从 2011 年开始"之后插入"并在 2018 年结束"；并且

（2）在结尾增加以下新分段：

"（G）2016 年前 3 个月和后续年份的连续开放注册和除名——

"（i）**一般规定**——根据（ii）及（D）分段——

"（I）如果是在 1 年中前 3 个月（从 2019 年开始）内注册 MA 计划并符合 MA 资格的个人；或者

"（II）如果个人在 1 年内（从 2019 年开始）首次获得 MA 资格并在同年的前 3 个月内，注册了 MA 计划，则该个人是符合 MA 资格的个人；该符合 MA 资格个人可根据第（a）（1）款更改选择。

"（ii）**每年在开放注册期间仅限一次更改**——每年在本条款中描述的可适用 3 个月内，个人可根据（i）获得一次更改选择机会。本条款下的限制不适用于年度选择生效以后，根据第（3）段协同选择期间或根据第（4）段特定注册期间更改。

"（iii）**D 部分的有限适用**——

本分段（i）和（ii）仅适用于在注册更改之前已加入 Medicare 优

选计划中的个人依据 D 部分处方药计划的相关注册变更 。

"(ⅳ)**营销限制**——根据(ⅰ)款规定,尽管 CMS 制定了营销指南,但在根据该条款为个人设立的持续开放注册和除名期间,不得向(ⅰ)所述个人主动提供营销或营销材料"。

第 17006 条 允许晚期肾病受益人选择 MA 计划

(a)**解除禁令**——

(1)**一般规定**——《社会保障法案》第 1851(a)(3)条〔42 U.S.C.1395w–21(a)(3)〕修订如下——

(A)删去(B)分段;并且

(B)删去"符合资格的个人"以及所有后面跟着"本章中,依据(B)分段,"的内容,并插入 "符合资格的个人。——在本章中,"。

(2)**一致性修订**——

(A)《社会保障法案》第 1852(b)(1)条〔42 U.S.C.1395w–22(b)(1)〕修订如下——

(ⅰ)删去(B)分段;以及

(ⅱ)删去"受益人",和所有跟有 "Medicare+ 选择组织"的内容,并插入"受益人。——MA 组织"。

（B）《社会保障法案》第 1859（b）（6）条［42 U.S.C.1395w-28（b）（6）］最后一句删去"可以豁免"及所有跟有"分段和"的内容。

（3）**生效日期**——本款所做的修订适用于自 2021 年 1 月 1 日或之后开始的计划年度。

（b）**不包括来自 MA 基准的肾脏获取成本**——《社会保障法案》第 1853 条（42 U.S.C.1395w-23 条）修订如下——

（1）k 款中——

（A）第（1）段——

（i）在（A）分段之前的事项中，删去"第（2）和第（4）段"，并插入"第（2），第（4）和第（5）段"；以及

（ii）在第（B）（i）分段中，删去"第（2）和第（4）段"，并插入"第（2），第（4）和第 5 段"；并且

（B）在结尾处加入以下新段：

"（5）**从按人头付费[91]税中排除肾脏获取成本**——根据第（1）段（从 2021 年开始）确定一个地区一年的适当金额后，部长应对其进行调整，以排除部长本年度在此地区涵盖在本章中的肾脏移植器官获取标准成本［包括第 1881（d）条涵盖的费用］的估计适当金

---

[91] 按人头付费（Capitation）是指医保机构根据医疗机构的自身所能承载的能力，按照事先确定的每个服务对象的支付标准及所服务的人口数，向相关医疗机构预付费。

额。"；并且

（2）在（n）（2）款中——

（A）在（A）（i）分段，结尾分号之前插入"并且，2021年及随后几年，按照（k）（5）款所述将肾脏移植器官获取费用从按人头付费税中排除。"；

（B）在（E）分段，（i）之前的事项中，删去"分段（F）"，并插入"分段（F）和（G）"；并且

（C）在结尾增加以下新分段：

"（G）**肾脏获取调整的应用**——（E）分段规定一年（从2021年开始）基本支付金额，应按与（k）款的第（5）段相同的方式调整，因为适当金额是根据该款调整的"。

（c）**肾脏获取按服务项目付费的覆盖范围**——

（1）**一般规定**——《社会保障法案》第1852（a）（1）（B）（i）条［42 U.S.C. 1395w-22（a）（1）（B）（i）］经修订，在"临终关怀"后插入"或肾脏移植器官获取的覆盖范围，包括第1881（d）条的覆盖范围"。

（2）**一致性修订**——《社会保障法案》第1851（i）条［42 U.S.C. 1395w-21（i）］结尾增加以下新段：

"（3）**肾脏获取费用按服务项目付费**——第（1）和第（2）段不

适用第 1852（a）（1）（B）（i）条所述的肾移植器官获取费用"。

（3）**生效日期**——本款所做的修订适用于自 2021 年 1 月 1 日或之后的计划年度。

（d）**质量评价**——

（1）**一般规定**——HHS 部长（在本段中称为"部长"）应对根据《社会保障法案》第 1852（e）条［42 U.S.C.1395w–22（e）］收集的数据建立的 5 星评级体系是否应包括质量测量进行评价，特别是依据该法案第 18 章 C 部分加入 Medicare 优选计划，被确定为患有晚期肾病患者的护理。

（2）**公共可及性**——2020 年 4 月 1 日之前，部长应在 CMS 网站上公布根据第（1）段进行的评价结果。

（e）**报告**——在 2023 年 12 月 31 日之前，HHS 部长（在本款中称为"部长"）应向国会提交本条关于下列条款的规定和修订的影响的报告：

（1）**支出依据**——

（A）根据《社会保障法案》第 18 章 A 部分和 B 部分最初的 Medicare 按服务项目付费计划；以及

（B）本章 C 部分的 MA 计划。

（2）确定患有晚期肾病的注册者的数目——

（A）在最初的 Medicare 按服务项目付费计划中；以及

（B）在 Medicare 优选计划中。

（3）根据最初的 Medicare 按服务项目付费计划确定患有晚期肾病个人充足的数据量，以便依据 MA 计划确定晚期肾病的支付率。

（f）**MA 计划下风险调整的改进**——

（1）**一般规定**——《社会保障法案》第 1853（a）（1）条［42 U.S.C.1395w-23（a）（1）］修订如下——

（A）在（C）（i）分段中，删去"部长"并插入"在符合第（I）分段的规定下，部长"；并且

（B）在结尾增加以下新分段：

"（I）**2019 年和随后几年风险调整的改进** ——

"（i）**一般规定**——为了根据（C）（i）分段确定对健康状况的适当调整，应遵守以下规定：

"（I）**考虑疾病或病症的总数**——部长应考虑加入 MA 计划的个人的疾病或病症的总数。由于个人疾病或病症数量增加，部长应根据本分段做出额外调整。

"（II）**使用至少 2 年的诊断数据**——部长可以使用时间至少 2 年的诊断数据。

"（III）**为双重资格个人提供单独调整**——根据本章和第 19 章，关于双重资格受益个人，部长应对以下内容做出单独调整：

"（aa）全面受益的双重资格个人［如第 1935（c）（6）条定义］。

"（bb）在（aa）条款中未描述的个人。

"（IV）**心理健康和物质使用障碍评价**——部长应评估包括附加诊断代码在内的，有关精神健康和物质使用障碍对风险调整模型的影响。

"（V）**慢性肾病评价**——部长应评估包括慢性肾病严重程度对风险调整模型的影响。

"（VI）**晚期肾病支付率评价**——部长应评估在根据该分段计算支付率时［除（H）分段所述的因素外］是否应考虑其他因素。

"（ii）**分阶段实施**——部长应从 2019 年开始的三年期间，根据本分段的（C）（i）分段分阶段对风险调整支付金额进行更改，将在 2022 年及随后几年全部予以实施。

"（iii）**审查机会和公众评论**——根据本分段，部长应提供机会审查对风险调整支付金额提出的更改建议，并且在实施此变更前提供不少于 60 天的公众意见征询期"。

（2）**研究和报告**——

（A）*风险调整系统报告*——

（i）美国 Medicare 支付委员会[92]的评价和报告

（I）**评价**——MEDPAC 应根据《社会保障法案》第 18 章 C 部分，对本条有关 MA 计划中参加人风险评分的条款和修订的影响，以及本部分对 MA 计划的支付，包括根据 MA 计划对有关风险评分总体准确度的条款和修订的影响进行评价。

（Ⅱ）**报告**——在 2020 年 7 月 1 日之前，MedPAC 应向国会提交根据（I）所做的评价报告，以及委员会认为适当的关于此类立法和监管行为的建议。

（ii）**HHS 部长的报告**——在 2018 年 12 月 31 日之前，以及此后每 3 年，HHS 部长应向国会提交一份关于风险调整模型和根据《社会保障法案》第 18 章 C 部分 MA 计划下晚期肾病（end-stage renal disease，ESRD）风险调整模型的报告，包括自上次报告以来对以上任一种模型的任何修改。此报告应包括关于修改是如何根据以上模型中任一种模型的 MA 计划中众多参加计划人，包括高支付和低支付参加计划人，以及由慢性疾病参加者数量定义的团体，影响预期支付比例的信息。

---

[92] 美国 Medicare 支付委员会（Medicare Payment Advisory Commission, MedPAC）是美国独立的联邦机构。 MedPAC 是根据 1997 年的《平衡预算法案》（P.L.105-33）设立的。委员会由 17 名成员组成，在提供卫生保健服务的融资方面提供了多种专业知识。委员由美国总审计长任命，为三年任期（续期），并兼任兼职。它的主要作用是就影响医疗保险计划管理的问题向美国国会提供咨询。具体来说，委员会的任务是向美国国会通报为加入 Medicare 的受益人服务和医疗保健提供者的私人健康计划的付款。医疗保险管理人员和政策制定者还依靠 MedPAC 来评估受益人获得护理的机会和所接受护理的质量。MedPAC 的任务范围足够广泛，它还可以评估影响 Medicare 的其他问题。

（B）**功能状态** [93] **研究和报告——**

（i）**研究**——美国总审计长（在本分段中称为"总审计长"）应对如何最准确地测量 MA 计划中参加人的功能状态，以及根据《社会保障法案》第 18 章 C 部分的 MA 计划，此功能状态的使用是否会提高风险调整支付的准确度进行研究，应包括收集和报告来自 C 部分的 MA 计划，Medicare 计划的服务提供方和供应商以及 CMS 的功能状态信息的挑战分析。

（ii）**报告**——在 2018 年 6 月 30 日之前，总审计长应向国会提交包含根据（i）的研究结果的报告，连同总审计长确定的合适的立法和监管行为建议。

第 17007 条　根据 Medicare 共享储蓄计划 [94] 改善对受益人的分配

《社会保障法案》第 1899（c）条 [42 U.S.C.1395jjj（c）] 修订

---

[93] 功能状态是指个人执行正常日常活动以满足基本需求，履行常规角色，维持健康和幸福的能力。功能状态包含两个概念：功能能力（functional capacity）和功能表现（functional performance）。功能能力代表个人在生理的身体，心理，社会和精神领域进行日常活动的最大能力，功能表现指的是人们在日常生活中实际做的活动。最大运动测试测量身体功能能力，而日常生活活动的自我报告测量功能表现。

[94] Medicare 共享储蓄计划是根据《平价医疗法案》第 3022 条设立的。共享储蓄计划是《平价医疗法案》中包含的医疗保险制度改革举措的一个关键组成部分，是提供医疗保健的新方法。国会创建共享储蓄计划，以促进提供者之间的协调和合作，提高医疗保险按服务项目付费（FFS）受益人的护理质量，并减少不必要的成本。合格的提供者，医院和供应商可以通过创建或参与医疗责任组织（Accountable Care Organization，ACO）参与共享储蓄计划。【Shared Savings Program [EB/OL]. (2017-01-18) [2017-01-23].
https://www.cms.gov/Medicare/Medicare-Fee-for-Service-Payment/sharedsavingsprogram/index.html】

如下——

（1）删去"主要使用"，并插入"使用——

"（1）在 2012 年 4 月 1 日或之后开始的履约年度";

（2）在第（1）段中，如本条第（1）段所增，删去结尾的时期，插入"；并且";

（3）在结尾处加入以下新段：

"（2）对于从 2019 年 1 月 1 日或之后开始的履约年度，依据本章由联邦合格健康中心 95 或农村卫生所 96 [如在第 1861（aa）条中定义的术语] 提供的服务，可由部长决定"。

---

95 联邦合格健康中心（FQHC）是初级卫生保健局（the Bureau of Primary Health Care）和美国 HHS 的 CMS 共同指定的保险报销机构。

96 农村卫生所（RHC）是位于美国农村，医疗服务不足地区的诊所，在医疗保险和医疗补助计划下有标准医疗机构的单独报销结构。RHC 由《农村卫生所法》（P.L.95-210），（《社会保障法案》第 1905 节）建立。该计划旨在解决为农村地区医疗保险受益人和医疗补助计划受益人提供的医生供应不足问题，并增加非医生从业人员的利用率。

第十八章 | 其他规定

第 18001 条　团体健康保险计划[97]不包含合格小企业雇主医疗报销[98]

（a）1986 年《国内税收法》和《患者保护与平价医疗法案》的修订——

（1）**一般规定**——1986 年《国内税收法》第 9831 条经修订，在结尾处增加以下新款：

---

[97] 团体健康保险计划：一般指由雇主或雇员组织提供的健康保险，是为雇员及其家属提供的健康保险。

[98] 2016 年 12 月 13 日，奥巴马总统签署了《21 世纪治愈法案》，规定建立 QSEHRAs，该法是重要的，因为在其通过之前，IRS 和 DOL 都警告雇主不要为其雇员支付个人计划的成本。这些所谓的保险费报销计划每天被处以 100 美元的罚款，没有达到《平价医疗法案》市场改革。QSEHRAs 为小企业雇主建立保险费报销计划提供了一个合法的途径。【Qualified Small Employer Health Reimbursement Arrangements.[EB/OL]. (2017-01-18[2017-01-23].http://www.jwterrill.com/wp/】

"(d）合格小企业雇主医疗报销安排除外——

"（1）一般规定——本章中［除如第4980I（f）（4）条所规定的以及本章其他的规定外］"团体健康保险"这一术语不应包括任何合格的小企业雇主医疗报销安排。

"（2）合格小企业雇主医疗报销安排——就本款而言——

"（A）一般规定——"合格小企业雇主医疗报销安排"这一术语的意思是——

"（i）在（B）分段中被描述；以及

"（ii）依据相同的条款提供给合格雇主的所有合格雇员。

"（B）对安排的描述——本分段中的安排是指，如果——

"（i）安排完全由合格的雇主资助，且根据该安排，可以不用工薪减税缴费；

"（ii）安排是在雇员提供保险证明后，为其提供由合格雇员本人或其家庭成员（根据此安排的条款确定）产生的医疗保健费用［如第213（d）条所定义］的支付或报销；以及

"（iii）在任何一年中,（ii）所述的支付和报销金额不得超过4950美元（如果安排也为雇员的家庭成员提供支付或报销，则金额不得超过10 000美元）。

"（C）*允许的某些变化*——就第（A）(ii)分段而言，安排应该根据相同的条款提供给合格的雇员，仅因在此安排下雇员允许的获益随着保险单价格的变动而有所变动，在相关的个人健康保险市场上是基于——

"(i)合格雇员的年龄（以及如果安排覆盖的范围包括合格雇员家庭成员的医疗费用，则指该家庭成员的年龄）；或者

"(ii)安排覆盖的医疗费用下的合格雇员家庭成员的数目。

上述被允许的变化，应通过参考全部合格雇员的相同的保险单确定。

"（D）**与最高美元限额相关的规则——**

"(i)**某些情况下按比例分配金额——**

如果某个人全年都未被保险计划安排所覆盖，则该年度第（B）(iii)分段规定的限额，应是与（B）(iii)分段规定的该年度该个人（但对于本条款）有效的支付金额具有同比例的金额，同样，该年度该个人在此安排下覆盖的月份数也为12个月。

"(ii)**通货膨胀调整——**从2016年之后开始的任何一年里，（B）(iii)分段中的每一个金额应再加上一个数额等于——

"（I）该金额，乘以

"（II）根据第1（f）(3)条所确定的纳税年度开始的日历年度的

生活费用调整，由"2015 年"代替其（B）分款中的"1992 年"决定。

如果根据前一句增加的金额不是 50 美元的倍数，则该金额应四舍五入到下一个 50 美元的最小倍数。

"（3）**其他定义**——就本款而言——

"（A）*合格雇员*——"合格雇员"一词是指合格雇主的任何雇员，但该安排的条款可不考虑第 105（h）（3）（B）条中任何条款所述的雇员［适用于在（i）中以"90 天"代替"3 年"］。

"（B）*合格雇主*——"合格雇主"一词是指雇主——

"（i）不适用第 4980H（c）（2）条所定义的大雇主[99]；以及

"（ii）不向其任何员工提供团体健康保险。

"（C）*允许的获益*——"允许的获益"一词是指对于任何合格雇员，根据合格的小企业雇主医疗报销安排的条款，当年对该雇员支付和报销的最大金额。

"（4）**通知**——

"（A）*一般规定*——任何年份中，雇主为合格小企业雇主医疗报销安排提供资金，都应在该年年初的前 90 天内（或者如果雇员

---

[99] 接近 50 名全职和全职同等雇员（FTE）或具有较高比例的季节性工人的雇主。

在该年年初并无资格参与安报销排，则应在该雇员首次获得资格的日期的前 90 天内），向每名合格雇员提供一份书面通知，内容包括（B）分段所述的信息。

"（B）**通知的内容**——（A）分段要求的通知应包括以下各项内容：

"（i）声明根据该年安排，合格雇员的允许获益的数额。

"（ii）声明合格雇员应向任一健康保险交易所提供（i）所述信息，并向其申请预付保费作为税收抵免。

"（iii）声明如果雇员不在任何月份的最低基本保险覆盖范围之内，则根据第 5000A 条该雇员可能需要缴纳该月的税款，而且该安排下的报销可能包括在总收入中"。

（2）**从总收入中排除的限制**——该法典第 106 条经修订，在结尾处增加以下内容：

"（g）**合格的小企业雇主医疗报销安排**——就本条和第 105 条而言，如果在提供这种医疗保健的月份内，个人没有最低限度的基本保险范围［在第 5000A（f）条的涵义范围内］，个人医疗保健［如第 213（d）条所定义］的合格小企业雇主医疗报销安排［如第 9831（d）条所定义］不能被看作由雇主为雇员支付覆盖在意外事故或健康计划下的医疗费用的支付或报销"。

（3）**与健康保险费贷款协调**——该法典第 36B（c）条经修订，在结尾增加以下新段：

"（4）对合格小企业雇主医疗报销安排的特别规定——

"（A）*一般规定*——"覆盖月份"一词不包括雇员（或该雇员的配偶或受抚养人）获得构成可负担得起的保险范围的合格小企业雇主医疗报销安排的任何月份。

"（B）*拒绝双重获益*——如果雇员在覆盖月份内获得合格小企业雇主医疗报销安排［不考虑（A）分段］，则根据第（a）款就该月份纳税人可容许的信贷须按（C）（i）（Ⅱ）所述的数额扣减该月的款额（但不低于零）。

"（C）*可负担的保险范围*——就（A）分段而言，合格小企业雇主医疗报销安排应被视为构成持续可负担的月报销范围，如果——

"（i）超出——

"（Ⅰ）雇员在相关个人健康保险市场提供的第二最低成本银计划[100]下为自身保险支付的该月的保费金额，超过——

---

[100] 国家健康保险市场可以提供五个级别的健康保险。四个计划设计以一种金属－青铜、银、金和铂的形式命名。故称为金属计划。对于30岁以下的人也有灾难性的健康计划。每个计划设计必须涵盖所有10个基本的健康福利。银计划的自付医疗费用比青铜或灾难性政策更多，但少于金或铂计划。每个在市场上销售健康保险的公司必须提供至少一个银级计划。银计划平均支付该计划涵盖的福利成本的70％。参保者支付约30％。税收抵免基于参保者所在地区销售的第二个最便宜的银计划的成本。收入较低的人也可以有资格降低自费成本。然而，他们必须参加一个银级计划，以利用这些折扣。【Health Care Reform: Health Insurance & Affordable Care Act Silver plan [EB/OL]. (2015-02-06) [2017-01-12]http://www.webmd.com/health-insurance/insurance-basics/terms/silver-plan】

"（II）在此安排下，雇员允许获益的 1/12［如第 9831（d）（3）（C）条所界定］，不超过——

"（ii）9.5％的员工家庭收入的 1/12。

"（D）**合格小企业雇主医疗报销安排**——本段中，"合格小企业雇主医疗报销安排"一词具有第 9831（d）（2）条给出的该术语的含义。

"（E）**覆盖范围小于整年**——如果雇员得到的合格小企业雇主医疗报销安排少于一年，则适用第（C）（i）（II）（c）（i）（II）分段，用"此安排被提供的该年度内的月份数"代替"12 个月"。

"（F）**索引**——如果计划年度从 2014 年之后的任何日历年开始，部长应按照（b）（3）（A）分段调整百分比的方式调整（C）（ii）分段 9.5％ 的数额"。

（4）**高成本雇主支持的健康保险税利用**——

（A）**一般规定**——该法典第 4980I（f）（4）条经修订，在结尾处加入以下内容："第 9831（d）（1）条不适用于本条。"

（B）**覆盖成本的确定**——本"法典"第 4980I（d）（2）条经修订，将（D）分段重新指定为（E）分段，并在（C）分段后插入以下新分段：

"（D）**合格小企业雇主医疗报销安排**——如果适用的雇主资助范围包括任何合格小企业雇主医疗报销安排［如第 9831（d）

（2）条所定义〕的保险范围，则保险费用应等于第 6051（a）
（15）条"。

（5）**通知要求的执行**——本法典第 6652 条经修订，在结尾处增
加以下新款：

"(o) **未能提供有关合格小企业雇主医疗报销安排的通知**——除
非证明每次未能提供第 9831（d）（4）条所规定的书面通知是由
于合理原因而非故意疏忽所致，否则须在部长的通知及要求下，
按照没有提供书面通知的人一样缴税，每个雇员每次未能提供通
知的征收相等于 50 美元的税款，但在任何日历年期间对此类人
员所征收的税款总数不得超过 2500 美元"。

（6）**报告**——

（A）*报税表报告*——该法典第 6051（a）条经修订，删去第（13）
段结尾的"并且"，删去第（14）段结尾的时期，并插入"，以及"，
并在第（14）段之后插入以下新段：

"（15）合格小企业雇主医疗报销安排〔如第 9831（d）（2）条所定义〕
的年度的允许获益总额〔如第 9831（d）（3）（C）条关于雇员的
定义〕"。

（B）*交换补贴申请要求提供的信息*——《患者保护和平价医疗法
案》第 1411（b）（3）条经修订，将（B）分段重新指定为（C）分段，
并在（A）分段之后插入以下新分段：

"（B）*通过小企业雇主获得的某些个人健康保险单*——合格小企

业雇主医疗报销安排下［如法典第 9831（d）（2）条所定义的］，参加者的允许获益数额［如 1986 年《国内税收法》第 9831（d）（3）条所定义的 ］"。

（7）生效日期——

（A）*一般规定*——除本段另有规定外，本款所做的修订适用于 2016 年 12 月 31 日起开始的年度。

（B）*过渡期救济* [101]——《2015–17 年财务公告》下的救济应视为适用于 2016 年 12 月 31 日或之前开始的任何计划年度。

（C）*与健康保险费贷款相协调*——第（3）段所做的修订适用于自 2016 年 12 月 31 日之后开始的纳税年度。

（D）*雇员通知*——

（i）*一般规定*——第（5）段所做的修订适用于自 2016 年 12 月 31 日之后开始的年份通知。

---

[101] 根据雇主的全职员工数（和全职当量雇员），如果满足以下所述的某些条件，雇主可能有资格获得第 4980H 条规定的 2015 年两种类型的过渡期救济之一。根据第 4980H 条，这两种类型的 2015 年过渡期救济之一是针对拥有 50 至 99 名全职员工的雇主，另一种类型的救济是针对拥有 100 名或以上全职员工的雇主（每种情况下包括全职同等雇员）。该过渡期救济的资格报告在 1094-C 表第 22 行 C 栏，雇主有资格获得的救济的具体形式必须报告在 1094-C 表第 23~35 行（e）栏，使用代码 A（50~99 过渡救济）或代码 B（100 或更多过渡救济）。符合此项救济条件的雇主仍须遵守 2015 年关于全职雇员的 1094-C 和 1095-C 表格报告要求。【4980HTRANSITIONALRELIE.[EB/OL].[2017-01-10].https://acareportingservice.com/4980h-transitional-relief/】

（ⅱ）**过渡期救济**——就 1986 年《国内税收法》（按本法增加）第 6652（o）条而言，任何人不得被视为未能提供该法第 9831（d）（4）条所要求的书面通知，如果该通知是在本法生效之日后 90 天之内提出的。

（E）*报税表报告*——第（6）（A）段所做的修订适用于自 2016 年 12 月 31 日之后开始的日历年度。

（F）*交换补贴申请提供的信息*——

（ⅰ）**一般规定**——第（6）（B）段所做的修订，适用于 2016 年 12 月 31 日后提出的注册申请。

（ⅱ）**验证**——根据该法案第 1411（b）（3）（B）条提供的《患者保护与平价医疗法案》第 1411 条规定的验证适用于自 2016 年 10 月起开始的月份。

（ⅲ）**过渡期救济**——如果根据 2017 年 4 月 1 日之前制定的《患者保护和平价医疗法案》第 1411（b）条的规定申请注册，申请人在收到 1986 年《国内税收法》第 9831（d）（4）条所述的通知之日后 30 天内提供其所述信息，则该法案第 1411（b）（3）（B）中的要求应当被满足。

（8）**实质性要求**——财政部长（或他的指定人）必要时可以为执行本款而发出实质性要求。

（b）**1974 年《雇员退休收入保障法案》的修订**——

（1）**一般规定**——1974 年《雇员退休收入保障法案》[29 USC 1191b（a）（1）]第 733（a）（1）条经修订，在结尾处增加以下内容："该条款不包括任何合格小企业雇主的医疗报销安排 [如 1986 年《国内税收法》第 9831（d）（2）条所定义]"。

（2）**延续保险** [102] **要求的例外等**——该法案第 607（1）条 [29 USC 1167（1）] 经修订，在结尾处增加以下内容："该条款不包括任何合格小企业雇主医疗报销安排 [如 1986 年《国内税收法》第 9831（d）（2）条所定义]。

（3）**生效日期**——本款所作的修订适用于自 2016 年 12 月 31 日之后开始的计划年度。

（C）**《公共卫生服务法案》的修订**——

（1）**一般规定**——《公共卫生服务法案》第 2791（a）（1）条 [42 USC 300gg-91（a）（1）] 经修订，在结尾增加以下内容："除《社会保障法案》第 11 章 C 部分的目的外（42 U.S.C.1320d 及以下条款），该术语不包括任何合格小企业雇主医疗报销安排 [如 1986 年《国内税收法》第 9831（d）（2）条所定义]"。

---

[102]《统一综合预算协调法案》（Consolidated Omnibus Budget Reconciliation Act, COBRA）此法案要求雇主在停职期间仍然向员工提供短期延续的团体健康保险。COBRA 延续保险是计划覆盖的延续，覆盖本就会因为"合格活动"的生命事件而结束。特定的合格活动在通知的后面列出。必须向每个"合格的受益人"提供 COBRA 延续保险。合格的受益人是由于合格活动而在计划下失去保险的人。根据资格活动的类型、员工、员工的配偶和员工的受扶养子女可能是合格的受益人。根据该计划，选择 COBRA 延续保险的合格受益人必须支付 COBRA 延续保险。【Notice of COBRA Continuation Coverage Rights-Continuation CoverageRightsUnderCOBRA.[EB/OL].[2017-01-12].https://www.lssu.edu/humanresources/documents/COBRARights.pdf 】

（2）**延续保险要求的例外**——《公共卫生服务法案》第 2208（1）条 [42 USC 300bb-8（1）] 经修订，在结尾处增加以下内容："这种术语不应包括任何合格小企业雇主医疗报销安排 [如 1986 年《国内税收法》第 9831（d）（2）条所定义]"。

（3）**生效日期**——本款所做的修订适用于自 2016 年 12 月 31 日之后开始的计划年度。

附 录

本书缩略语表

A

AHCPR: Agency for Health Care Policy and Research,
卫生保健政策研究机构

AHRQ: Agency for Health Care Research and Quality,
卫生保健研究及质量机构

APMs: Alternative Payment Models, 可替代支付模式

ARRA: the American Recovery and Reinvestment Act,
《美国恢复和再投资法案》

ATRA: the American Taxpayer Relief Act,《美国纳税人救济法》

B

BARDA: Biomedical Advanced Research and Development Authority,
生物医学高级研究开发局

BBA: the Bipartisan Budget Act,《两党预算法案》

BHCC: Behavioral Health Coordinating Council, 行为健康协调委员会

BI: Brief Intervention, 简要干预

C

CAH: Critical Access Hospital, 急重症医院

CARA: the Comprehensive Addiction and Recovery Act,
《综合成瘾与康复法案》

CB: Clinical Benefit, 临床获益

CBHSQ: Center for Behavioral Health Statistics and Quality,
行为健康数据及质量中心

CDC: the Centers for Disease Control and Prevention,
疾病控制与预防中心

CFR: Code of Federal Regulations,《联邦法规汇编》

CHIP: Children's Health Insurance Program, 儿童健康保险计划

CJS: criminal justice system, 刑事审判体系

CLIA: Clinical Laboratory Improvement Amendments,《临床实验室改进法案》

CMHS: Center for Mental Health Services, 精神健康服务中心

CMHS: community mental health services, 社区精神健康服务

CMO: Chief Medical Officer, 首席医学官

CMS: Centers for Medicare & Medicaid Services,
美国医疗保险和医疗救助服务中心

CoC: Certificate of Confidentiality, 保密证书

CoU: Context of use, 使用背景

CSAP: the Center for Substance Abuse Prevention, 物质滥用预防中心

CSAT: the Center for Substance Abuse Treatment, 物质滥用治疗中心

D

DEA: Disabilities Education Act,《残疾人教育法》

DD: the Department of Defense, 国防部

DPCPSI: the Division of Program Coordination, Planning, and Strategic

Initiatives，项目协调、规划及战略计划部

E

EC: Committee on Energy and Commerce of the House of Representatives，众议院能源及商业委员

ED: emotional disturbance，心理障碍

EE: Eligible Entity，合格实体

EHR: Electronic Health Record，电子健康病历

EPCA: the Energy Policy and Conservation Act,《能源政策与保护法》

EPRs: Electronic Patient Records，电子患者记录

ERISA: THE EMPLOYEE RETIREMENT INCOME SECURITY ACT,《雇员退休收入保障法案》

ESRD: End-Stage renal disease，晚期肾病

F

FACA: Federal Advisory Committee Act,《联邦咨询委员会法案》

FDA: Food and Drug Administration，美国食品药品管理局

FFP: Federal Financial Participation，联邦财政参与

FFS: fee-for-service，按服务项目付费

FQHC: Federally qualified health center，联邦合格健康中心

FQP: Full Qualification Package，完整资格资料包

FR: the Federal register,《联邦公报》

FTC: the Federal Trade Commission，联邦贸易委员会

FY: fiscal year，财年

G

GHP: Group Health Plan, 团体健康保险计划

H

HCEI: Health Care Economic Information, 医疗保健经济信息

HCP: health care providers, 医疗保健提供者

HCPCS: HealthCare Common Procedure Coding System,
医疗保健通用程序编码系统

HELP: the Committee on Health, Education, Labor, and Pensions,
卫生教育劳工及养老金委员会

HHS: Health and human service, 卫生及公共服务部

HIPAA: the Health Information Portability and Accountability Act,
《健康信息流通与责任法案》

HITAC: Health Information Technology Advisory Committee,
卫生信息技术咨询委员会

HITECH: The Health Information Technology for Economic and Clinical
Health Act,《卫生信息技术促进经济和临床健康法案》

HITF: Federal Hospital Insurance Trust Fund, 联邦住院保险信托基金

HOPD: hospital outpatient department, 医院门诊部

HRSA: the Health Resources and Services Administration,
健康资源及服务管理局

HUD: the Housing and Urban Development, 住房与城市发展部

HVBPP: the Hospital Value-Based Purchasing Program,
医院基于价值的采购计划

I

IC：Integrated Care，综合护理

IG：Inspector General，总检查长

IHE：Institution of Higher Education，高等教育机构

IMPACT Act：Improving Medicare Post-Acute Care Transformation Act，
《提高 Medicare 急性后期医疗保健转化法案》

IPPS：Inpatient Prospective Payment System，住院预付费系统

IRC：Internal Revenue Code,《国内税收法案》

ISMICC：the Interdepartmental Serious Mental Illness Coordinating Committee，部门间严重精神疾病协调委员会

L

LT：LOCUM TENENS，临时代理医师

LTCHS：long-term care hospitals，长期护理医院

M

MA：Medicare Advance Plans，医疗保险优选计划

MACRA：the Medicare Access and CHIP Reauthorization Act，
《Medicare 可及和儿童健康保险计划再授权法案》

MA-PD：Medicare Advance Plans-Part D Prescription Drug Coverage，
联邦 Medicare 优选计划 - 处方药计划

MCMs：Medical Countermeasures，医疗对策（产品）

MD：mental disorder，精神疾病

MEDPAC：Medicare Payment Advisory Commission Medicare，
保险支付咨询委员会

MH：mental health，精神健康

MHC：mental health care，精神健康护理

MIPS：Medical Indemnity Protection Society，医疗赔偿保护协会

MIPS：the Merit-based Incentive Payment System，
基于优惠政策的激励支付系统

MMA：the Medicare Prescription Drug, Improvement, and Modernization Act，
《Medicare 处方药改进与现代化法案》

MS-DRG：Medicare severity diagnosis related groups Medicare，
严重程度诊断分类支付

MS-LTCH-DRGs：Medicare Severity-long-term care hospitals-Diagnosis
Related Groups Medicare Medicare，严重程度、长期护理医院分类付费

MSSP：The Medicare Share Savings Program Medicare，共享储蓄计划

N

NCVHS：the National Committee on Vital and Health Statistics，
国家生命与健康统计委员会

NHSN：National Healthcare Safety Network，国家医疗保健安全网络

NHTSA：the National Highway Traffic Safety Administration，
国家公路交通安全管理局

NIAAA：National Institute on Alcohol Abuse and Alcoholism，
国家酒精滥用与酒精中毒研究所

NICHD：Eunice Kennedy Shriver National Institute of Child Health and
Human Development，尤尼斯·肯尼迪·施莱佛儿童健康和人类发育研究院

NIDA：National Institute on Drug Abuse，国家药物滥用研究所

NIMH：National Institute of Mental Health，国家精神健康研究所

NIMHD: National Institute on Minority Health and Health Disparities,
国立少数族裔健康与健康水平差异研究中心

NIST: the National Institute of Standards and Technology,
国家标准与技术研究院

NMHSUPL: National Mental Health and Substance Use Policy Laboratory,
国家精神健康及物质使用政策办公室

NSF: National Science Foundation，美国科学基金会

NTDs: Neglected Tropical Diseases，被忽视的热带疾病

NVHA: National voluntary health associations (agencies)，国家志愿卫生协会

O

OCR: Office for Civil Rights of the Department of Health and Human Services,
美国卫生及公共服务部民权办公室

OIG: Office of the Inspector General，总检查长办公室

OJJDP: the Office of Juvenile Justice and Delinquency Prevention，少年
司法及犯罪预防办公室

OPPI: Office of Policy, Planning, and Innovation,
政策、计划和创新办公室

OSTP: Office of Science and Technology Policy,
科学与技术政策办公室主任

OMB: Office of Management and Budget，管理和预算办公室

ONC: the Office of the National Coordinator for Health Information
Technology，国家医疗信息技术协调员办公室

P

PAG: Patient Advocacy Groups, 患者支持组织

PAIMA: the Protection and Advocacy for Individuals with Mental Illness Act,《精神疾病个人保护及支持法案》

PAMA: the Protecting Access to Medicare Act,《Medicare 可及促进法案》

PCR: payment-to-cost ratio, 支付 - 成本比率

PHR: public health emergency, 突发公共卫生事件

PHSA: Public Health Service Act,《公共卫生服务法案》

PPACA: Patient Protection and Affordable Care Act, 《患者保护与平价医疗法案》

PRA: Paperwork Reduction Act,《文书削减法案》

PRACA:Patient Rights and Affordable Care Act,《患者权力和平价医疗法案》

PRO: Patient-reported Outcome, 患者报告结局

PRV: Priority Review Voucher, 优先审评券

PTO: Pharmaceutical and Technology Ombudsman, 药品和技术调查员

Q

QI: Qualifying Individuals, 合格个体

R

REMS: Risk Evaluationand Mitigation Strategies, 风险评估和减低策略计划

RSAT 计划: residential substance abuse treatment programs, 住院药物滥用计划

S

SAMHSA: the Substance Abuse and Mental Health Services Administration, 物质滥用及精神健康服务管理局

SCA: the Second Chance Act,《第二机会法案》

SCHIP: State Children's Health Insurance Program, 州儿童健康保险计划

SDMs: service delivery models, 服务提供模式

SGR: Sustainable Growth Rate, 可持续增长率

SMI Trust Fund: Federal Supplementary Medical Insurance Trust Fund, 联邦补充医疗保险信托基金

SSA: the Social Security Act,《社会保障法案》

SUD: substance use disorder, 药物使用障碍

T

TAIP: treatment alternative to incarceration program, 治疗取代监禁计划

TMA: Transitional Medical Assistance, 过渡性医疗救助

V

VA: Veterans Affairs, 退伍军人事务部

名词术语总表

A

ADUFA: Animal Drug User Fee Act,《兽药使用者付费法案》

AGDUFA: Animal Generic Drug User Fee Act,《动物仿制药使用者付费法案》

AMQP: Animal Model Qualification Program, 动物模型认证项目

ANDA: Abbreviated New Drug Application, 仿制药申请

APEC: Asia-Pacific Economic Cooperation, 亚太经合组织

API: Active Pharmaceutical Ingredient, 药用活性成分, 原料药

B

BARDA: the Biomedical Advanced Research and Development Authority, 生物医学高级研究和发展管理局

BE Test: Biological Equivalence Test, 生物等效性试验

BIMO: Bioresearch Monitoring, 生物研究监测

BLA: Biologics License Applications, 生物制品上市许可申请

BPCA: Best Pharmaceuticals for Children Act,《最佳儿童药品法案》

BPD: Biosimilar Biological Product Development, 生物类似物产品开发

BsUFA: Biosimilar User Fee Act,《生物类似物使用者付费法案》

C

CBER: Center for Biologics Evaluation and Research, 生物制品审评与研究中心

CDC: Centers for Disease Control and Prevention, 疾病控制与预防中心

CDER: Center for Drug Evaluation and Research, 药品审评与研究中心

CDRH: Center for Devices and Radiological Health, 器械与放射卫生中心

CDTL: Cross Discipline Team Leader, 跨学科审查组长

CEO: Chief Executive Officer, 首席执行官

CFDA: China Food and Drug Administration, 国家食品药品监督管理总局

CFR: Code of Federal Regulation, 美国《联邦法规汇编》

CFSAN: Center for Food Safety and Applied Nutrition,
食品安全和应用营养中心

COTR: Contracting Officer's Technical Representative,
合同缔约人员技术代表

CPI: Consumer Price Index, 消费价格指数

CPMS : Chief Project Management Staff, 首席项目管理人员

CR: Complete Response Letter, 完整回复函

CTECS: Counter-Terrorism and Emergency Coordination Staff,
反恐和紧急协调人员

CVM: Center for Veterinary Medicine, 兽药中心

D

DACCM: Division of Advisory Committee and Consultant Management,
咨询委员会和顾问管理部门

DARRTS: Document Archiving, Reporting and Regulatory Tracking System,
文件归档、报告和管理跟踪系统

DCCE: Division of Clinical Compliance Evaluation, 临床依从性评价部

DD: Division Director, 部门主任

DDI: Division of Drug Information, 药品信息部门

DECRS: the Drug Establishment Current Registration Site,
当前药品登记地点

DEPS: Division of Enforcement and Post-marketing Safety,
药品上市后安全与执行部门

DHC: Division of Health Communications, 卫生通讯部门

DMF : Drug Master File, 药品主文件

DMPQ: Division of Manufacturing and Product Quality, 生产及产品质量部

DNP: Division of Neurological Products, 神经类产品部门

DNPDHF: Division of Non-Prescription Drugs and Health Fraud,
非处方药及反卫生欺诈部门

DOC: Division of Online Communications, 在线通讯事业部

DoD: the Department of Defense, 美国国防部

DPD: Division of Prescription Drugs, 处方药部门

DRISK: Division of Risk Management, 风险管理部门

DSB: Drug Safety Oversight Board, 药品安全监督委员会

DSS: Drug Shortage Staff, 药品短缺工作人员

DTL: Discipline Team Leader, 专业组组长

DVA: Department of Veterans Affairs, 退伍军人事务部

E

eCTD: Electronic Common Technical Document, 电子通用技术文件

EDR: Electronic Document Room, 电子文档室

eDRLS: electronic Drug Registration and Listing,
药品电子注册和上市系统

EMA: European Medicines Agency , 欧洲药品管理局

EON IMS: Emergency Operations Network Incident Management System,
紧急行动网络事件管理系统

EOP Ⅰ Meeting: End-of-Phase Ⅰ Meeting, Ⅰ期临床试验结束后会议

EOP Ⅱ Meeting: End-of-Phase Ⅱ Meeting, Ⅱ期临床试验结束后会议

EUA: Emergency Use Authorization, 紧急使用授权

F

FDA: Food and Drug Administration, 美国食品药品监督管理局

FDAA: Food and Drug Administration Act,《食品药品管理法案》

FDAAA: Food and Drug Administration Amendments,

《食品药品管理法修正案》

FDAMA : Food and Drug Administration Modernization Act,

《食品药品管理现代化法案》

FDASIA: Food and Drug Administration Safety and Innovation Act,

《FDA 安全及创新法案》

FD&C Act: Federal Food, Drug and Cosmetic Act,

《联邦食品药品和化妆品法案》

FDF: Finished Dosage Form, 最终剂型

FSA : Federal Security Agency, 美国联邦安全署

FSMA: Food Safety Modernization Act,《食品安全现代化法案》

FTE: Full-Time Employee/Full-Time Equivalence, 全职雇员

FY: Fiscal Year, 财政年度, 会计年度

G

GCP: Good Clinical Practice, 药物临床试验质量管理规范

GDUFA: Generic Drug User Fee Act,《仿制药使用者付费法案》

GLP: Good Laboratory Practice, 药物非临床研究质量管理规范

GMP: Good Manufacturing Practice, 药品生产质量管理规范

GO：Office of Global Regulatory Operations and Policy,

全球监管运营及政策司

GRP：Good Review Practice，药品审评质量管理规范

GSP：Good Supply Practice，药品经营质量管理规范

H

HEW ：Department of Health, Education, and Welfare,

美国卫生、教育和福利部，HHS 前身

HHS：Department of Health & Human Services，美国卫生及公共服务部

HPUS：Homoeopathic Pharmacopoeia of the United States,

美国顺势疗法药典

HSP：Human Subject Protection，人体受试者保护

HUDP：the Humanitarian Use Device Program，人道主义器械使用计划

I

IHGT：Institute of Human Gene Therapy，人类基因治疗研究所

IND：Investigational New Drug，新药临床研究，试验性新药

IRB：Institutional Review Boards，伦理审查委员会

IRs：Information Requests，信息请求

M

MAPPs：Manual of Policies and Procedures，政策及程序指南

MCM：Medical countermeasures，医疗措施

MDUFMA：Medical Device User Fee and Modernization Act,

《医疗器械使用者付费和现代化法案》

N

NCE: New Chemical Entity, 新化学实体

NCTR: National Center for Toxicological Research, 国家毒理研究中心

NDA: New Drug Application, 新药上市申请

NDC: the National Drug Code, 美国国家药品代码

NF: National Formulary, 美国国家处方集

NIH: National Institutes of Health, 美国国立卫生研究院

NIMS: the National Incident Management System,

美国国家突发事件管理系统

NME: New Molecular Entity, 新分子实体

NLEA: Nutrition Labeling And Education Act,《营养标识和教育法案》

O

OC: Office of Compliance, 合规办公室

OCC: Office of the Chief Counsel, 首席顾问办公室

OCC: Office of Counselor to the Commissioner, 局长顾问办公室

OCET: Office of Counterterrorism and Emerging Threats,

反恐怖和新威胁办公室

OCM: Office of Crisis Management, 危机管理办公室

OCOMM: Office of Communication, 通讯办公室

OCP: Office of Combination Products, 组合产品办公室

OCS: Office of the Chief Scientist, 首席科学家办公室

OD: Office Director, 办公室主任

ODSIR: Office of Drug Security, Integrity, and Response,

药品安全、完整和响应办公室

OEA: Office of External Affairs, 对外事务办公室

OES: Office of Executive Secretariat, 行政秘书处办公室

OFBA: Office of Finance, Budget and Acquisitions,
财政、预算和采购办公室

OFEMSS: Office of Facilities, Engineering and Mission Support Services,
设备、工程和任务支持服务办公室

OFVM: Office of Food and Veterinary Medicine, 食品及兽药监管司

OGCP: Office of Good Clinical Practice, GCP 办公室

OGD: Office of Generic Drug, 仿制药办公室

OHR: Office of Human Resources, 人力资源办公室

OIP: Office of International Programs, 国际项目办公室

OMB: Office of Management and Budget, 美国行政管理与预算局

OMH: Office of Minority Health, 少数族裔卫生办公室

OMPQ: Office of Manufacturing and Product Quality,
生产及产品质量办公室

OMPT: Office of Medical Products and Tobacco, 医疗产品及烟草监管司

OMQ: Office of Manufacturing Quality, 生产质量办公室

OO: Office of Operation, 运营司

OOPD: Office of Orphan Products Development, 孤儿药开发办公室

OPDP: Office of Prescription Drug Promotion, 处方药推广办公室

OPPLA: Office of Policy, Planning, Legislation and Analysis,
政策、规划、立法及分析司

OPRO: Office of Program and Regulatory Operations,
计划和监管运营办公室

OPT: Office of Pediatric Therapeutics, 儿科治疗学办公室

ORA: Office of Regulatory Affair, 监管事务办公室

ORSI: Office of Regulatory Science and Innovation,

监管科学和创新办公室

OSE: Office of Surveillance and Epidemiology,

药品监测及流行病学办公室

OSI: Office of Scientific Investigations, 科学调查办公室

OSPD: Office of Scientific Professional Development,

科学专业发展办公室

OSSI: Office of Security and Strategic Information,

安全和战略情报办公室

OUDLC: Office of Unapproved Drugs and Labeling Compliance,

未批准药品和标签合规办公室

OWH: Office of Women's Health, 妇女健康办公室

P

PASE: Professional Affairs and Stakeholder Engagement,

专业事务和利益相关者参与

PASs: Prior Approval Supplements, 事先批准补充申请

PC&B: Personal Compensation and Benefits, 个人薪酬及福利

PDP: Product Development Protocol, 产品开发方案

PDUFA: Prescription Drug User Fee Act,《处方药使用者付费法案》

PMA: Premarket Approval Application, 上市前批准申请

PMDA: Pharmaceuticals and Medical Devices Agency,

日本药品及医疗器械综合机构

PMR: Premarket Report, 上市前报告

PR: Priority Review, 优先审评

PR: Primary Reviewer, 主审评员

PRA: the Paperwork Reduction Act, 文书削减法案

PREA: Pediatric Research Equity Act,《儿科研究公平法案》

R

REMS: Risk Evaluation and Mitigation Strategies, 风险评估及缓解策略

RLD: Reference Listed Drug, 参比制剂

RPM: Regulatory Project Manager, 法规项目经理

S

SEC: The Securities and Exchange Commission, 美国证券交易委员会

SPA: Special Protocol Assessments, 特殊方案评估

SR: Standard Review, 标准审评

T

TL: Team Leader, 审评组长

U

USP: U.S. Pharmacopeia,《美国药典》

V

VP: Vice President, 副总裁

W

WTO: World Trade Organization, 世界贸易组织